Buße und Glaube

Die Bibeltexte sind der Lutherbibel mit dem revidierten Text von 1984 (Deutsche Bibelgesellschaft Stuttgart) entnommen.

1. Auflage 2007

Autor: Ock-Soo Park

Übersetzt durch Serah Kwon und Gerda Herrmann

Good News Publications, Inc.:

Adresse: 606-45 Shinwol 2-Dong, 158-843 Seoul, Korea

http://www.goodnewsbook.co.kr

ISBN 978-89-85422-88-8

Printed in Korea

Buße und Glaube

von Pastor Ock-Soo Park

GOOD NEWS PUBLICATIONS, INC.

Vorwort

Judas Iskariot hat Jesus verraten. Danach bereute er und tat Buße. Indem er schrie: „Ich habe Unrecht getan, dass ich unschuldiges Blut verraten habe", brachte er den Hohenpriestern und Ältesten die dreißig Silberlinge zurück. Aber die Buße des Judas Iskariot konnte ihn nicht zur Rettung führen.

Auch ich habe sehr lange Zeit wie Judas Iskariot meine Sünden bereut und ihretwegen Buße getan. Jeden Tag wiederholte ich dieses Bereuen, Bekennen und Bußetun: „Herr, ich habe gelogen, ich habe gestohlen, ich habe gehasst."

Eines Tages habe ich durch die Gnade Gottes meine böse Mitte gesehen. Ich habe erkannt, dass ich von dieser Mitte her böse, schmutzig, obszön und gemein bin. Ich habe erkannt, dass ich keinen Glauben haben kann, weil ich in meiner Mitte Bosheit habe. Ich habe erkannt, dass mein Grund schmutziger ist als meine begangenen Taten: „Ich bin von Grund auf ein böser Mensch. Ich kann nichts Gutes tun. Ich bin schmutzig." Seitdem verleugne ich mich und misstraue mir und werfe meine Gedanken weg. Jesus ist erstaunlicherweise in mein Herz gekommen, mein Leben wurde rein, mein innerer Mensch ist geändert.

Die wahre Buße ändert das Herz der Menschen. Danach habe ich das Wort verkündet und unzählige Male Menschen gesehen, die das Wort gehört und sich verleugnet haben und nun ein neues Leben führen.

Ich danke dem Herrn, dass diese Predigten, die bei einer Evangelisation in einem Leichtathletik-Stadion gehalten wurden, als Buch gedruckt werden konnten.

Ich wünsche mir, dass der heilige Geist Gottes in allen Lesern wirkt, damit sie die Gnade der Wiedergeburt bekommen und von ihren Sünden befreit werden.

07.02.2006

Pastor Ock-Soo Park, Gute-Nachricht-Gangnam-Gemeinde

Ock Soo Park

Inhaltsverzeichnis

1.
Petrus' Buße

1.
Petrus' Buße

Guten Abend, meine Lieben! Hier im Olympiastadion fand nun schon zweimal die Eröffnungszeremonie des IYF(International Youth Fellowship)-World-Camps statt, und diesmal ist es das dritte Mal, dass wir hier eine Veranstaltung haben. Bis jetzt haben wir unsere Bibelseminare immer im Jamsilstadion abgehalten, aber ich bin sehr dankbar, dass wir nun eine Woche lang hier, an einem so guten Ort, das Wort Gottes miteinander teilen können. Es finden bestimmt viele Veranstaltungen in diesem Olympiastadion statt, aber ich bin fest davon überzeugt, dass es den Herrn besonders freut, dass wir das Wort des Evangeliums hier hören.

Heute Abend werde ich über das Wort in Matthäus Kapitel 26 predigen. Ich lese die Verse 69 bis 75:

„Petrus aber saß draußen im Hof; da trat eine Magd zu ihm

und sprach: Und du warst auch mit dem Jesus aus Galiläa. Er leugnete aber vor ihnen allen und sprach: Ich weiß nicht, was du sagst. Als er aber hinausging in die Torhalle, sah ihn eine andere und sprach zu denen, die da waren: Dieser war auch mit dem Jesus von Nazareth. Und er leugnete abermals und schwor dazu: Ich kenne den Menschen nicht. Und nach einer kleinen Weile traten hinzu, die da standen, und sprachen zu Petrus: Wahrhaftig, du bist auch einer von denen, denn deine Sprache verrät dich. Da fing er an, sich zu verfluchen und zu schwören: Ich kenne den Menschen nicht. Und alsbald krähte der Hahn. Da dachte Petrus an das Wort, das Jesus zu ihm gesagt hatte: Ehe der Hahn kräht, wirst du mich dreimal verleugnen. Und er ging hinaus und weinte bitterlich."

Ich habe bis Vers 75 gelesen.

Buße, der Prozess der Veränderung

Diesmal möchte ich über das Thema „Buße und Glaube" predigen.

Wir trainieren Studenten, um sie für ein Jahr als Studentenmissionare in die ganze Welt zu senden. Die meisten von ihnen sind junge Leute, die bisher nur für sich selbst gelebt haben. Aber während ich ihnen das Wort verkünde, kann ich sehen, wie sie sich auf äußerst erstaunliche Weise verändern, sodass ich nicht anders kann als dankbar zu sein. Auch dieses Jahr haben wir alle, die im Jahr 2006 ausgesandt werden sollen, versammelt und trainiert. Die Studenten, die zum Workshop gekommen sind, konnten sehen, was ihre Vorgänger alles gemacht haben, und fragten mich erstaunt:

„Pastor, wie lange werden wir nächstes Mal trainiert, nach diesem viertägigen Workshop?“

„Drei Wochen.“

„Können wir uns innerhalb dieser Zeit so sehr verändern? Können wir auch so werden wie sie?“

Alle Studenten haben diese Frage gehabt. Aber während sie vom 27. bis 30. Oktober in unserem Konferenzgebäude in Kimcheon trainiert wurden, haben sie sich wirklich sehr verändert. Nach dem viertägigen Training - ich bin mir sicher, dass viele von ihnen jetzt hier in diesem Stadion sind - haben die Lehrer und die Mitarbeiter sehr über die unglaubliche Veränderung gestaunt. Während wir letzte Woche in der Ulsan-KBS-Halle ein Bibelseminar hatten, gab es eine IYF-Veranstaltung der Studenten. Dort wurde ein Theaterstück aufgeführt, das auf der wahren Geschichte eines Studenten basierte und zeigte, wie er bis dahin gelebt hatte und wie er während des Workshops im Oktober die Rettung angenommen hat. Ein Großteil der Zuschauer hat Tränen vergossen. Wie sich das Leben eines Menschen so verändern kann...!

Meine Lieben, unter uns gibt es viele, die zehn, zwanzig, dreißig Jahre lang in die Kirche gegangen sind. Man möchte ein gutes Glaubensleben führen. Man möchte gern mit Glauben leben, man möchte, dass seine Gebete erhört werden, man möchte vom heiligen Geist erfüllt werden usw. Aber wie sehr man sich auch bemüht, gelingt das alles doch nicht so richtig.

Ich habe in der Bibel überall nach dem Prozess, wie Menschen verändert werden, gesucht. Petrus wurde geändert, Apostel Paulus wurde geändert, die Samariterin wurde geändert ... Bei der Veränderung dieser Menschen gab es immer einen bestimmten Prozess. Diesen Veränderungsprozess kann man exakt als „Buße“ definieren. Bedauerlicherweise können viele Kirchen in Korea heutzutage die Buße nicht mehr präzise nach der Bibel lehren, sondern sagen nur, dass man seine Sünden bekennen soll. „Gott, ich habe so eine Sünde begangen. Bitte, vergib mir." Weil die Menschen gelernt haben, ihr Glaubensleben auf diese Weise zu führen, tun sie Buße und sündigen, tun wieder Buße und sündigen wieder. Egal wie oft sie Buße tun, sei es hundertmal, tausendmal, zehntausendmal, sie können nicht von den Sünden in ihrem Herzen befreit werden.

Im letzten Frühling predigte ich im Jamsilstadion über Römer Kapitel 3. Davor habe ich über die Stiftshütte und über die Sintflut zu Noahs Zeit gepredigt. Diesmal möchte ich über die wahre Buße predigen. Wahre Buße, wie die Bibel sie beschreibt. Wenn Sie das hören, wird es eine Veränderung in Ihrem Herzen bewirken, genauso wie ein zerbrochenes Werkzeug im Schmelztiegel zu einem neuen Gegenstand gemacht wird. Der Prozess, der die wahre Veränderung bringt, wird in der Bibel „Buße" genannt.

Ab heute Abend werde ich die Buße Schritt für Schritt erklären. Wie hat Petrus Buße getan und sich geändert? Wie hat Judas Iskariot Buße getan, sodass er keine Gnade von Gott bekommen konnte? Wie konnte Apostel Paulus den wahren Glauben durch die Buße bekommen? Was für ein Glaubensleben hat Kain geführt und wie hat er Buße getan? Ich möchte mir die Zeit nehmen und diese Dinge unterscheiden und mit unserem Glaubensleben vergleichen. Sie brauchen in dieser Zeit gar nichts zu tun als nur dem Wort zuzuhören, das ich predige. Ich glaube daran, dass der Glaube in Ihre Herzen hineinkommen wird. Ich glaube, dass Sie diese Gnade erfahren werden.

Beim Klavierspielen muss man sich entspannen

Nicht lange nach meiner Heirat habe ich eine wunderschöne Tochter bekommen. Egal was die anderen sagen mögen, für mich war es einfach unfassbar, dass es so eine schöne Tochter überhaupt geben konnte. Als sie noch klein war, habe ich sie öfter mit auf Reisen genommen. Einmal, als sie vier oder fünf Jahre alt war, saß ein Afrikaner neben uns im Reisebus. Ich habe das gar nicht bemerkt, bis meine Tochter anfing zu schreien und zu weinen, nachdem sie ihn eine Weile angestarrt hatte. Ich geriet in große Verlegenheit und entschuldigte mich bei dem Mann. Ich erklärte ihm, dass sie sich so verhält, weil sie noch nie eine andere Welt gesehen hat. Da lachte er nur und versicherte mir, dass es gar kein Problem sei. Daraufhin tauschten einige Leute schnell die Plätze mit uns und gaben meiner Tochter Schokolade, und wir konnten die Reise fortsetzen.

Als Junggeselle wollte ich, dass meine Tochter, die ich vielleicht nach der Heirat bekommen würde, Klavier spielen lernt. Ich habe mir vorgestellt: „Wenn ich müde bin, werde ich sie bitten, Klavier zu spielen, und ich möchte ihrem Spiel lauschen." Aber als ich dann tatsächlich geheiratet und eine Tochter und einen Sohn bekommen habe, waren unsere Lebensverhältnisse nicht so gut. Wie man heute so sagt: Es ist schwer zu leben, wenn man mit dem 10000-Won-Schein nicht so gut befreundet ist. Aber damals war es für uns genauso schwer, einen 1000-Won-Schein (heute ca. 1 Euro), sogar einen 100-Won-Schein zu Gesicht zu bekommen.

Weil wir zu beschäftigt waren, hatten wir gar keine Zeit, an Klavierunterricht für unsere Tochter zu denken, zudem wären wir auch nicht in der Lage gewesen, diesen zu finanzieren. Unsere Kinder sind aufgewachsen ohne zu wissen, was Nachhilfeunterricht ist. Eines Tages gab uns die Frau eines Pastors ein sehr kleines gebrauchtes Klavier, das sie als Mädchen benutzt hatte. Vielleicht weil ich es mir gewünscht hatte, spielte meine Tochter immer wieder auf diesem Klavier. Sie spielte Stücke aus einem Übungsbuch und Gemeindelieder. Obwohl sie spät angefangen hat zu lernen, konnte sie die Gemeinde bald im Gottesdienst mit dem Klavier begleiten. Als Erwachsene entschloss sie sich dann, richtig Klavier spielen zu lernen. Sie ging nach Amerika und traf dort einen berühmten Professor, bei dem sie Unterricht nahm. Einmal hörte ich sie Klavier spielen und dachte: „Oh, der Professor ist wirklich kompetent." Ihr Klavierspiel hatte sich sehr verändert.

Ein paar Jahre später reiste ich mit meiner Tochter nach Russland, in eine berühmte Stadt der Musik, Sankt Petersburg, früher Leningrad genannt. Dort hat eine weltbekannte Professorin für Klavier die Rettung angenommen. Nach ihrer Rettung war sie so glücklich, dass sie meiner Tochter Klavierunterrricht gab. An dem Tag, als meine Tochter nach einer längeren Zeit, in der sie in Russland weiter Klavier gelernt hatte, nach Korea zurückkam, bin ich mit meiner Frau zum Incheon-Flughafen gefahren, um sie abzuholen, denn ich habe sie sehr vermisst. Ich freute mich, sie nach so langer Zeit wieder zu treffen. Während ich fuhr, saß sie auf dem Rücksitz, und ihr Mund stand keine Minute still, weil sie über Russland erzählte. Dabei sprach sie auch über das Klavierspielen.

„Vater, beim Klavierspielen darf nicht ich das Klavier spielen. Das Klavier und ich müssen eins werden. Früher wollte ich gut Klavier spielen. Aber mit so einem Verlangen im Herzen kann das nicht gelingen. Man muss zuvor sein Herz leer machen. Meine Professorin, die mir Klavier beigebracht hat, hat immer gesagt: „Klavier spielen ist wie Blumen gießen. Wenn man einen Blumentopf begießt, sickert all das Wasser hinein. Genauso muss man in das Klavier hineinsickern." Vater, das ist genau wie im Glaubensleben."

„So muss man Klavier spielen?"

„Ja, Vater. Auch wenn man auf demselben Klavier dieselben Tasten spielt, ist der Klang viel klarer, sauberer und leichter, wenn man entspannt spielt. Man muss ohne Kraft spielen, nur so kann man mit einem Anschlag spielen, der so einen Klang erzeugt."

„Muss man also nicht auf die Klaviertasten schlagen, damit es überhaupt einen Klang gibt? Wie kann man überhaupt einen Ton erzeugen, wenn man entspannt spielt?"

„Nein, es ist nicht so, Vater! Man muss entspannt spielen."

Was weiß ich schon über das Klavier? C, d, e, f, so viel weiß ich. Meine Lieben, wer zum ersten Mal Klavier spielt, spielt mit ganzer Kraft, aber so kann er nur innerhalb eines gewissen Niveaus spielen. Um die nächste Stufe zu erreichen, gibt es ein Geheimnis, wie man Klavier spielen muss. Der Unterschied zwischen einem, der in Korea Klavier spielen gelernt hat und einem, der in einem Land der Musik Klavier spielen gelernt hat, ist, dass der Erstere dieses Geheimnis nicht kennen lernen kann.

Unter den IYF-Lehrern gibt es auch Herrn Young-Woo Jin. Er ist Forscher auf dem Gebiet der Botanik. Während meiner Predigt hörte er den Satz: „Gott tut Dinge, die mit menschlicher Kraft unmöglich sind." Eines Tages las er einen Artikel über „Taxol". Dieses Medikament gegen Krebs besteht aus dem Wirkstoff Taxol, der aus der pazifischen Eibe gewonnen wird. Um ein Gramm Taxol zu gewinnen, muss man vier hundertjährige Eiben fällen. Aus diesem einen Gramm kann man 35 bis 50 Spritzen Krebsmittel herstellen. Aber da die Menge der Taxolgewinnung aus Eiben begrenzt ist, forschten viele Wissenschaftler nach einer anderen Möglichkeit, Taxol zu gewinnen, aber sie haben es nicht geschafft. Der Artikel besagte, dass die Taxolgewinnung unmöglich sei. Das las dieser Lehrer und dachte: „Was Menschen unmöglich ist, tut Gott. Dann wird Gott das schaffen!" An diesem Tag begann er zusammen mit dem Leiter des Forschungslabors mit der Taxolforschung.

Er hat mit der Forschung für die Überwindung von Krebs angefangen. Dann bekam er die Zulassung für Taxol und ist jetzt dabei, gemeinsam mit der Universität von Edinburg in Großbritannien zu forschen. Letztens sagte ich zu jemandem: „Wenn es geht, bekommen Sie keinen Krebs. Aber wenn Sie unbedingt Krebs bekommen müssen, dann warten Sie bitte noch zwei Jahre." Denn in zwei Jahren kann genug Taxol hergestellt werden.

Herr Jin meint, dass alle in der Forschung tätigen Biologen der Welt in der Botanik forschen, indem sie gegen Gottes Wort handeln. Aber er nehme bei seiner Arbeit das Wort der Bibel, das er in der Gemeinde hört, als Maßstab, sodass alles gut vorangehe.

Beim Klavierspielen muss man nicht mit ganzer Kraft auf die Tasten hämmern, sondern ohne Kraft in das Klavier selbst hineinversinken. Das ist das Prinzip dieser Welt. Auch beim Schwimmen ist es so. Anfangs paddelt man mit voller Kraft, aber so kommt man nicht vorwärts. Nur wer sich entspannt, kann sich auf leichte Weise vorwärts bewegen. Meine Schwiegertochter war eine professionelle Schwimmerin. Darum hat meine Frau, als mein Sohn geheiratet hat, nur immer die Schultern unserer Schwiegertochter betrachtet, weil sie so breit waren. Mein Sohn und meine Schwiegertochter sagen mir beim Schwimmen ständig:

„Vater, entspann dich!"

„Wenn ich mich entspanne, gehe ich unter."

„Nein, das stimmt nicht. Entspann dich!"

Das ist jemand, der wirklich schwimmen kann.

Alle Prinzipien der Welt basieren darauf. Wenn ein Baseballspieler als Schlagmann zu viel Kraft einsetzt, sagt der Kommentator: „Ah, da war zu viel Kraft drin. So kann das nichts werden." Und auch beim Boxen meint man, dass man mit ganzer Kraft schlagen muss, damit der Gegner umfällt, aber der Kommentator sagt: „Oh, er hat zu viel Kraft in den Schultern. Das kann nur ein offener Schlag werden." Man muss sich entspannen.

In der Welt des Glaubens ist das auch der Fall. Am Anfang, wenn man die Welt des Glaubens betritt, versucht man die Zehn Gebote zu halten, geht sonntags in die Kirche, liest in der Bibel, betet, dient treu und arbeitet sehr eifrig. Doch nachdem man eine Weile auf dieser Stufe verweilt hat, sollte es eine Veränderung im Glaubensleben geben. Wenn man sein Glaubensleben gedankenlos lebt, führt das dazu, dass man sich bis ins Alter und bis zum Tod nur immer eifrig bemüht. Aber wenn man während seines Glaubenslebens ein bisschen nachdenkt, erkennt man: „Ach so, es kann nicht gelingen, wenn ich ständig angespannt bin. Das Glaubensleben funktioniert nicht, wenn ich mich eifrig bemühe. Auch wenn ich mein ganzes Herz hineinlege, kann ich so kein Glaubensleben führen!" Solange man nur ein ungefähres Glaubensleben führt, kann man niemals solche Gedanken haben, aber wenn man eines Tages an dem Punkt: „Ah, Glaubensleben bedeutet nicht, dass ich mich fleißig bemühe, mich anstrenge und treu bin" angelangt ist, beginnt das Glaubensleben sich zu ändern.

So will ich doch niemals Ärgernis nehmen an dir

Heute Abend haben wir über Petrus gelesen. Eines Tages, als Petrus am See Genezareth war, um zu fischen, traf er Jesus. Er war gerade dabei, die Netze zu waschen, die er in der Nacht ausgeworfen hatte, denn er hatte keinen einzigen Fisch gefangen. Da kam Jesus und stieg in sein Boot. Nachdem er Petrus gebeten hatte, ein wenig vom Land wegzufahren, verkündete er der Menge vom Boot aus das Wort Gottes. Nach der Predigt sprach er zu Petrus: „Fahre hinaus, wo es tief ist, und werft eure Netze zum Fang aus!", und Petrus folgte seinem Wort: „Meister, wir haben die ganze Nacht gearbeitet und nichts gefangen; aber auf dein Wort will ich die

Netze auswerfen", und sie warfen die Netze aus und fingen eine große Menge Fische.

In dieser Stunde erfasste Petrus ein Entsetzen: „Dieser Mann sieht so aus, als ob er noch nie gefischt hätte, wie konnten wir dann auf sein Wort hin so viele Fische fangen?" Erschüttert sagte Petrus zu Jesus: „Herr, geh weg von mir! Ich bin ein sündiger Mensch." Aber Jesus erwiderte: „Petrus, folge mir. Ich werde dich zu einem Menschenfischer machen." Da verließ er sein Boot und seine Netze und folgte dem Herrn. Zwar hat Petrus sein Boot verlassen und seine Netze und die gefangenen Fische weggeworfen, aber sein auf sich selbst vertrauendes Herz konnte er nicht wegwerfen. Darum folgte er weiterhin seinen Gedanken, obwohl er äußerlich dem Herrn folgte.

In der Bibel konnte ich entdecken, dass es im Leben der wertvollen Knechte, die von Gott benutzt wurden, einen Wendepunkt gab, von dem an sie von Gott benutzt werden konnten. Petrus lebte ohne so einen Punkt bis die Zeit kam, dass Jesus gefangen genommen werden sollte, wie wir heute Abend gelesen haben. Beim letzten Abendmahl sprach Jesus zu seinen Jüngern:

„Einer von euch wird mich verraten."

Als sie das hörten, wurden die Jünger sehr betrübt. Später sagte Jesus weiter:

„In dieser Nacht werdet ihr alle Ärgernis nehmen an mir." Da antwortete Petrus:

„Herr, was sagst du da? Wenn sie auch alle Ärgernis nehmen, so will ich doch niemals Ärgernis nehmen an dir."

Aber Jesus erwiderte:

„Petrus, ehe der Hahn kräht, wirst du mich dreimal verleugnen."

„Meister, wie kannst du sowas sagen? Andreas mag dich verleugnen, Jakobus mag dich verleugnen oder Johannes. Aber ich will dich niemals verleugnen, selbst wenn ich mit dir sterben müsste!“

Hier wird deutlich, dass Petrus’ Gedanken und Jesus’ Gedanken vollkommen unterschiedlich sind. Als Jesus sagte: „Du wirst mich dreimal verleugnen“, hätte Petrus antworten müssen: „Herr, ich werde dich verleugnen? Was soll ich denn bloß machen?“, aber er antwortete: „Und wenn ich mit dir sterben müsste, will ich dich nicht verleugnen.“ Das zeigt, dass er an sich selbst glaubte. Meine Lieben, was für ein Glaubensleben wird man führen, wenn man an Gott glaubt und gleichzeitig an sich selbst? Menschen, die auf sich selbst vertrauen, glauben zwar an Gott, aber auf ihre eigene Weise. Darum konnte Petrus seine eigene Meinung behaupten, als der Herr ihm sagte, er werde ihn dreimal verleugnen, und antworten: „Ich werde dich nicht verleugnen. Warum sagst du, dass ich dich verleugnen werde, obwohl ich dir versichert habe, dass es nicht so ist?“

Wenn man zum ersten Mal ein Glaubensleben führt, versucht man, selbst etwas mit Mühe und Eifer zu tun. „Ich brauche nur fleißig zu beten, die Gebote zu halten und treu ergeben zu sein.“ Mit solch einem Herzen möchte man glauben. Aber wenn man das dann versucht in die Tat umzusetzen, erreicht man eines Tages eine Grenze und erkennt die Realität: „Ich kann die Gebote nicht halten.“ Man erkennt, dass es nicht so funktioniert, wie man sich das vorgenommen hat. Wer so eine Erfahrung noch nicht gemacht hat, denkt: „Ich muss nur sonntags in die Kirche gehen, treu ergeben sein, beten, nicht sündigen und anständig leben.“ Weil solche Menschen in der Welt ihres eigenen Glaubenslebens verweilen, in dem sie alles selbst machen müssen, können sie, auch wenn sie ihr ganzes Leben lang so leben, niemals die nächste Stufe erreichen.

Ein Klavierspieler, der eifrig übt, kommt an einen Punkt, an dem er eines Tages erkennt, dass der Klang nicht besser und klarer wird, weil er angespannt spielt. Solange er das nicht weiß, spielt er einfach fleißig Klavier. Doch wenn er dem Spiel eines wirklich guten Pianisten zuhört, erkennt er, dass der Klang vollkommen anders ist als bei ihm, obwohl es dasselbe Klavier ist. „Wie kann es einen so klaren Klang haben? Wie kann es nur solche Töne hervorbringen? Warum funktioniert das bei mir nicht?" Beim Zuschauen erkennt er, dass ein guter Spieler, der ohne jegliche Kraft auf ganz natürliche Weise spielt, wunderschöne Klänge hervorzaubert: „Ach so, es bringt gar nichts, sich so anzustrengen!" Auch beim Schwimmen rudert man nicht angespannt mit den Armen. Ein guter Schwimmer schwimmt ohne Kraftanstrengung. „Dieser Schwimmer kann ohne Kraftanstrengung so gut vorwärts kommen!" Bevor man so etwas sieht, denkt man von sich, dass man der Beste ist. Aber wenn man es einmal gesehen hat, kann man die nächste Stufe erreichen.

Wissen Sie, was die Leute sagen, die viel Geld verdienen? Sie sagen: „Es funktioniert nicht, wenn wir viel Geld verdienen wollen. Wenn wir viel Geld verdienen wollen, flieht das Geld vor uns. Es muss zu uns kommen. Obwohl wir es gar nicht verdienen möchten, kommt das Geld dann zu uns. Nur so können wir viel Geld verdienen. Wir dürfen dem Geld nicht nachjagen."

Im IYF-Magazin las ich das Interview mit dem berühmten Bergsteiger Hong-Gil Eom, der den Mount Everest bestiegen hat. Dabei habe ich gedacht: „Wenn dieser Mann an Jesus glaubt, wird er ein wunderbares Glaubensleben führen." Bei ihm fehlten Jesus und Gott, aber er erzählte Dinge, die von einem hohen Stand im Glaubensleben zeugten. Ein sehr enger Kamerad von ihm erfror beim Besteigen des Mount Everests am Seil. Um die Leiche zu bergen, bestieg dieser Mann wieder den Mount Everest, obwohl es sehr gefährlich war und er sein Leben dabei aufs Spiel setzte. Er hat vorgehabt, die Leiche seines Kameraden nach Korea zu überführen, aber das konnte er nicht schaffen. Das Begräbnis musste auf dem Berg stattfinden. Dieser Mann sagte, dass er nicht einfach den Berg besteigen kann, sondern der Berg es ihm erlauben muss. Beim Bergsteigen erkennt der Berg sein Herz genau, und er muss seinen Wunsch aufgeben, um die Erlaubnis vom Berg zu bekommen. Er wollte die Leiche seines geliebten Kameraden unbedingt nach Korea bringen, aber er erkannte: „Der Berg erlaubt es mir nur bis hierher“, und entschied: „Ich werde ihn hier begraben“, und er begrub ihn auf dem Berg und kehrte nach Hause zurück.

Meine Lieben, im Glaubensleben gibt es eine Stufe, auf der wir selbst etwas tun, und es gibt eine Stufe, bis zu der Gott es erlaubt. Jeder, der zum ersten Mal ein Glaubensleben anfängt, denkt, dass es ihm gelingen wird, wenn er fleißig betet, treu ist und sich bemüht. Ich höre viele Predigten von Pastoren in christlichen Sendungen. Diese Pastoren sagen: „Meine Lieben, wir müssen dem Herrn treu ergeben sein. Lasst uns mit ganzer Kraft dem Herrn dienen“, aber das ist eine Lüge. Warum? Weil sie es noch nie selbst versucht haben. Denn wer es wirklich einmal versucht hat, wird erkennen, dass es so nicht funktioniert.

Einmal habe ich gehört, wie jemand behauptet hat, er hätte in einem Jahr das Alte und das Neue Testament 175-mal gelesen. Ich wusste gleich: „Dieser Mann hat die Bibel noch nie ganz gelesen.“ Es dauert bei mir, wenn ich nicht esse und den ganzen Tag nur Bibel lese, genau eine Woche, bis ich die ganze Bibel, das Alte und das Neue Testament, gelesen habe. Das heißt, wenn man nichts anderes macht als Bibellesen, kann man in einem Jahr 50-mal die ganze Bibel lesen. Und wenn dieser Mann behauptet, dass er in einem Jahr 175-mal die Bibel gelesen hätte, weiß man, dass er die Bibel noch nie richtig gelesen hat. Jemand, der die Bibel gelesen hat, weiß, wie lange es dauert, die ganze Bibel zu lesen! Man braucht normalerweise zwei Minuten, um eine Seite der Bibel zu lesen, und das nicht langsam, sondern mit den Augen schnell herunterfahrend. Da die Bibel ungefähr 1750 Seiten hat, braucht man so 60 Stunden, um alles zu lesen. Wie kann er da die Bibel in einem Jahr 175-mal lesen? Man kann sehen, dass er die Bibel nicht ein einziges Mal ganz gelesen hat.

Meine Lieben, jemand, der behauptet, dass er von Gott gesegnet wurde, weil er ihm treu ergeben gedient hat, ist jemand, der noch nie so etwas getan hat - also jemand, der lügt. Nirgendwo in der Bibel steht, dass einer gesegnet wurde, weil er sich eifrig bemüht hat und treu ergeben war. Das heißt, dass die Menschen ein falsches Glaubensleben führen, dass sie nur der Form nach ein Glaubensleben haben und eine heuchlerische Fassade als Glaubensleben vorgeben. Wie zum Beispiel, dass sie nach mehreren Tagen Fasten und Beten in Trance eine Vision gehabt hätten ... Sicher, sie können eine Vision gehabt haben. Aber das ist kein Glaube.

Glaube fängt in dem Moment an, in dem Sie in Ihrem Glaubensleben versagt haben. Wer in seinem Glaubensleben nicht gescheitert ist, versucht selbst etwas zu tun, aber so kann es nicht gelingen. Nur wer versagt, kann sich aufgeben, und wer sich aufgibt, kann den wahren Glauben an den Herrn bekommen. Solange ich fähig bin und alles schaffe und eifrig versuche, ist mein Glaube nur eine Formsache. Daraus entsteht niemals wahrer Glaube.

Der Traum des verlorenen Sohnes

In Lukas Kapitel 15 gibt es die Geschichte über den verlorenen Sohn.

„Und er sprach: Ein Mensch hatte zwei Söhne. Und der jüngere von ihnen sprach zu dem Vater: Gib mir, Vater, das Erbteil, das mir zusteht."

Wissen Sie, was für eine Bedeutung in diesem Satz steckt? Wenn der Sohn es sich nicht zugetraut hätte, sein väterliches Erbe selbst zu verwalten, hätte er gesagt: „Vater, ich bin noch jung, was soll ich mit meinem Erbteil anfangen? Ich weiß nicht, was ich damit machen soll." Aber weil der Sohn es sich zutraute, kamen ihm solche Gedanken: „Vater, denkst du, dass ich immer noch ein kleines Kind bin? Gib mir mein Erbteil! Ich kann es selbst verwalten." Der Vater gab ihm sein Erbteil. Und nicht lange danach nahm es der Sohn und ging in ein fernes Land und verprasste all sein Hab und Gut. Als er sein Erbe ganz verbraucht hatte, kam eine Hungersnot über dieses Land, sodass es nichts zu essen gab und er hungern musste.

> **„und ging hin und hängte sich an einen Bürger jenes Landes; der schickte ihn auf seinen Acker, die Säue zu hüten. Und er begehrte, seinen Bauch zu füllen mit den Schoten, die die Säue fraßen; und niemand gab sie ihm."**

Dort hielt der verlorene Sohn es aus, solange er konnte. Bis wann? Bis sein Herz zusammenbrach. Ein Glaubensleben zu führen bedeutet, den Baum namens „Ich" zu fällen, weil er böse, schmutzig und der Sünde verfallen ist. Man muss sein Ich verleugnen. Ich habe lange überlegt, was ich auf den Umschlag Ihrer Predigtnotizhefte schreiben soll und habe dann „Von der Sünde befreit" schreiben lassen. Denn das ist mein Zeugnis. Von klein auf bin ich eifrig, aber völlig ahnungslos in die Kirche gegangen. Mit zunehmendem Alter habe ich gesündigt, und wenn ich gesündigt habe, habe ich in der Kirche gehört, dass ich Buße tun sollte. „Gott, ich habe die und die Sünde begangen. Bitte, vergib mir. Ich habe diese und jene Sünde getan. Vergib mir ..." Das hat sich ständig wiederholt. Ich habe gesündigt und Buße getan und gesündigt und wieder Buße getan. Wieder Buße getan und wieder gesündigt. Ich habe weiter und weiter in diesem Zustand gelebt. Aber das ist nicht die wahre Buße. Das ist nicht die wahre Umkehr von der Sünde. Das ist nicht „sich selbst verleugnen". Nach meiner Rettung habe ich gesehen, dass alle Christen in Korea so leben. Sie tun Buße und sündigen, sündigen wieder und tun wieder Buße ...

Als ich in der Hanbatgemeinde in Daejeon war, gab es unterhalb unserer Mauer eine kleine Gemeinde namens Golgathakirche. Unser Frühgottesdienst fing um halb sechs an, aber diese Kirche begann um fünf Uhr. Jeden Morgen um fünf Uhr haben sie angefangen zu klagen. Im Winter konnten wir die Fenster schließen und Gottesdienst feiern, deshalb war es kein Problem. Aber im Sommer mussten wir die Fenster wegen der Hitze öffnen, sodass wir ihr Klagen hörten. Einmal ist ein Mann frühmorgens mit einer Taschenlampe in diese Kirche gegangen, während ihre Gemeindemitglieder wieder laut geklagt haben, und hat geschrien: „Lasst mich schlafen, lasst mich schlafen, lasst mich doch endlich schlafen!" Warum weinen diese Leute? Die Bibel sagt: „Seid immer fröhlich, betet ohne Unterlass, seid in allem dankbar." Steht in der Bibel: „Weint jeden Tag, presst ohne Unterlass Tränen heraus, verbringt eure Zeit mit Klagen"? Warum tun sie das?

Ein Glaubensleben führen bedeutet „an Jesus glauben". Weil ich mein Glaubensleben nicht führen kann, glaube ich daran, dass der Herr es für mich tun wird, und übergebe dem Herrn mein Leben. Wenn mein Glaubensleben mühsam und beschwerlich ist, heißt das, dass ich es immer noch selbst führen will.

Ich reise öfter mit dem Flugzeug. Obwohl ich keine Ahnung davon habe, wie man ein Flugzeug steuert, ist das gar kein Problem für mich, weil ein kompetenter Pilot am Steuer sitzt. Solange Sie Ihr Leben, Ihr Glaubensleben selbst in die Hand nehmen, ist es ein Problem. Aber wenn Jesus für Ihr Leben, für Ihre Sünden und für Ihr Glaubensleben verantwortlich ist, kann es dann immer noch ein Problem sein? Nein, niemals!

Der zweite Sohn wollte das Erbe seines Vaters nehmen und in ein fernes Land gehen, um selbst ein Geschäft zu gründen. Er dachte, dass er fähiger wäre als sein Vater und hat seinen Vater sehr gering geschätzt. „Wenn mein Vater mir nur mein Erbteil geben würde! Ich könnte es selbst gut verwalten! Warum zögert er? Ich kann ihn nicht verstehen!“ Wie glücklich muss er gewesen sein, als der Vater ihm schließlich sein Erbteil ausgezahlt hat. Wenn er mit diesem Geld ein Geschäft gegründet und viel Geld verdient hätte, wollte er in einem Mercedes laut hupend nach Hause kommen.

„Vater, ich bin da! Wie geht es dir? Komm mal unser Haus anschauen!“

Mit dem teuren Auto zu seinem Haus fahrend, würde er erklären:

„Im Umkreis von 100 Kilometern ist alles mein Land, Vater! Vom Hoftor bis zu unserem Schlafzimmer sind es vier Kilometer. Man muss mit dem Auto fahren. Dort drüben liegt meine Yacht. Hier auf dieser Seite gibt es meinen Flugplatz und hier ist mein Flugzeug. Die Bäume in meinem Garten, das sind alles tropische Bäume, importiert aus Südamerika. Jeder Goldfisch hier ist 5000 Euro wert, Vater. Schau mal die antiken Stücke in unserem Haus: Dieses hier hat der erste Kaiser der Chin Dynastie in China benutzt. Und diese hier gehörten früher den Kaisern in Europa. Weißt du, wie teuer das alles ist? Ja, Vater, ich habe eine Menge Geld verdient!“

So wollte der Sohn angeben.

Ihre Wünsche sind im Grunde gleich. Sie möchten gut beten, treu ergeben sein, fleißig in der Bibel lesen und dann wie der zweite Sohn alles zeigen, was Sie gut gemacht haben: „Gott, sieh, was ich alles getan habe! Ich habe 40 Tage lang gefastet und gebetet, und dir treu ergeben habe ich eine neue Gemeinde gegründet. Herr, wie findest du das? Großartig, nicht wahr? Bitte, lass mich in den Himmel kommen!“ Jeder von Ihnen möchte so ein Glaubensleben führen. Aber das ist keine Gnade. Das ist nur der Lohn für die Bemühungen. Gott weiß, dass man mit menschlichen Bemühungen die Sünden nicht wegwaschen kann und dass man mit menschlichem Eifer nicht die Rettung bekommen kann. Egal wie sehr Sie sich auch bemühen und treu ergeben sind, Gott wirft nicht einmal einen Blick darauf.

Die Erzählung über den verlorenen Sohn in Lukas 15 ist eine Geschichte, die Jesus erfunden hat. Dann möchte ich Sie einmal fragen: Wie viele Söhne gibt es, die das Erbe des Vaters genommen haben und damit in ein fernes Land gegangen und erfolgreich geworden sind? Und in Ihrer Umgebung gibt es bestimmt auch viele, die ohne Hab und Gut in die Hauptstadt gekommen und reich geworden sind.

Einmal habe ich die Autobiographie des Herrn Ju-Young Jeong gelesen. Das ist ziemlich lange her, darum kann ich mich nicht gut erinnern. Ju-Young Jeong wurde in Nordkorea geboren, ist geflohen, wurde auf der Flucht gefangen genommen, ist aber schließlich wieder geflohen und hat für einen Reisladen Reis ausgeliefert ... Auf diese Weise ist er erfolgreich geworden und hat die Firma Hyundai gegründet. Die Stadt Ulsan wird auch die Hyundai-Stadt genannt. Da sich die Autos von Hyundai sowohl im Ausland als auch im Inland gut verkaufen, gibt es in Ulsan niemals ein wirtschaftliches Tief, auch wenn es in allen anderen Städten bergab geht.

Ju-Young Jeong war also sehr erfolgreich. Warum aber hat die Bibel alle Geschichten über erfolgreiche Menschen weggelassen und die Geschichte des Sohnes erzählt, der das Erbe des Vaters mitgenommen und mit Huren durchgebracht hat und schließlich im Schweinestall gelandet ist? Warum schreibt die Bibel nicht positiv?

Die Bibel erzählt nicht nur Geschichten, sondern sie zeigt die Welt unseres Herzens. Unter Ihnen, die Sie hier heute ins Olympiastadion gekommen sind, kann es Leute geben, die in der Welt etwas Geld verdient haben, gut leben und erfolgreich geworden sind. Es kann auch Leute geben, die mit leeren Händen nach Seoul gekommen sind, sich eifrig bemüht, Geld verdient, eine große Firma eröffnet und vielen Leuten geholfen haben und selbst auch erfolgreich geworden sind. Aber um zu zeigen, dass es im Glaubensleben nicht mit Eifer und Bemühungen funktionieren kann, steht in der Bibel die Geschichte des verlorenen Sohnes, der zum Bettler wurde. Sie bedeutet, dass auch Sie, wenn Sie Ihr Glaubensleben nur mit Eifer und Bemühungen führen, wie der verlorene Sohn werden.

Der Punkt der Veränderung

Eines Tages hat der verlorene Sohn gedacht:

„Wie viele Tagelöhner gibt es im Hause meines Vaters, die reichlich zu essen haben, und ich verderbe hier im Hunger. Ich möchte zu meinem Vater gehen und sagen: „Vater, ich habe gegen den Himmel und vor dir gesündigt. Ich bin es nicht mehr wert, dein Sohn genannt zu werden. Bitte, mache mich zu einem deiner Tagelöhner."

Meine Lieben, was hier geschieht, ist Buße! Der zweite Sohn hatte sich bis dahin gewünscht, sein eigenes Geschäft zu eröffnen, Geld zu verdienen und es seinem Vater zu zeigen. Doch es ist ihm nicht gelungen, und er ist im Schweinestall gelandet. Aber obwohl er im Schweinestall war, hat er sich noch nicht gleich aufgegeben. „Wenn ich hier ein bisschen fleißiger arbeite, wird mein Herr zufrieden sein und mir zu essen geben. Dann möchte ich essen, noch fleißiger arbeiten, Geld sparen und mein eigenes Geschäft anfangen ..." Auf diese Weise hat der zweite Sohn ständig Pläne gemacht.

Vor langer Zeit ist einmal ein Jäger auf die Jagd gegangen und hat einen schlafenden Fuchs entdeckt. Er dachte: „Diesen Fuchs möchte ich fangen!", und er überlegte sich, was er dann mit diesem Fuchs anfangen wollte. „Ich werde ihn verkaufen und eine Henne kaufen. Diese Henne wird mir viele Eier legen. Die möchte ich verkaufen und mir eine Sau kaufen. Wenn diese Sau viele Ferkel wirft, werde ich diese verkaufen und ein Kalb kaufen. Dieses Kalb wird wachsen und viele Kälber kriegen. Diese werde ich verkaufen und mir ein Stück Land kaufen. Ich werde ein Haus bauen, und dann werde ich heiraten." Und als er schließlich schießen wollte, war der Fuchs längst verschwunden. Während er Kühe aufgezogen, eine Weide umzäunt, ein Haus gebaut und eine hübsche Frau geheiratet hat und endlich zufrieden war, ist der Fuchs, der bis vor kurzem noch geschlafen hatte, aufgewacht und fortgelaufen. Darum sind die Küken verschwunden, die Henne ist verschwunden, das Schwein verschwunden, das Kalb verschwunden, das Haus verschwunden, die Frau verschwunden, alles ist verschwunden. Der Fuchs hat alle mitgenommen.

Der zweite Sohn vegetierte zwar schon im Schweinestall, aber er hatte immer noch solche Träume: „Wenn ich ein bisschen eifriger arbeite, wird mein Herr zufrieden sein und mir zu essen geben. Dann werde ich noch fleißiger sein, Geld verdienen und später mein eigenes Geschäft anfangen ..."

Meine Lieben, die Menschen genießen solche Illusionen und führen ihr Leben auf diese Weise. Geldspieler spielen um Geld, um zu gewinnen. Alle wollen Geld gewinnen, niemand möchte es verlieren. Wer möchte schon beim Glücksspiel Geld verlieren? Alle denken nur ans Gewinnen, nicht daran, dass sie verlieren könnten.

Darum meinen sie, dass sie diesmal gewinnen werden, diesmal wirklich erfolgreich sein werden ... Später, wenn ihnen das Geld ausgeht, spielen sie sogar um ihre Frauen. Was macht es schon aus, seine Frau aufs Spiel zu setzen? Man wird doch gewinnen, nicht wahr? Weil sie denken, dass sie gewinnen werden, können sie alles aufs Spiel setzen, ihr Haus, ihr Grundstück, das Studiengeld der Kinder ...

Törichte Leute denken, dass sie diesmal etwas Geld verdienen könnten, obwohl sie wie der verlorene Sohn geworden sind. Dann werden sie schließlich diesen Punkt erreichen:

> **„Und er begehrte, seinen Bauch zu füllen mit den Schoten, die die Säue fraßen; und niemand gab sie ihm. Da ging er in sich und sprach: Wie viele Tagelöhner hat mein Vater, die Brot in Fülle haben, und ich verderbe hier im Hunger!"**

Als er erkannte, dass das Ende seines eigenen Weges nur der Tod sein kann, kehrte sein Herz von diesem Wege um. „Das ist also das Ergebnis meiner Taten. Von nun an möchte ich nicht mehr selbst mein Leben führen, sondern alles meinem Vater überlassen. Ab jetzt soll mein Vater alles für mich entscheiden." Mit so geändertem Herzen ist er nach Hause umgekehrt.

> **„Als er aber noch weit entfernt war, sah ihn sein Vater, und es jammerte ihn; er lief und fiel ihm um den Hals und küsste ihn. Der Sohn aber sprach zu ihm: Vater, ich habe gesündigt gegen den Himmel und vor dir; ich bin hinfort nicht mehr wert, dass ich dein Sohn heiße. Aber der Vater sprach zu seinen Knechten: Bringt schnell das beste Gewand her und zieht es ihm an und gebt ihm einen Ring an seine Hand und Schuhe an seine Füße und bringt das gemästete Kalb und schlachtet's; lasst uns essen und fröhlich sein!"**

Wann kam für den verlorenen Sohn die Zeit, gute Kleider und

Schuhe anzuziehen, einen Ring zu tragen und ein gemästetes Kalb zu essen? Als er erkannte, dass er in allen Punkten seines Lebens versagt hat und sich daraufhin selbst aufgab und verleugnete und sein ganzes Ich seinem Vater übergab.

Meine Lieben, im Glaubensleben muss es diesen Punkt geben. Als Pastor treffe ich viele Christen, und ich kann erkennen: „Dieser Mann ist noch nicht an dem Punkt angelangt. Diese Person ist schon über den Punkt hinaus."

Bu-Chee Kim, der Schuhverkäufer aus Chicago

In den Vereinigten Staaten gab es einen Mann Namens Bu-Chee Kim. Dieser Mann verkaufte Schuhe in einem Schuhgeschäft in Chicago. Er war Angestellter in diesem großen Laden und hatte ein unglaubliches Talent, Schuhe zu verkaufen. Wenn Kunden zu ihm kamen, gingen sie mit mindestens einem Paar Sandalen nach Hause. Mit leeren Händen ließ er niemals jemanden gehen. Wenn ich so etwas höre, finde ich das sehr erstaunlich: „Wie kann man nur so redegewandt sein? Wie schön wäre es, wenn ich als Pastor alle Leute, die zu mir kommen, verändert nach Hause schicken würde, ohne Ausnahme!"

Dieser Mann erkannte, dass er ein Sünder war, kam in unsere Gemeinde, die Gute-Nachricht-Mission in Chicago, und nahm die Rettung an. Nach seiner Rettung begann er sein Glaubensleben und dachte: „Was bringt es mir, wenn ich Geld verdiene? Damit kann ich nicht mehr als meinen Bauch füllen. Das Evangelium ist so wertvoll, ich möchte auch ein Prediger des Evangeliums werden." Darum beantragte er die Aufnahme in unsere Missionarsschule in Korea. Und eines Tages ging er zu seinem Chef:

„Ich werde nur noch einen Monat hier arbeiten und dann aufhören."

Der Chef war sehr erschrocken, denn Bu-Chee Kim war die treibende Kraft in seinem Laden.

„Was ist los, Herr Kim? Hat Sie jemand schlecht behandelt? Haben wir Sie irgendwie enttäuscht? Erzählen Sie!"

„Nein, das ist es nicht, aber ich möchte nach Korea in die Missionarsschule gehen."

„Warum müssen Sie unbedingt in die Missionarsschule gehen?"

„Ich muss gehen."

„Dann bleiben Sie doch wenigstens noch ein Jahr! Es mag ja gut für Sie sein, in die Missionarsschule zu gehen, aber was soll aus unserem Laden werden? Ohne Sie - wer soll all die Schuhe verkaufen? Gehen Sie doch später."

„Nein, ich habe mich entschieden zu gehen."

Der Chef war sehr enttäuscht. Am Tag vor seinem Abflug aßen sie zusammen, und der Chef bat ihn:

„Herr Kim, wenn Sie nach Korea gehen, lernen Sie fleißig und werden Sie ein guter Missionar. Aber falls Sie Schwierigkeiten bekommen, sind Sie jederzeit wieder hier in unserem Laden willkommen. Lassen Sie uns dann weiter zusammenarbeiten."

Als er ins Flugzeug stieg, um nach Korea zu fliegen, ließ er seine Arbeit und alles andere zurück, um ein Prediger des Evangeliums zu werden. Aber die Worte: „Sie sind jederzeit hier in unserem Laden willkommen, falls Sie Schwierigkeiten bekommen", konnte er nicht wegwerfen. In der Missionarsschule lernte er und wurde im Glaubensleben trainiert. Die anderen nahmen das Training mit ganzem Herzen an, aber dieser Mann dachte immer: „Mein Chef hat gesagt, dass ich zurückkommen kann, wann ich will. Wenn es nicht klappt, kann ich wieder Schuhe verkaufen. Ich kann ja sehr gut Schuhe verkaufen." Weil er so ein Herz hatte, konnte er nicht gut trainiert werden. Menschen sterben, wenn ein winziger Virus, der gar nicht einmal sichtbar ist, in ihren Körper eingedrungen ist. Genauso gab es nach sechs Monaten wegen eines unbedeutenden Gedanken einen himmelweiten Unterschied zwischen ihm und den anderen Missionarsschülern.

Er vertraute auf sich selbst: „Ich kann gut Schuhe verkaufen. Egal, was für ein Kunde auch kommt, ich kann auf jeden gut eingehen." Nach sechs Monaten fiel ihm auf, dass es zwischen ihm und den anderen Schülern einen großen Unterschied gab. Und er lief fort aus der Missionarsschule. „Man kann halt nichts machen, es klappt nicht. Es wäre schön gewesen, Missionar zu werden, aber wenn es nicht klappt, kann man nichts machen. Dann gehe ich eben wieder nach Chicago." Im Flughafen von Chicago rief er seinen Chef an:

„Chef, ich bin wieder da."

„Ah, Herr Kim, sind Sie wieder da? Schön, ich freue mich! Kommen Sie!"

Von dem Tag an ging er wieder in den Schuhladen. Aber das Seltsame war, dass er, der früher so gut Schuhe verkauft hatte, keine Schuhe mehr verkaufen konnte. Er stritt sich mit den Kunden, aber der Chef dachte: „Weil er sechs Monate lang nicht gearbeitet hat, ist er so geworden. Er hat das Talent, Schuhe zu verkaufen. Er wird es bald wieder so gut können wie früher." Und er hielt es aus. Eine Woche lang wurden überall im Laden Schuhe verkauft, nur nicht in der Abteilung dieses Mannes. Alle Kunden, die kamen, ärgerten sich über ihn und gingen wütend nach Hause. „Er ist doch früher nicht so gewesen ...", dachte der Chef und vertraute dem Mann weiter, weil er früher sehr fähig gewesen war. Als es sich nach zwei, drei Wochen nicht gebessert hatte, lud der Chef ihn eines Abends nach der Arbeit zu einem Kaffee ein. Sie unterhielten sich.

„Herr Kim, ich möchte Sie etwas fragen."

„Was möchten Sie denn fragen?"

„Warum sind Sie von der Missionarsschule hierher zurückgekommen?"

„Das ..."

„Gehen Sie zurück. Anscheinend verhindert Gott Ihren Erfolg. Ich habe Sie sehr gern. Aber wenn ich Sie weiter hier behalte, wird Gott unseren Laden ruinieren. Gehen Sie zurück!"

Sein Selbstvertrauen: „Ich kann gut Schuhe verkaufen! Jedem Kunden, der zu mir kommt, kann ich Schuhe verkaufen! Mein Chef erkennt mich an! Es gibt niemanden in Chicago, der so gut Schuhe verkauft wie ich! Ich kann gut Schuhe verkaufen!", dieses Selbstvertrauen, das noch nie einen Riss bekommen hatte, fing nun an zu bröckeln.

Männer denken: „Meiner Familie geht es gut dank meiner Fähigkeit." Darum sagen sie immer zu ihren Frauen: „Wenn man machen würde, was du sagst, könnte dieses Haus gar nicht bestehen! Dank meiner Führung leben wir so einigermaßen!"

Ein Bettler und sein Sohn haben auf ihrem Weg ein brennendes Haus gesehen. Alle Leute sind aufgeregt hin und her gelaufen und konnten weder hineingehen noch irgendwas anderes machen und haben schließlich nur davor gestanden und geweint.

„Vater, wir brauchen nicht zu befürchten, dass unser Haus brennt, nicht wahr?"

„Ja, das verdankst du deinem Vater!"

Menschen vertrauen auf sich selbst.

Im Herzen von Bu-Chee Kim ist der Gedanke zerbrochen, er könne gut Schuhe verkaufen. „Wie kann mir so etwas passieren? Ich kann doch gut Schuhe verkaufen. Ich bin doch fähig. Warum passiert mir so etwas?" Obwohl er wieder nach Korea in die Missionarsschule gehen wollte, konnte er nicht, weil es Dinge gab, die er angestellt hatte, als er die Missionarsschule verließ. Zu dieser Zeit ist ein Pastor unserer Mission in die Vereinigten Staaten gereist, um ein Bibelseminar zu führen. Eines Tages hat Bruder Bu-Chee Kim dem Pastor sein Zeugnis gegeben und weinend bekannt: „Ich war so arrogant!" Dieser Pastor hat mich angerufen:

„Pastor, Bruder Bu-Chee Kim hat sein Herz gebrochen und Buße getan."

„Sag ihm, dass er wieder nach Korea kommen soll."

Und er kam wieder nach Korea. Sein Herz, das er vor sechs Monaten gehabt hatte: „Ich kann gut Schuhe verkaufen. Wenn es in der Missionarsschule nicht klappt, kann ich wieder in den Schuhladen gehen. Ich bin anders als die anderen Menschen", war zusammengebrochen. Der Gedanke, er sei fähig, etwas zu tun, ist zerbrochen. „Wenn der Herr mir keine Gnade gibt, ist alles, was ich tue, sinnlos. Es war so töricht, dass ich auf mich selbst vertraut habe!" Er hat diese Tatsache erkannt.

In dem einen Monat, in dem er wieder Schuhe verkauft hat, hat Gott ihm sein wahres Ich gezeigt. Das war wirkungsvoller als das sechsmonatige Training in der Missionarsschule. Er erkannte, dass es Gottes Gnade war, dass er bis dahin ein guter Schuhverkäufer sein konnte, und dass er unnütz ist. Da ist all sein Selbstvertrauen zusammengebrochen, und er hat sich sehr verändert. Während er wieder in der Missionarsschule trainiert wurde, ist sein Glaube so sehr gewachsen, dass ihm niemand folgen konnte. Darum haben wir ihn als Missionar nach Anchorage in Alaska gesandt, wo es viele Eskimos gibt. In Anchorage geht im Winter die Sonne vormittags um 11 Uhr auf und nachmittags um 14 Uhr unter. Nachts kommen Bären in die Küche und suchen nach etwas. Wenn man mit dem Auto fährt, sieht man Rentiere und trifft öfter auf Bären. Dort hat er das Evangelium verkündet, und viele Menschen haben die Rettung angenommen. Nach der Zeit im schwierigen Anchorage ist er vor einigen Jahren nach Hawaii gegangen.

Man kann gar nicht beschreiben, wie wundervoll auch dort die Gemeinde wächst.

Petrus, der schließlich zusammengebrochen ist

Im Glaubensleben muss man diesen Prozess erfahren. Wer diesen Prozess noch nicht durchgemacht hat, vertraut weiterhin auf sich selbst. „Ich brauche nur zu beten. Ich brauche nur die Gebote zu halten. Ich brauche nur mit dem Trinken aufzuhören. Ich brauche nur zu spenden ...“ Da sie das alles selbst machen, wozu brauchen sie noch die Hilfe des Herrn? Das Glaubensleben funktioniert erst dann, wenn es nicht funktioniert hat, obwohl man gebetet hat. Wenn es nicht funktioniert hat, obwohl man die Gebote gehalten hat. Wenn es nicht funktioniert hat, obwohl man aufgehört hat zu trinken. Wenn, egal was man auch macht, nichts funktioniert, dann ist das der Punkt, an dem das Glaubensleben beginnt. Der verlorene Sohn hat sich verändert, nicht als er fortgegangen ist und fleißig alles versucht hat, um seinen Vater glücklich zu machen, sondern als er gar nichts machen konnte, da erst hat er sich verändert.

Zu bekennen, dass ich gestohlen, Ehebruch begangen oder gelogen habe, ist keine Buße.

„Gott, ich bin unmöglich! Herr! Ich bin ein Nachkomme Adams. Ich bin ein Same der Sünde. Wenn man Erdnüsse sät, wachsen Erdnüsse. Wenn man Gerste sät, wächst Gerste. Wenn man Reis sät, wächst Reis. Wenn man Baumwolle sät, wächst Baumwolle. Da ich ein Same der Sünde bin, bringe ich nur Früchte der Sünde hervor, wenn man mich sät. Wie kann ein Sündenbaum wie ich Gutes hervorbringen? Wie kann ein Birnenbaum jemals Äpfel tragen? Gott, wie können aus Gerste Erdnüsse kommen? Wie kann Reis Linsen tragen? Ich bin ein Same der Sünde. Die Mitte meines

Herzens ist böse und schmutzig. Aus mir kommen nur schlechte und böse Gedanken. Ich schwelge in meinen Begierden. Hass entsteht in mir. Ohne Unterlass kommen lüsterne Gedanken in mir hoch. Ich bin ein böser Mensch, der verlogen ist! Gott, bitte, sei mir gnädig! Ich bin ein Same der Sünde, aus dem immer nur schlechte Dinge hervorkommen!"

Das ist wahre Buße. Wer diesen Kern nicht kennt, denkt nur: „Ich brauche nur fleißig zu beten. Ich brauche nur anständig zu leben. Ich brauche ja nicht zu sündigen und nur die Gebote zu halten." Menschen, die sich nicht kennen, versuchen alles selbst zu machen. Sie täuschen nur ihr Gewissen. Wenn sie ein Glaubensleben führen, können sie eines Tages das Gleiche sagen wie Apostel Paulus:

„Ich elender Mensch! Wer wird mich erlösen von diesem todverfallenen Leibe?"

„Warum kann ich nichts Gutes hervorbringen? Warum kommen nur schlechte Dinge aus meinem Herzen? Warum entsteht Hass in mir? Warum beschmutzen lüsterne Gedanken mein Herz?"

David sagte: **„Ich bin als Sünder geboren, und meine Mutter hat mich in Sünden empfangen."** Wir müssen erkennen, dass wir von Grund auf voll von Sünde sind. Meine Lieben, die Bibel sagt uns: **„Man pflückt ja nicht Feigen von den Dornen, auch liest man nicht Trauben von den Hecken."**

Einmal habe ich mich mit einem Ältesten in Washington, USA, über das Glaubensleben unterhalten. Er sprach eine ganze Weile über seine vielen großartigen Taten, die er als Ältester vollbracht hat. Dann habe ich ihn gefragt:

„Ältester, können Dornen in Amerika Feigen hervorbringen?"

„Natürlich nicht."

„In Korea ist das auch nicht der Fall. Können Hecken in Amerika Trauben tragen?"

„Nein, können sie nicht."

„Ja, selbstverständlich. In Korea auch nicht. Aber wie können Sie, ein Baum der Sünde, gute Früchte hervorbringen? Das ist wirklich eine Kunst."

Sein Mund klappte auf, und er konnte ihn nicht mehr schließen.

„Ältester, der Unterschied zwischen Ihnen und mir ist, dass ich ein Same der Sünde bin, aus dem nur Böses und Schlechtes herauskommt, sodass ich gar nichts Gutes tun kann. Wenn ich mich bemühe Gutes zu tun, scheint es anfangs zu funktionieren, aber letzten Endes gelingt es mir nicht, da ich ein Same der Sünde bin. Aber wie können Sie, Ältester, obwohl Sie auch ein Same der Sünde sind, so gute Früchte hervorbringen?"

Er konnte nichts mehr sagen. Dieser Mann hat auf sich selbst vertraut. Auf diese Weise kann er nur Früchte der Sünde tragen. Wir müssen erkennen, dass wir ein Baum der Sünde sind. Egal wie sehr wir uns auch bemühen, können wir nur Früchte der Sünde tragen.

Auch Petrus hat sich zuerst nicht genau gekannt. „Ich brauche den Herrn doch nicht zu verleugnen. Ich kann mein Leben opfern und dem Herrn folgen." In dieser Nacht ist Petrus Jesus gefolgt, als er gefangen genommen wurde, wie wir in der Bibel gelesen haben. Alle anderen sind weggelaufen, aber warum ist Petrus nicht weggelaufen? Wegen der Worte, die er gesagt hatte. „Auch wenn alle anderen Ärgernis nehmen, so werde ich nicht Ärgernis nehmen an dir." Weil er dem Herrn gefolgt ist, um zu beweisen, dass er kein Ärgernis an ihm nimmt, hat er Jesus verleugnet. Als die Magd sagte: „Ich habe dich mit dem Jesus zusammen gesehen", hat er Jesus verleugnet: „Ich weiß nicht, wovon du redest."

Bis dahin kannte Petrus sich nicht. Er dachte, wenn er Jesus nicht verleugnen will, wird er es auch nicht tun. Er glaubte, wenn er sich bemüht, nicht zu lügen, kann es ihm gelingen. Er meinte, dass er seine Vorsätze halten kann. „Auch wenn ich sterben muss - ich werde dir bis in den Tod folgen!" So hat er laut herumposaunt, aber in dieser Nacht hat er den Herrn dreimal verleugnet. Als Petrus das gesehen hat, ist all sein Selbstvertrauen zusammengebrochen.

„Ich war so töricht, dass ich auf mich, der ich so bin, vertraut habe! Ich habe an mich selbst geglaubt! Solche falschen Gedanken habe ich gehabt!"

Er hat die Erfahrung gemacht, dass er töricht ist. Darum konnte er sich selbst verleugnen. Als Petrus nun all seine Gedanken weggeworfen und sich verleugnet hat, konnte er ein erstaunliches Leben führen, in dem Jesus Christus sein Herz leitete.

Wahre Buße ist nicht, zu sagen:

„Gott, ich habe gelogen. Gott, ich habe gestohlen. Gott, ich habe abgetrieben. Gott, ich habe Ehebruch begangen. Bitte, vergib mir!"

Das ist nur ein Teilgeständnis. Wenn Sie ein wilder Ölbaum sind, muss nicht nur ein Zweig von Ihnen abgehackt werden, sondern der ganze Baum muss abgehauen und in den edlen Ölbaum eingepfropft werden. Sie müssen nicht bekennen, dass Sie gelogen und gestohlen haben.

Wahre Buße ist:

„Gott, ich bin ein Same der Sünde. Darum brodeln schlechte Gedanken ohne Unterlass in mir. In mir gibt es so viele schmutzige und lüsterne Gedanken, dass ich vielleicht nicht wirklich Ehebruch begehe, aber in meinem Herzen schon unzählige Male Ehebruch begangen, gemordet und gelogen habe. Wie kann so jemand wie ich gut werden? Das kann ich nicht. Darum verleugne ich mich. Lieber Herr, übernimm du mein Leben. Bestimme du, Herr, ab jetzt über mich."

Wenn Sie Ihr Herz, das immer selbst alles in die Hand nehmen will, wegwerfen, und Ihr Leben und Ihre Seele dem Herrn übergeben, dann lebt von diesem Punkt an der Herr in Ihnen und arbeitet.

Für Sie ist es unmöglich, Ihre Sünden wegzuwaschen, aber wenn Sie das dem Herrn überlassen, ist es ihm ein Leichtes, Ihre Sünden zu tilgen. Es ist schwer für Sie, mit Trinken, Rauchen und Drogen aufzuhören, aber wenn es der Herr macht, ist es so einfach. Es ist schwer für Sie, Gutes zu tun, aber es ist so einfach, wenn es der Herr macht. Wahre Buße bedeutet, alles aufzugeben, was wir bis jetzt versucht haben, und unser ganzes Leben in Jesu Hände zu legen, weil wir es nicht tun können. Alles aufzugeben, was ich selbst machen möchte, das ist wahre Buße.

Wenn diese Buße vollzogen ist, wird der Sie liebende Herr anfangen in Ihnen zu arbeiten. Zu bekennen, dass Sie Ehebruch begangen, gestohlen, gemordet und gelogen haben, das ist keine wahre Buße. Weil ich von Natur aus ein Same der Sünde bin, kann ich durch meine Taten nicht gerettet werden und nicht in den Himmel kommen. Meine Bemühungen aufzugeben und alles Jesus Christus zu überlassen, das ist wahre Buße und wahrer Glaube.

Wenn sich das in Ihnen verwirklicht und Sie wahre Buße tun, wird in Ihnen automatisch der Glaube an Jesus entstehen, und Gott wird in Ihnen wirken. Ich glaube daran, dass Sie dann ein strahlendes und gesegnetes Leben führen werden.

2.
Judas Iskariots Buße

2.
Judas Iskariots Buße

Guten Morgen, meine Lieben! Ich freue mich, Sie zu sehen. Heute lesen wir das Wort in Matthäus Kapitel 27. Ich werde ab Vers 3 lesen.

„Als Judas, der ihn verraten hatte, sah, dass er zum Tode verurteilt war, reute es ihn, und er brachte die dreißig Silberlinge den Hohenpriestern und Ältesten zurück und sprach: Ich habe Unrecht getan, dass ich unschuldiges Blut verraten habe. Sie aber sprachen: Was geht uns das an? Da sieh du zu! Und er warf die Silberlinge in den Tempel, ging fort und erhängte sich. Aber die Hohenpriester nahmen die Silberlinge und sprachen: Es ist nicht recht, dass wir sie in den Gotteskasten legen; denn es ist Blutgeld. Sie beschlossen aber, den Töpferacker davon zu kaufen zum Begräbnis für Fremde. Daher heißt dieser Acker Blutacker

bis auf den heutigen Tag. Da wurde erfüllt, was gesagt ist durch den Propheten Jeremia, der da spricht: „Sie haben die dreißig Silberlinge genommen, den Preis für den Verkauften, der geschätzt wurde bei den Israeliten, und sie haben das Geld für den Töpferacker gegeben, wie mir der Herr befohlen hat.“

Ich habe bis Vers 10 gelesen.

Blumen erblühen im Land der Verzweiflung

Ich bin so dankbar, dass Gott uns in dieser geschäftigen Zeit die Gelegenheit gegeben hat, alles beiseite zu schieben und hier an diesem Ort zu sitzen, um das Wort Gottes zu hören.

In 1. Mose Kapitel 1 steht: **„Am Anfang schuf Gott Himmel und Erde. Und die Erde war wüst und leer, und es war finster auf der Tiefe; und der Geist Gottes schwebte auf dem Wasser.“** Hier in Vers 2 war die Erde wüst, leer und finster auf der Tiefe. Nirgendwo auf dieser Erde gab es Leben, nirgendwo auf der Erde gab es Licht und nirgendwo auf der Erde gab es Blumen. Ohne Hoffnung sind mehrere Tausend oder Millionen Jahre in der Finsternis dahingeflossen. Aber eines Tages sagte Gott zu dieser Erde: „Es werde Licht!“ Da begann die Erde sich zu verändern. Die Erde, die Tausende, Zehntausende, Millionen Jahre in der Finsternis verbracht hatte, verwandelte sich innerhalb von einigen Tagen in eine wunderschöne Erde, auf der Blumen blühten, Früchte wuchsen, Schmetterlinge tanzten und Vögel sangen, als Gottes Wort zu ihr kam.

Eines Tages, als ich 1. Mose las, war ich sehr erstaunt, denn ich hatte das Gefühl, dass die Geschichte in 1. Mose Kapitel 1 meiner Geschichte sehr ähnlich ist. Bevor ich Jesus Christus getroffen habe, bin ich zwar auch in die Kirche gegangen, aber mein Herz war immer noch in Dunkelheit und Verzweiflung. Ich habe ein finsteres Leben geführt; nirgendwo in meinem Herzen konnte ich Hoffnung und Licht finden, und nirgendwo in meinem Herzen gab es Blumen oder Früchte. Aber genauso wie Gott zu der Erde gesprochen hat: „Es werde Licht!", kam erstaunlicherweise eines Tages auch in mein Herz das Wort des lebendigen Gottes. Dieses Wort fing an in mir zu arbeiten, und eines Tages konnte ich sehen, dass Blumen in meinem Herzen erblühten. Und eines Tages konnte ich finden, dass Früchte reiften. Und eines Tages sah ich schließlich, dass in mir Hoffnung entstand, Freude entstand ... Mein Herz war dabei, zu einem wunderschönen Land zu werden.

Meine Lieben, die Bibel ist der Spiegel unseres Herzens. Sie erzählt über unser Herz. Während Sie an diesem Bibelseminar teilnehmen und das Wort hören, werden, wenn das Wort in Ihr Herz eindringen will, ablehnende Gedanken in Ihnen hochkommen wie: „Ich glaube nicht, dass das stimmt." Aber wenn Sie diese Gedanken brechen und das Wort in Ihr Herz fließt, werden Sie rein werden - auch wenn das bis jetzt nie funktioniert hat, trotz vieler Bemühungen.

Das Wort ist lebendig, mächtig und wunderbar. Es ist wirklich erstaunlich. Wenn Sie das wahre Wort hören und dieses Wort in Ihr Herz kommt und hier seinen Platz einnimmt, wird, genauso wie auf der wüsten, leeren und finsteren Erde Blumen erblüht und Früchte gewachsen sind und Vögel gesungen haben und sich die Erde in ein wunderschönes Land verwandelt hat, auch für Ihr Herz der wunderbare Tag kommen, an dem Blumen erblühen und Früchte wachsen.

Ich möchte diesmal über Buße und Glauben, über das Glaubensleben predigen. Gestern Abend habe ich über Petrus' Buße gesprochen.

Warum funktioniert ein Glaubensleben nicht? Dafür gibt es einen Grund. Der Mann in der Wäscherei muss die Wäsche, nachdem er sie gewaschen und gebügelt hat, von der Schmutzwäsche getrennt aufhängen, bis der Kunde sie abholen kommt. Wenn er die saubere mit der schmutzigen Wäsche vermischt, war es vergeblich, dass er sie gewaschen hat. Und wenn wir in der Welt unseres Herzens das von Sünden verschmutzte Herz klar absondern, wenn das heilige Wort Jesu Christi in unser Herz eindringt und die wahre Buße geschieht, wird Jesus kommen und das frühere schmutzige Herz verjagen, auch wenn Sie selbst gar nichts dafür tun.

In Johannes Kapitel 2 ging Jesus zum Tempel von Jerusalem. Bevor er hineingegangen ist, war der Tempel voller Rinder, Schafe und Tauben. Das Muhen der Rinder, das Blöken der Schafe, die Kuhfladen und der Urin der Tiere, das Herumgeflattere der Tauben - kurz gesagt, es war ein Chaos. Aber als Jesus hereinkam, wurden alle hinausgejagt. Das geschah jedoch nicht nur im Tempel von Jerusalem, sondern auch in Ihnen, die Sie ein Tempel geworden sind, werden die bösen, schmutzigen, lüsternen und betrügerischen Gedanken aus Ihrem Herzen verjagt, genau wie die Rinder, Schafe und Tauben verjagt worden sind. Ich glaube daran, dass dann in Ihnen ein unvorstellbar friedliches und warmes Herz des Glaubens, ein Herz der Freude aufblühen wird.

Warum sollte er mich, einen ehemaligen Sträfling, mögen

Jeden Montag habe ich im Gefängnis in Daejon einen Bibelkreis geführt. Auch an diesem Tag ging ich dorthin, und nachdem ich gepredigt hatte, schrieb ich die persönlichen Daten der Teilnehmer auf. Den Namen, die Sträflingsnummer, die

Abteilung, in der sie arbeiteten und ihre Heimat. Als ich einen nach dem andern notierte, kam ein Mann namens Jae-Won Oh an die Reihe. Ich schrieb seinen Namen Jae-Won Oh, seine Sträflingsnummer, und als ich fragte: „Und Ihre Heimat?“, antwortete er: „Gyeong-Buk Seonsan.“ Da Seonsan auch meine Heimat ist, freute ich mich sehr. Und als ich ihn fragte, wo in Seonsan, sagte er in Seonsan Jangcheon. Meine Heimat ist Seonsan-Eub. Von da an sind wir uns näher gekommen.

Dieser Mann hatte viele Probleme. Nach einem Mord ist er in dieses Gefängnis gekommen. Als ich ihn fragte, ob er in seiner Heimat eine Familie habe, bestätigte er dies. Aber die Frage, ob noch Kontakt bestehe, verneinte er. Seine Familie wollte nichts mehr von ihm wissen, als er wegen Mordes ins Gefängnis musste. Sie mögen sie vielleicht deswegen verurteilen, aber es ist verständlich, denn er hatte seiner Familie zu große Schmerzen zugefügt. Darum wurden alle seine Briefe nach Hause ungeöffnet zurückgeschickt. Zehn Jahre lang hatte er seine Familie nicht mehr gesehen, und es gab niemanden, der ihn besuchen kam. So verbrachte er seine Zeit.

Das Leben dieses Mannes änderte sich nach seiner Rettung. Während der Bibelstunde hatte ich Gelegenheit, ihm persönlich folgendes zu sagen: „Bruder Oh, mach dir keine Sorgen, wohin du nach deiner Entlassung gehen sollst. Komm in unsere Gemeinde! Du kannst mit uns in der Gemeinde leben.“ Als er das hörte, freute er sich sehr. Er hatte auch im Gefängnis viele Probleme, sodass er sechs Jahre in Einzelhaft verbringen musste. Aber nach seiner Rettung las er jeden Tag in der Bibel. Er hat sich sehr verändert.

Schließlich, nachdem er seine Strafe abgesessen hatte, wurde er aus dem Gefängnis entlassen. Wir hatten in unserer Gemeinde Platz, und er lebte mit unseren Brüdern zusammen. Er ging mit den Brüdern evangelisieren und hat sich gut eingelebt. Aber eines

Tages suchte er mich auf und sagte: „Pastor, ich möchte nicht mehr in der Gemeinde bleiben, sondern woanders hingehen." „Warum? Wohin möchtest du gehen?" Er erwiderte, dass es in jeder Stadt ein Heim gebe, wohin entlassene Gefangene gehen könnten, wenn sie nicht wüssten wohin, damit sie nicht wieder straffällig werden. Dort kann man schlafen und zu essen bekommen. Es wird Resozialisierungscenter genannt.

„Warum willst du in das Resozialisierungscenter gehen? Dort ist es unbequem. Bleib doch hier!"

„Dort kann ich evangelisieren. Ich werde dort leben."

„Du kannst hier wohnen und nur zum Evangelisieren dahin gehen. Musst du unbedingt da wohnen? Von hier aus kannst du evangelisieren gehen. Warum machst du es nicht so?"

„Nein!"

Er wollte unbedingt gehen. Als ich in Ruhe nachdachte, musste ich erkennen, dass ich dem Bruder gar nichts Gutes gegeben hatte, während wir zusammenlebten, nachdem er aus dem Gefängnis in die Gemeinde gekommen war. Wenn ich gut zu ihm gewesen wäre, hätte ich ihn bitten können zu bleiben, aber ohne irgendetwas Gutes getan zu haben, hatte ich keinen Mut mehr, das einfach zu sagen.

„Bruder Oh, dann geh! Ich kann dir nichts Besonderes bieten, aber können wir nicht zusammenbleiben? Ich kann dich nicht besonders gut behandeln und dir nichts Gutes zu essen geben, aber lass uns zusammenleben!"

Plötzlich hatte der Bruder Tränen in den Augen und sagte, dass er bleibt. Weil ich etwas unsensibel bin, habe ich es nicht gemerkt, aber später habe ich erfahren, dass der Bruder so gedacht hatte:

„Pastor Park lässt mich nur hier in der Gemeinde leben, weil er es mir im Gefängnis versprochen hat. Warum sollte er so jemanden wie mich mögen? Nur um sein Wort zu halten, lässt er mich hier, aber er ist nicht glücklich darüber, dass ich hier bin. Da ist es besser, wenn ich gehe."

Solche Gedanken hat er gehabt. Obwohl ich ihn gebeten habe, mit uns zusammenzuleben, da die Gemeinde besser ist als das Resozialisierungscenter, wollte dieser Bruder gehen. Aber als ich schließlich sagte: „Bruder Oh, dann geh! Denn ich kann dir nichts Besonderes bieten. Aber können wir nicht einfach zusammen essen und schlafen und so leben? Lass uns zusammenleben!", und der Bruder diese Worte hörte, hat er mein wahres Herz erkannt. „Pastor Park hat mir im Gefängnis gesagt, dass ich kommen soll. Lässt er mich nur bleiben, weil es nicht anders geht, obwohl es ihm nicht gefällt und lästig ist?" So hatte er gedacht, aber als er mein Herz gesehen hat, hat er sein Herz geändert: „Pastor, es tut mir Leid. Ich werde hier bleiben!"

Weil er zehn Jahre im Gefängnis gewesen war, wurde er plötzlich krank. Ich rief die Brüder unserer Gemeinde zusammen und sagte: „Brüder, wenn ich mit dem Auto fahre, sehe ich viele Orte, wo preiswert Fleisch verkauft wird. Unser Bruder ist aus dem Gefängnis gekommen, seid nicht so kleinlich, besorgt Fleisch für ihn! Lasst es uns für ihn braten." Daraufhin antworteten die Brüder: „Pastor, Sie haben Recht, wir haben gar nicht daran gedacht."

Dann rief ich eine Schwester an, die eine Apotheke hat. „Hallo Schwester, einer unserer Brüder ist aus dem Gefängnis gekommen und es geht ihm nicht gut, hast du keine guten Stärkungsmittel in deiner Apotheke? Wozu sind Brüder und Schwestern da? Gib ihm ein paar Stärkungsmittel. Und schreib die Rechnung auf meinen Namen aus!" Bis jetzt habe ich kein Geld für die Medikamente bezahlt, aber später sah ich, dass er mehrere Infusionen bekam. Ich konnte sehen, dass Gott ihn segnete. Auch hat er sich im Gefängnis nicht gut um seine Zähne kümmern können. Darum hatte er Parodontose, und seine Zähne waren kurz davor herauszufallen. Unsere Brüder brachten ihn zu einem bekannten Zahnarzt und baten ihn: „Dieser Mann hat seine Strafe wegen Mordes im Gefängnis abgesessen und wurde nun entlassen. Können Sie uns helfen?“ Der Zahnarzt sagte, dass er ihn nicht ganz umsonst behandeln kann, aber er wolle nur die Materialkosten verlangen. Das Material allein war sehr billig. Mehrere Zähne wurden ihm angepasst. Seine neuen Zähne änderten sein Aussehen völlig.

Er war über 40 Jahre alt, und ich dachte, dass er heiraten sollte. Ich sagte: „Es wäre gut, wenn Bruder Oh heiraten würde.“ Daraufhin meinten die Brüder: „Pastor, es gibt in unserer Gemeinde eine Schwester, die Witwe ist. Es wäre doch schön, wenn die beiden heiraten würden.“ Und ich habe die Schwester gerufen.

„Pastor, du hast mich gerufen?“

„Schwester, alle anderen leben mit ihren Männern zusammen, warum lebst du alleine?“

„Mein Mann ist gestorben.“

„Wirklich? Das ist bedauerlich. Wann?“

„Vor zehn Jahren.“

„Wenn zehn Jahre vergangen sind, warum hast du nicht wieder geheiratet? Warum lebst du allein? Immer wenn ich dich sehe, bekomme ich Kopfschmerzen. Was ist mit dir los?“

„Pastor, ich möchte gerne wieder heiraten. Bitte, zeig mir jemanden, den ich heiraten kann.“ Dabei habe ich gedacht: „Das klappt ja ausgezeichnet.“

„Wirst du dann den heiraten, den ich dir vorschlage?“

„Ja, sicher.“

„Du wirst nicht plötzlich sagen, dass du doch nicht heiraten willst?“

„Nein. Ich werde heiraten, wenn du es mir sagst, Pastor.“

„Heirate Bruder Oh."

„Wie bitte?"

Ihre Augen wurden kugelrund.

„Warum?"

„Pastor, alles ist schön und gut, aber ich habe Angst davor, einen Mörder zu heiraten, und ich fühle mich nicht zu ihm hingezogen."

„Eben hast du noch gesagt, dass du heiraten willst. Dann lass es! Dann heirate eben nicht."

Diese Schwester kam nach ungefähr einer Woche wieder zu mir.

„Pastor, ich werde heiraten."

So haben die zwei geheiratet. Meine Lieben, wenn ein junger Mann und eine junge Frau heiraten, ist es schön, doch wenn ein Witwer und eine Witwe heiraten, kann man sich das ja nicht mitansehen, aber wir haben beide Augen zugedrückt. Der Bruder freute sich sehr. Er hätte sich ruhig und anständig verhalten können, aber er hat seine Gefühle deutlich gezeigt. Die Schwester tat so, als ob sie sich nicht so fühlen würde, aber sie war auch sehr fröhlich. Es macht mich sehr glücklich, solche Dinge zu sehen. Ich bin wirklich froh, dass ich ein Pastor geworden bin. Als die beiden zusammenlebten, war es für ihn nicht leicht, eine Arbeit zu finden, weil er einen Eintrag hatte. Darum kaufte er einen Wagen, und sie fuhren herum und verkauften Socken. Es sah nicht so aus, als ob sie viel für ihren Unterhalt verdienten. Trotzdem sahen sie sehr glücklich aus.

Es gibt viele in unserer Gemeinde, die Mörder waren, die Rettung angenommen haben und jetzt verheiratet sind. Immer wenn ich an diesen Bruder denke, fühle ich in meinem Herzen: „Wenn er damals die Gemeinde verlassen hätte und in das Resozialisierungscenter gegangen wäre, hätte er jemals heiraten können? Hätte er so leben können? Wäre er je glücklich geworden?“ Nach einiger Zeit nahm seine Familie wieder Kontakt mit ihm auf. Sie hörten, dass er geheiratet hatte, und kamen zu ihm. Sie erzählten, dass sein Vater ihm ein Erbe hinterlassen habe, als er starb, und mit diesem Geld kauften sie ein Reihenhaus. Es war schön anzusehen, wie wunderbar alles lief.

„Bruder Oh, bleib in der Gemeinde.“ Das Einzige, was er hätte tun müssen, als ich ihm das gesagt habe, war, es einfach anzunehmen.

Aber er dachte noch einmal darüber nach: „Pastor Park sagt, dass ich in der Gemeinde bleiben soll. Aber warum sollte er so jemanden wie mich mögen? Obwohl es ihm unangenehm ist, dass ich hier bin, hat er keine Wahl, als mich hier bleiben zu lassen. Ich möchte lieber weggehen, bevor ich offen abgelehnt werde. Ich möchte lieber jetzt gehen, wo alles noch gut ist.“

Ein unsinniger Gedanke war in sein Herz gekommen. Wenn er dem wirklich gefolgt wäre, was wäre passiert? Glauben Sie, dass dieser Bruder das Endergebnis solcher Gedanken kannte? Nein, das kannte er nicht. Obwohl es so scheint, als ob wir gut, ehrlich und wahrhaftig wären, kommen solche Gedanken aus uns heraus und ruinieren und verderben uns fortwährend.

Meine Lieben, als Kain die Früchte des Feldes Gott als Opfer darbrachte, gab es in seinem Herzen schon die Bosheit, seinen jüngeren Bruder zu töten. Aber während er opferte, kam das Herz „Ich will meinen Bruder erschlagen“ nicht zum Vorschein, sondern blieb in ihm verborgen. Darum wusste nicht einmal er selbst, dass er so ein Mensch ist. Aber auch schon vorher, wenn Kain Gott gedient und gebetet hat, waren Hass und böse Dinge in seinem Herzen versteckt, also war er ein böser Mensch.

Unter den Gefängnisinsassen gibt es viele, die früher in die Kirche gegangen sind. Denken Sie, dass sie planten: „Ich werde einen Mord begehen“, während sie am Gottesdienst teilnahmen?

Als sie in die Kirche gingen und Gottesdienst feierten, haben sie sich nicht einmal in ihren kühnsten Träumen vorgestellt: „Ich werde stehlen, ehebrechen, rauben.“ Während des Gottesdienstes wirkten sie wirklich aufrichtig und heilig. Es tut mir Leid, so etwas sagen zu müssen, aber auch im Grunde Ihres Herzens, obwohl Sie hier dem Wort Gottes zuhören, gibt es Lust, Bosheit, Betrug, Hass und noch viele andere schmutzige Dinge.

Da wir jedoch darüber nicht genau Bescheid wissen, tun wir nur äußerlich Buße für die begangenen Sünden und sagen: „Gott, ich habe gestohlen, Ehebruch begangen und gelogen. Gott, ich habe geflucht und andere Leute gehasst.“ Wir bekennen bloß die Dinge, die aufgedeckt worden sind, und bitten um Vergebung. Doch viel ernster als die sichtbaren Sünden ist die Tatsache, dass auf dem Grund Ihres Herzens die Sünden nur auf die Gelegenheit warten, zum Vorschein zu kommen. Wenn Sie diese einfach zugedeckt lassen und nur von den aufgedeckten Sünden, z. B. von Lügen oder Mord, umkehren wollen, führt das dazu, dass aus Ihnen weiterhin nur Böses und Schlechtes herauskommt.

Hat diese nette Frau wirklich jemanden getötet?

1988, am ersten März, dem Tag zur Erinnerung an die koreanische Unabhängigkeitsbewegung, haben wir alle Insassen des Suwon-Gefängnisses versammelt, um für sie ein Bibelseminar zu veranstalten. Damals wurden viele Gefängnisinsassen wiedergeboren, davon sind einige jetzt als Missionar tätig, und viele wurden sehr geändert. Da die Reaktion so gut war, bat mich der Gefängnisdirektor, auch im Frauengefängnis ein Bibelseminar zu führen. Darum haben wir dort die Frauen versammelt und eine Woche lang ein Bibelseminar gehalten. Alle Frauen hatten kurze Haare, die gleiche Kleidung und eine Nummer auf der Brust. Aber

Frauen sind anders als Männer, deshalb versinken sie schneller in das Wort als die Männer. Männer denken über alles Mögliche nach, wenn man ihnen das Wort verkündet: „Wenn ich an Jesus glaube, wie er mir sagt, was werden meine Schwiegereltern dazu sagen? Was wird mein Vater sagen? Was werden meine jüngeren Geschwister sagen? Was wird meine Schwägerin sagen? Was werden sie am Arbeitsplatz sagen?“ Weil sie über all das nachdenken, nehmen sie den Glauben nicht sofort an. Die Frau hat zuerst von der Frucht der Erkenntnis des Bösen und Guten gegessen. Genauso nehmen die Frauen die Rettung auch schnell an, ohne über etwas nachzudenken. Darum sagt man, dass es viele Frauen in den Kirchen und viele Männer in den Gefängnissen gibt.

Während ich eine Woche lang das Bibelseminar im Frauengefängnis gehalten habe, wurden viele geändert. Unter ihnen war eine Frau Ende dreißig. Sie hörte dem Wort mit aufrichtigem Herzen zu, und mir fiel auch auf, dass sie sich änderte. Sie war fröhlich, dankbar und sehr glücklich. Aber, meine Lieben, es gibt etwas, auf das ich sehr neugierig werde, wenn ich in den Gefängnissen Bibelkreise führe und den Insassen näher komme. Was das ist? Welche Sünde haben sie begangen, dass sie hier gelandet sind? Ich wurde sehr neugierig darauf, denn diese Schwester hat die Rettung angenommen und erschien so wertvoll und lieblich. Welche Sünde hat solch eine reine und naive Schwester hierher gebracht? Ich war wirklich sehr neugierig. Aber es ist sehr unhöflich, zu fragen, welche Straftat derjenige begangen hat.

Eines Tages, auf ganz natürliche Weise, erfuhr ich, welche Schuld sie auf sich geladen hat. Diese Schwester hat einen Mord begangen. Sie hat jemanden getötet. Und das auf brutale Weise mit einem Küchenmesser. Ich war vollkommen geschockt. Sie sah hübsch aus und hatte ein gutes Herz und hörte dem Wort gut zu. Ihre Augen waren so klar. „Was? Diese Frau hat wirklich jemanden getötet?“ Ich konnte es nicht glauben.

Ich hörte, was passiert war. Diese Frau ist vom Dorf nach Seoul gekommen. Sie traf einen Mann, der sie liebte, und die zwei lebten zusammen. Sie waren ein Jahr lang glücklich, aber danach ging der Mann fremd. Er fing an, sich mit einer anderen Frau zu treffen. Die Frau war so gutherzig und naiv, dass sie fast einfältig genannt werden kann, deshalb ahnte sie nicht einmal, dass ihr Mann sie betrog. Sie war immer fröhlich. Aber ihr Mann mochte sie nicht mehr. Um mit seiner neuen Frau zusammenleben zu können, musste er seine Frau hinauswerfen, aber das konnte er ihr nicht direkt sagen, und so ging er einfach noch offensichtlicher fremd. Weil die Frau nichts dagegen sagte, da sie gutherzig war, brachte er seine neue Frau sogar mit nach Hause, und sie lebten da zu dritt. Aber trotzdem sagte die Frau nichts. Immer, wenn der Mann aus dem Haus ging, stritten sich die beiden Frauen. Die neue Frau wollte die erste Frau hinausjagen, damit sie glücklich mit dem Mann leben konnte, aber da sie nicht freiwillig ging, suchte sie immer Streit. Einmal sagte sie, ich weiß nicht was, aber etwas sehr Beleidigendes, was die erste Frau sehr schockiert hat. Sie kann sich gar nicht erinnern, was sie getan hat, aber später sah sie, dass jene Frau blutend auf dem Boden lag und sie selbst ein blutbeflecktes Messer in ihren Händen hielt. Da erst kam sie wieder zur Besinnung. Sie hatte einen Menschen getötet.

Als ich diese Geschichte hörte, konnte ich es nicht glauben: „Kann so eine gutherzige, hübsche und naiv aussehende Frau einen Menschen getötet haben?“

Wenn ich in Gefängnissen Bibelkreise führe, erstaunt mich immer wieder die Tatsache, dass es nicht viele Mörder gibt, die wirklich grausam und grob aussehen. Sei es Mann oder Frau, es gibt wirklich viele, die gutherzig und anständig aussehen. „Wie ist es dazu gekommen, dass diese Person jemanden getötet hat?“ Auch im Jeonju-Gefängnis wurde eine Frau gerettet, die zwei Menschen getötet hat. Wenn man mit ihr spricht, ist sie sehr ehrlich und rein. Sie denken vielleicht, dass jemand, der Menschen getötet hat, böse, schmutzig und rüde aussieht, aber es ist nicht so.

Egal wie gutherzig und aufrichtig eine Person auch erscheint, in ihr ist ein Herz, das morden kann. Egal wie klug oder sauber eine Person erscheint, in ihr gibt es das Herz, zu betrügen. Es gibt keine Betrüger, die Unheil verkündend aussehen. Denn so könnten sie nicht betrügen. Anständig und naiv wirkende Menschen, bei denen man denkt: „Kann so ein Mensch betrügen?“, solche betrügen wirklich.

Wir erkennen es nicht, aber das größte Problem im Glaubensleben ist, dass es im Grunde unseres Herzens die Quelle der Sünde gibt, sodass wir, sobald wir die Gelegenheit bekommen, morden, Ehebruch begehen, stehlen und hassen. In allen Nachkommen Adams schlummert das Herz, das uns dahin zieht.

Vor langer Zeit wollte ein Maler ein Bild vom letzten Abendmahl Jesu malen. Er suchte nach einem Gesicht für Jesus. Wessen Gesicht sieht so aus wie sein Gesicht? Dieser Mann reiste durch das ganze Land, um nach jemandem zu suchen, der ihm für das Gesicht Jesu Modell stehen könnte. Ein Gesicht, das barmherzig, friedlich und rein aussehen musste. Es gab zwar Menschen, die friedlich und barmherzig aussahen, aber wenn er mit den Augen eines Malers diese Leute genau ansah, konnte er in ihnen einen bösen Blick entdecken. Es gab niemanden, der ihm passend schien. Eines Tages, als er erschöpft den Weg entlang ging, sah er Kinder am Bach spielen. Darunter gab es ein Kind, das sehr friedlich und gut aussah. „Dieses Gesicht werde ich als Modell für Jesus’ Gesicht nehmen!“ Er ging zu dem Kind und sagte: „Ich möchte kurz ein Bild von dir malen“, setzte das Kind hin und malte sein friedliches Gesicht.

Nachdem der Maler dazu all die Gesichter der Jünger gemalt hatte, musste er als letztes nur noch das Gesicht des Judas Iskariot malen, der Jesus verkauft hat. Was für ein Gesicht hat Judas Iskariot wohl gehabt, der Jesus verkauft hat? Wieder begab er sich auf Reisen. Doch wie sehr er auch suchte, er konnte kein Gesicht finden, das vor Bosheit überfloss, schmutzig, roh und grausam aussah. Ein Gesicht, in dem man nirgends Frieden finden konnte, in dem es keine Güte, keine Barmherzigkeit gab. Er suchte zwar nach einem solchen Gesicht, konnte es aber nicht finden. Zuletzt ging er in ein Gefängnis, um unter den Mördern nach einem solchen Gesicht zu suchen. Das heißt nicht, dass das Gesicht eines Mörders immer voller Bosheit ist. Aber in einer Ecke saß ein Mann, dessen Gesicht wirklich voller Bosheit war. „So sah bestimmt das Gesicht des Judas Iskariot aus!" Er ging zu ihm, stellte sich als Maler vor und fragte ihn, ob er sein Gesicht malen dürfe. Lächelnd erlaubte er es. Als der Maler das grausame, teuflisch böse Gesicht fertig gemalt hat, sprach der Mann ihn an:

„Es gibt etwas, was ich Sie fragen möchte."

„Was denn?"

„Wo haben Sie das Gesicht Jesu für das Bild vom letzten Abendmahl gefunden?"

„Vor langer Zeit habe ich am Weg Kinder am Bach spielen sehen. Darunter gab es ein Kind, das wirklich friedlich wirkte. Dieses Gesicht habe ich als Jesus' Gesicht gemalt."

„Nicht wahr? Sie haben soeben mein Gesicht für das Gesicht des Judas Iskariot genommen, stimmt's?"

„Ja, das stimmt."

„Fällt Ihnen nicht die Ähnlichkeit zwischen dem Gesicht des Judas und dem Gesicht Jesu auf?"

„Ja! Sie sind sich etwas ähnlich."

„Ich bin das Kind, das vor langer Zeit am Bach spielte. Damals nahmen Sie mich als Modell für Jesus' Gesicht, und jetzt haben Sie mein Gesicht als Modell für Judas Iskariots Gesicht genommen."

Erschrocken schaute der Maler ihn genau an, und es war wirklich so. Als der Maler ihn zum ersten Mal als Kind gemalt hatte, war es ein unschuldiges und einfaches Gesicht gewesen, aber schon damals schlummerte in ihm die Bosheit, mit der er einen Menschen töten konnte.

Wenn wir vor dem Herrn die Sünden bekennen und so Buße tun: „Gott, ich habe gestohlen. Ich habe Ehebruch begangen. Ich habe gelogen. Ich habe einen Mord begangen. Ich habe abgetrieben. Bitte, vergib mir", ist das nur Bußetun für die Sünden, die zum Vorschein gekommen sind. Weil wir nicht erkennen, dass in unserer Mitte ein Klumpen von schmutziger Bosheit sitzt, tun wir nur Buße für Dinge, die sichtbar geworden sind. Auf diese Weise um Vergebung beten, wieder sündigen, wenn die Sünde hochkommt, wieder Buße tun und wieder sündigen - das wiederholt sich ständig.

Wenn jemand auf diese Weise sein Glaubensleben führt, singt er zwar das Lied „Oh happy day (Oh glücklicher Tag, oh glücklicher Tag, an dem Jesus meine Sünden wegwusch)", aber er lebt ein Leben mit endlosem Sündigen und Bußetun und erreicht nie den „Tag, an dem Jesus meine Sünden wegwusch". Das heißt, er bleibt immer ein Sünder. Darum kann Jesus nicht lebendig in ihm wirken.

Die Schrottwagen in Afrika müssen nicht repariert, sondern weggeworfen werden

Einmal war ich in Ghana in Afrika. Interessanterweise sah ich dort alle koreanischen gebrauchten Autos. Eins der Autos war ein

„Stella“ von Hyundai Motors. Darauf stand „Seocho Polizei“. Auf manchen Autos konnte ich „Kindergarten“ auf koreanisch lesen. Ghanaer lieben es, mit koreanischen Autos anzugeben, sodass sie solche Aufdrucke mögen.

Aber diese Autos sind vollkommener Schrott, sodass man vor lauter Qualm nichts sehen kann, wenn sie hügelaufwärts fahren. Als ich den Ghanaern erzählte, dass man in Korea 1000 Euro Bußgeld zahlen muss, wenn das Auto so qualmt, fragten sie mich, ob die Autos in Korea denn nicht qualmen würden. Auf meine Bestätigung hin meinten sie: „Wie kann ein Auto nicht qualmen, wo doch Öl verbrannt wird?“ Ich erwiderte: „Es entsteht kein schwarzer Qualm, sondern nur so wenig Rauch, dass es nicht zu sehen ist. Ab und zu gibt es bei uns auch Autos, die qualmen, aber wenn die Fahrer erwischt werden, müssen sie viel Bußgeld zahlen.“

Das erste Auto, das ich in Afrika fuhr, gehörte Schwester Detho. Sie kam damit zum Flughafen, um mich abzuholen. Sie arbeitete bei einer Bank und stellte mir für die Dauer meines Aufenthalts in Afrika ihr Auto zur Verfügung. Mit diesem Auto bin ich auf Safari gefahren und habe es gut genutzt. Aber am Tag meines Abflugs, als ich zum Flughafen gebracht wurde, ist es stehen geblieben. Ich wurde fast ohnmächtig, als ich die Motorhaube öffnete. Da gab es nichts als den Motor. Die Tatsache, dass ich mit diesem Auto gefahren war, machte mich sprachlos.

Wenn man in Afrika Auto fährt, muss man aufpassen, denn manchmal tritt man durch das Bodenblech, weil es Löcher hat. Und man darf niemals beim Autofahren saubere Kleider anziehen, denn die Sitze sind alle mit Staub überzogen. Natürlich gibt es auch Autos, die nicht so sind. Auf jeden Fall gibt es viele lustige Dinge, die beim Autofahren in Afrika passieren. Man sagt, dass man in Kenia noch nie ein Auto verschrottet hat. Das heißt, egal wie kaputt ein Auto ist, solange es einen Motor hat, fährt man damit. Man wechselt den Motor und andere Teile und fährt weiter damit.

Die Schrottwagen in Afrika muss man nicht reparieren. Man sagt, das ist genauso, als wenn man die verfaulten Zähne einer alten Oma behandelt: Der eine Zahn macht ihr Probleme, wenn ein anderer behandelt wird, und wieder ein anderer Zahn fällt aus, wenn sie jenen behandeln lässt. Bei den Autos in Afrika weiß man nicht, was man reparieren soll. Darum repariert niemand kaputte Scheibenwischer. Zerbrochene Scheiben sind auch kein Problem. Bei manchen Autos ist es eher ein Problem, dass die Fenster nicht aufgehen. Man muss sehr unter der Hitze leiden, wenn die Fenster sich nicht öffnen lassen.

Meine Lieben, so ein Auto muss man nicht reparieren, sondern auswechseln. Das Glaubensleben ist genauso. Lassen Sie uns Jesaja Kapitel 55 aufschlagen. Ich werde Vers 6 lesen. **„Suchet den Herrn, solange er zu finden ist; ruft ihn an, solange er nahe ist.“** Was soll der Gottlose mit seinem Weg und der Übeltäter mit seinen Gedanken tun? Steht da, dass der Gottlose und der Übeltäter sie „korrigieren“ sollen? Wie steht es geschrieben? Was soll der Gottlose mit seinem Weg und der Übeltäter mit seinen Gedanken machen? Antworten Sie laut mit einer Stimme. Wie? Davon lassen! Davon lassen!

> **„Suchet den Herrn, solange er zu finden ist; ruft ihn an, solange er nahe ist. Der Gottlose lasse von seinem Wege und der Übeltäter von seinen Gedanken und bekehre sich zum Herrn“** (Jesaja 55, 6-7).

Die Bibel sagt, man soll „davon lassen und sich zum Herrn bekehren“.

Das Schrottauto. Beim Schrottauto gehen die Scheiben nicht mehr hoch, wenn man die Scheibenwischer repariert, und wenn man die Scheiben repariert, springt der Motor nicht mehr an, und wenn man den Motor repariert, funktionieren die Blinker nicht, und wenn man die Blinker repariert, funktionieren die Bremsen nicht, und wenn man die Bremsen repariert, platzen die Reifen ... Auch wenn man es ein Leben lang repariert, nimmt es kein Ende. Um eine Stunde mit dem Auto zu fahren, muss man es eine Stunde lang reparieren. Die Reparatur dauert genauso lange wie die Fahrt. Jeden Tag repariert man das Auto, um ein Stückchen damit zu fahren. Reparieren und fahren, reparieren und fahren ... Das ist ein Schrottwagen. Das muss man nicht reparieren, sondern austauschen. Man muss es wegwerfen. Man muss es wegwerfen und ein neues Auto kaufen.

Heutzutage führen die meisten Christen ihr Glaubensleben so, wie man mit einem Schrottwagen fährt. Man fährt es eine Weile: „Tucker, tucker, tucker, Stille. Tucker, tucker, tucker, Stille.“ Der Motor springt nicht an. „Warum springt der Motor nicht an?“ Nachdem man es mit Mühe repariert hat, macht der Motor wieder „Tucker, tucker, tucker“ und springt wieder nicht an. Wenn man es repariert, platzen die Reifen. Schrottwagen sind immer so. Was für ein Glaubensleben ist wie ein Schrottwagen? Sündigen und Buße tun und danach sündigen und Buße tun und danach begeht man wieder eine Sünde. Man bittet um Vergebung dieser Sünde und sündigt wieder ... Lügen, das nächste Mal den Sonntagsgottesdienst verpassen, danach den Zehnten nicht geben, und wenn das geregelt ist, streitet man sich mit jemandem. Und wenn man unter Tränen um Vergebung gebeten hat, gibt es Missverständnisse mit dem Partner und man wird wütend, man schimpft auf die Kinder ... Ohne Ende geht das so weiter, genauso wie bei einem Schrottwagen.

Deswegen sagt Gott: „Werft dieses Glaubensleben weg, und ihr bekommt ein neues.“ Ihr Glaubensleben wird nicht dadurch funktionieren, dass Sie die Lügen, das Stehlen, das Trinken und den

Ehebruch reparieren. Ihr ganzes Herz muss weggeworfen werden. Auch wenn Sie sich selbst reparieren, werden Sie endlos sündigen; sündigen und Buße tun; sündigen und Buße tun. Darum ist es besser, gleich ein neues Auto zu kaufen, als nur die Teile des Schrottwagens auszuwechseln. Auch im Glaubensleben muss man nicht dies und jenes reparieren, sondern es vollkommen erneuern. Das ist die wahre Buße!

Darum soll man beim Bußetun nicht sagen: „Gott, ich habe gestohlen. Gott, ich habe Ehebruch begangen. Ich habe gelogen. Bitte, vergib mir", sondern man muss das Herz Jesu annehmen: „Gott, ich habe Ehebruch begangen. Ich habe gestohlen. Aber nicht nur das, ich bin von Grund auf ein Sündenklumpen. Darum ist alles, was ich tue, böse. Deshalb werfe ich mich weg." Nur so kann man ein richtiges Glaubensleben führen. Amen? Amen!

Petrus, der sich selbst weggeworfen hat

Gestern Abend haben wir über Simon Petrus gesprochen. Er vertraute auch auf sich selbst. Er wusste nicht, dass er so eine schlechte Person ist. Er glaubte, dass er alles machen kann, wenn er es sich nur vornimmt. Er dachte, dass er mit seinem Herzen ein gutes Glaubensleben führen kann. Eines Tages sagte Jesus: „Ihr werdet alle Ärgernis an mir nehmen!" Darauf erwiderte Petrus: „Auch wenn alle Ärgernis nehmen, so werde ich nicht Ärgernis nehmen an dir. Herr, ich bin anders als Andreas. Ich bin anders als Jakobus. Ich bin anders als Johannes. Auch wenn sie an dir Ärgernis nehmen, werde ich es nicht tun. Warum sollte ich dich im Stich lassen? Ich werde dich niemals verlassen!" Er hat an sich geglaubt.

Jesus sprach weiter: „Petrus, bevor der Hahn kräht, wirst du mich dreimal verleugnen." Aber immer noch vertraute Petrus auf sich selbst. „Herr, warum sagst du so etwas? Ich bin sehr enttäuscht. Ich bin nicht so. Ich werde dich nicht verleugnen, Herr." Petrus dachte, er sei gut. Er wusste nicht, dass in ihm Böses ist. Er wusste nicht, dass er von Satan geführt wurde. Und als Jesus sagte: **„Simon, Simon, siehe, der Satan hat begehrt, euch zu sieben wie den Weizen"**, erwiderte Petrus trotzdem: „Nein, Jesus, ich werde dich nicht verleugnen. Ich werde dich nicht verlassen. Herr, glaub mir doch!"

Schon wenige Stunden später wurde Jesus gefangen genommen. Von ferne folgte Petrus bis zum Haus des Hohenpriesters. Draußen machten die Knechte ein Lagerfeuer, und Petrus setzte sich dazu, um sich zu wärmen. Als die Leute ihn fragten: „Du bist doch auch einer der Jünger, nicht wahr?", leugnete er das ohne mit der Wimper zu zucken. „Ich dachte, dass ich so etwas nicht tun würde, was ist mit mir los?" Innerlich wünschte er sich, laut zu schreien: „Es stimmt! Ich bin ein Jünger Jesu!", aber das funktionierte nicht.

Unter den Sünden, die ich begangen habe, gibt es eine, die ich mein ganzes Leben lang nicht vergessen kann. Der Titel meiner Sünde ist „Der Nagelknipser". Das ist eine Geschichte, die vor 50 Jahren passiert ist. In unserem ganzen Dorf gab es nur einen Nagelknipser, und das war in unserem Haus. Ich weiß nicht mehr, wie wir an diesen Nagelknipser gekommen sind, aber damals schnitten alle ihre Nägel mit einer Schere, nur wir hatten einen Nagelknipser, mit dem wir „knips, knips, knips" die Nägel schnitten. Das war sehr schön. Unser Vater schätzte diesen Nagelknipser so sehr, dass er neben der Tür einen Nagel anbrachte und ihn dort an einer Schnur aufhängte.

„Ock-Soo, Jeong-Soo, ihr dürft ihn niemals mit nach draußen nehmen. Ihr müsst die Nägel immer hier schneiden und den Nagelknipser wieder aufhängen!"

„Ja, Vater!"

Aber ich wollte diesen Nagelknipser so gerne mit in die Schule nehmen und vor meinen Freunden damit angeben. Darum tat ich ihn eines Tages heimlich in mein Mäppchen. Während der Pause nach dem Unterricht gab ich damit an und schnitt meinen Freunden die Fingernägel. Meine Klassenkameraden haben damals zum ersten Mal einen Nagelknipser gesehen.

„Wow! Toll!"

„Wer möchte noch seine Fingernägel schneiden lassen? Ich werde sie euch schneiden!"

Es sammelte sich eine Menge Schulkameraden um mich. Alle staunten sehr über diesen Knipser.

„Hey, kann man damit auch Holz schneiden?"

„Natürlich kann man das!"

Ein kleines Hölzchen, das in den Knipser hineinpasste, wurde - „knips" - zerschnitten. An diesem Punkt hätte ich aufhören müssen, aber ein Freund fragte:

„Kann es auch Nägel schneiden?"

„Wie soll es Nägel schneiden können?", hätte ich ihn einfach zurückweisen müssen, aber ich wollte mit unserem Nagelknipser angeben: „Ja, man kann!" Darum brachten mir meine Freunde einen Nagel.

„Probier's doch!"

Was dann kam, war vorherzusehen, darum wollte ich es nicht, aber ich konnte nicht anders wegen der Worte, die ich gesagt hatte. Ich schob den Nagel in den Knipser und drückte. Meinen Sie, dass der Nagel sich schneiden ließ? Weil er sich nicht schneiden ließ, drückte ich mit etwas mehr Kraft, und der Nagelknipser zerbrach.

Plötzlich sah ich das Gesicht meines Vaters vor meinen Augen, und mir wurde ganz schwindlig. Wenn ich nach der Schule sagen würde: „Vater, ich habe den Nagelknipser mit in die Schule genommen und damit angegeben. So und so ist er kaputtgegangen." Wäre das nicht brav gewesen? Aber ich war mir sicher, dass ich von meinem Vater Schläge bekommen würde. Ich hatte große Angst. Da kam mir der Gedanke, den Nagelknipser, als niemand da war, schnell in dem Mäppchen meines jüngeren Bruders verschwinden zu lassen und seine Schultasche zu schließen. Als unser Vater abends nach Hause kam, suchte er den Nagelknipser.

„Wo ist der Nagelknipser? Ock-Soo, hast du vielleicht ..."

„Ich weiß es nicht!"

„Jeong-Soo, hast du ihn mitgenommen?"

„Nein."

„Ihr Bengel habt ihn mitgenommen. Ock-Soo, bring mir deine Schultasche!"

Natürlich war er nicht in meiner Schultasche. Als Nächstes durchsuchte er die Tasche meines Bruders. Oh, der erschrockene Gesichtsausdruck meines Bruders, als in seinem Mäppchen der kaputte Nagelknipser entdeckt wurde! Als mein Vater sagte: „Du Tunichtgut! Krempel deine Hosenbeine hoch!", hätte ich noch gestehen können: „Nein, Vater, ich habe das gemacht! Bitte vergib mir!" Ich wollte das gerne tun, aber ich hatte nicht den Mut dazu. Deshalb wurde mein Bruder sehr geschlagen. Das tat mir mehr weh als meinem Bruder, der geschlagen wurde. Darum erinnere ich mich an das, was vor 50 Jahren war, als sei es gestern gewesen. Als Erwachsener habe ich meinen Bruder einmal gefragt:

„Jeong-Soo, weißt du noch, dass damals so etwas passiert ist?"

„Nein, Bruder. Ist das wirklich passiert?"

„Ja."

„Ich kann mich nicht daran erinnern."

Mein Bruder konnte sich nicht einmal daran erinnern, aber in meiner Erinnerung ist diese Sünde immer noch, als ob sie im Knochen eingeprägt wäre. Genauso wie Judas' Sünde wie mit einem Diamanten in sein Herz eingraviert wurde, konnte diese Sache nicht aus meinem Herzen gelöscht werden.

Petrus war genauso. „Ja, ich bin ein Jünger von diesem Jesus!" wollte er sagen, doch er fürchtete sich davor. Zuletzt sagte einer der Knechte: „Du bist doch einer der Jünger Jesu. Man erkennt dich an deiner Sprache. Ich habe dich zusammen mit Jesus auf dem Berg gesehen." Da verleugnete er Jesus fluchend. Weil die Flüche nicht aufgeschrieben wurden, weiß man nicht, was er gesagt hat, aber er hat Jesus auf jeden Fall verleugnet. Und als er sich hinausschlich, krähte der Hahn: „Kikeriki!"

Petrus dachte: „Der Herr hat gesagt, dass ich ihn verleugnen werde. Obwohl ich ihm widersprochen habe, habe ich ihn letzten Endes tatsächlich verleugnet", und er erkannte, wie töricht er war, weil er auf sich selbst vertraut hatte. Petrus hat nicht für die Sünde, dass er Jesus verleugnet hat, Buße getan, sondern er hat das Herz, das auf sich vertraut hat, und sich selbst weggeworfen.

„Ich bin ein Mensch, dem man nicht glauben kann. Jesus zu verleugnen ist zwar auch eine Sünde, aber viel schlimmer ist, dass ich so ein Mensch bin. Ich bin ein böser und schmutziger Mensch. Ich kann gar nicht anders, als den Herrn zu verleugnen!"

In Petrus ist das Herz, das auf sich vertraute, zusammengebrochen. Als das geschah, ist Jesus in sein Herz gekommen. Nicht lange nachdem Petrus Jesus verleugnet hatte, starb Jesus, ans Kreuz genagelt, und als er nach seiner Auferstehung gen Himmel fuhr, empfing Petrus den heiligen Geist.

Als Petrus zum Tempel ging um zu beten, saß an dem Tor, das „die Schöne" hieß, ein lahmer Bettler und streckte die Hand aus. Der heilige Geist befahl ihm die ganze Zeit, den Bettler aufzurichten. „Und wenn er dann nicht aufstehen kann?" Satan gibt uns immer so ein Herz. Zuvor hatte Petrus stets auf seine Stimme gehört, weil er auf sich selbst vertraut hatte, aber jetzt hörte er nicht mehr auf seine Stimme, sondern verleugnete sich selbst. Auf die Worte Jesu hin sprach er zu dem Lahmen: „Sieh uns an!“ Als der Lahme ihn ansah, sagte er: „Silber und Gold habe ich nicht, aber was ich habe, das gebe ich dir: Im Namen von Jesus von Nazareth, steh auf und geh umher!“, fasste ihn an der Hand und richtete ihn auf, und Gottes Wunder geschah.

Silber und Gold habe ich nicht,
aber was ich habe, gebe ich dir:
Im Namen von Jesus von Nazareth,
steh auf und geh umher.

Das ist etwas, was nur bei jemandem passieren kann, der sich selbst verleugnet hat. Wenn Gott in Ihnen so arbeiten möchte, sagt auch Ihre innere Stimme: „Wie peinlich wird es, wenn er nicht aufsteht!“ und „Was passiert, wenn ich laut herumposaune, dass ich gebetet habe, und es wird nicht erhört?“, und Sie hören auf diese Stimme. So kann man Jesus nicht folgen.

Petrus hat sein ganzes Ich verleugnet. „Ich bin ein schmutziger Mensch. Ich bin ein Lügner. Ich kann nicht anders, ich lasse mich immer wieder von Satan täuschen und versinke in der Sünde.“ Er erkannte, dass er so ein Mensch ist und verleugnete sich selbst. Von dem Punkt an wies er die Gedanken ab, die in ihm hochkamen: „Das sind nur meine Gedanken. Ich darf das nicht glauben“, und folgte dem Wort Jesu.

Die Buße, die Judas Iskariot getan hat

Petrus hat für sein schmutziges, verdorbenes und böses Ich Buße getan. Aber wie hat Judas Iskariot in der Bibelstelle, die wir heute gelesen haben, Buße getan? Hat Judas keine Buße getan?

Hat Judas nicht bereut? In der Bibel steht: **„Als Judas, der ihn verraten hatte, sah, dass er zum Tode verurteilt war, reute es ihn, und er brachte die dreißig Silberlinge den Hohenpriestern und Ältesten zurück und sprach: Ich habe Unrecht getan, dass ich unschuldiges Blut verraten habe“** (Matthäus 27, 3-4). Hat Judas seine Sünde bekannt oder nicht? Er hat sie bekannt. Hat er sie bereut oder nicht? Er hat sie bereut und die 30 Silberlinge zurückgegeben und „korrekt“ Buße getan.

Das Problem ist, dass Judas Iskariot zwar dafür Buße tat, dass er Jesus verraten hat, aber nicht erkannt hat, was für ein böser und schmutziger Mensch er war und sich selbst nicht weggeworfen hat. Er hat bereut, dass er Jesus verraten hat, aber er empfand keine Reue wegen seines Ichs. Judas Iskariot hätte Jesus vielleicht nie wieder verkauft, aber er vertraute immer noch auf sich selbst. Darum litt er so sehr, dass er schließlich Selbstmord beging. Warum tat er das? Dass er Selbstmord beging, beweist, dass er immer noch lebendig war, denn diese Entscheidung hat er selbst getroffen. Er erhängte sich, weil er seiner eigenen Entscheidung folgte, also sich selbst vertraute.

Wir müssen nicht bereuen, dass wir gestohlen, gemordet, Ehebruch begangen und gelogen haben. Solche bösen und schmutzigen Dinge kommen ohne Ende aus uns heraus, auch wenn wir hundertmal, tausendmal bereuen. Darum können die Christen heutzutage nur immer sündigen und bereuen, sündigen und bereuen.

Es gibt die Buße des Petrus und die Buße des Judas. Judas Iskariot hat Jesus verkauft, und Petrus hat Jesus verleugnet; beide haben also gesündigt. Aber Petrus hat dadurch schließlich sein ganzes Ich verleugnet. Er hat nicht länger auf seine Gedanken vertraut und sein ganzes Ich weggeworfen. „Der Gottlose lasse von seinem Wege und der Übeltäter von seinen Gedanken.“ Von dem

Punkt an vertraute Petrus sich nicht mehr. Egal was für richtige Gedanken in ihm hochkamen, egal was für ein gutes Herz er auch hatte, glaubte und vertraute er nur dem Wort Gottes.

Viele Menschen bereuen, dass sie gestohlen, Ehebruch begangen und gelogen haben, aber sie verleugnen sich nicht. Sie verleugnen nicht ihre eigenen Gedanken, sondern folgen ihnen weiterhin.

Meine Lieben, nehmen wir an, dass ich mich unwissend mit einem Betrüger anfreunde. Eines Tages kommt der Betrüger zu mir und sagt: „Pastor Park, lassen Sie uns ein Geschäft eröffnen. Sie zahlen 100 000 Euro ein und ich zahle 100 000 Euro ein." Als ich die 100 000 Euro bezahlt habe, verschwindet er mit diesem Geld. „Oh, ich wurde betrogen!" Dann kommt dieser Mann wieder. „Warum haben Sie mich letztes Mal betrogen?" Der Mann gesteht den Betrug, bringt mich aber dazu, ihm wieder zu vertrauen. Ich misstraue ihm zwar anfänglich wegen des Betrugs, aber wenn ich ihm dann doch wieder vertraue, wird er mich wieder betrügen. Wenn wir von einem Betrüger hereingelegt werden, ist der Betrug schon passiert, wir dürfen von da an dieser Person nicht mehr trauen. Weil er ein Betrüger ist. Ist es nicht so? Wenn wir ihm weiterhin glauben, werden wir immer wieder betrogen.

Einmal traf eine Schwester unserer Gemeinde einen Heiratsschwindler. Er sagte: „Lass uns heiraten!", und nahm ihr ganzes Geld. Ich hörte davon und erkannte, dass er ein Betrüger ist, und ich sagte zu ihr:

„Schwester, ich glaube nicht, dass er ein guter Mann ist."

„Pastor, Sie irren sich. Er ist ein guter Mensch."

„Warum hat er dann so etwas getan?"

„Die Umstände waren halt so!"

Diese Schwester kann nicht anders, sie wird weiterhin von diesem Menschen betrogen werden. Verstehen Sie? Ich darf ihm nicht nur in dem Bereich, in dem er mich betrogen hat, nicht vertrauen, sondern ich darf dem Betrüger im Ganzen nicht trauen. Genauso darf ich mir im Ganzen nicht vertrauen, nicht nur in den Bereichen Diebstahl, Ehebruch und Lüge zum Beispiel.

Petrus ging in sich und tat Buße. Genauso wie in Jesaja Kapitel 55 steht: „Der Gottlose lasse von seinem Wege und der Übeltäter von seinen Gedanken", hat Petrus seinen Weg und seine Gedanken verlassen. Aber Judas Iskariot wollte nicht sich selbst im Ganzen wegwerfen, sondern nur die Sünde, Jesus verkauft zu haben. Judas Iskariot hat weiter auf sich selbst vertraut. Darum hörte er auf seine innere Stimme, die sagte: „Du hast Jesus verkauft, nicht wahr? Bring dich um, bring dich um, bring dich doch um!", und er beging Selbstmord.

Auch ich ging in die Kirche und führte ein Glaubensleben mit Sündigen und Bußetun, Sündigen und Bußetun. Aber eines Tages gab Gott mir seine Gnade und öffnete mir die Augen, so dass ich mich selbst erkennen konnte. Bis dahin hatte ich gedacht, ich sei ein gutherziger, aufrichtiger und annehmbarer Mensch. Aber mit den Augen des Herrn gesehen, war ich zu schmutzig, zu gemein und zu böse. Darum misstraute ich mir. Weil ich zu schmutzig, zu gemein und zu böse war, habe ich mich weggeworfen. Von da an kam das Wort Jesu in mein Herz, und es entstand Glaube in mir.

Meine Lieben, weil Sie auf sich selbst vertrauen, nehmen Sie Gottes Wort nur an, wenn es Ihnen gefällt, andernfalls lehnen Sie es ab. Ein Leben, in dem man auf sich selbst vertraut und seinem eigenen Herzen folgt, kann kein wahres Glaubensleben werden. Man muss bereuen, dass man sich selbst vertraut hat und seinem Herzen gefolgt ist und an diesem Punkt Buße tun. Ich glaube daran, dass dann in Ihrem Herzen wahrer Glaube an Jesus entstehen wird.

3.
Apostel Paulus' Buße

3. Apostel Paulus' Buße

Guten Abend, meine Lieben! Ich freue mich, Sie zu sehen. Heute lesen wir das Wort in der Apostelgeschichte. Wenn Sie Kapitel 9 gefunden haben, werde ich ab Vers 1 lesen.

> **„Saulus aber schnaubte noch mit Drohen und Morden gegen die Jünger des Herrn und ging zum Hohenpriester und bat ihn um Briefe nach Damaskus an die Synagogen, damit er Anhänger des neuen Weges, Männer und Frauen, wenn er sie dort fände, gefesselt nach Jerusalem führe. Als er aber auf dem Wege war und in die Nähe von Damaskus kam, umleuchtete ihn plötzlich ein Licht vom Himmel; und er fiel auf die Erde und hörte eine Stimme, die sprach zu ihm: Saul, Saul, was verfolgst du mich? Er aber sprach: Herr, wer bist du? Der sprach: Ich bin Jesus, den du verfolgst. Steh auf und geh in die Stadt; da wird man dir sagen,**

was du tun sollst. Die Männer aber, die seine Gefährten waren, standen sprachlos da; denn sie hörten zwar die Stimme, aber sahen niemanden. Saulus aber richtete sich auf von der Erde; und als er seine Augen aufschlug, sah er nichts. Sie nahmen ihn aber bei der Hand und führten ihn nach Damaskus; und er konnte drei Tage nicht sehen und aß nicht und trank nicht. Es war aber ein Jünger in Damaskus mit Namen Hananias; dem erschien der Herr und sprach: Hananias! Und er sprach: Hier bin ich, Herr. Der Herr sprach zu ihm: Steh auf und geh in die Straße, die die Gerade heißt, und frage in dem Haus des Judas nach einem Mann mit Namen Saulus von Tarsus. Denn siehe, er betet und hat in einer Erscheinung einen Mann gesehen mit Namen Hananias, der zu ihm hereinkam und die Hand auf ihn legte, damit er wieder sehend werde. Hananias aber antwortete: Herr, ich habe von vielen gehört über diesen Mann, wie viel Böses er deinen Heiligen in Jerusalem angetan hat; und hier hat er Vollmacht von den Hohenpriestern, alle gefangen zu nehmen, die deinen Namen anrufen. Doch der Herr sprach zu ihm: Geh nur hin; denn dieser ist mein auserwähltes Werkzeug, dass er meinen Namen trage vor Heiden und vor Könige und vor das Volk Israel. Ich will ihm zeigen, wie viel er leiden muss um meines Namens willen. Und Hananias ging hin und kam in das Haus und legte die Hände auf ihn und sprach: Lieber Bruder Saul, der Herr hat mich gesandt, Jesus, der dir auf dem Wege hierher erschienen ist, dass du wieder sehend und mit dem heiligen Geist erfüllt werdest. Und sogleich fiel es von seinen Augen wie Schuppen, und er wurde wieder sehend; und er stand auf, ließ sich taufen und nahm Speise zu sich und stärkte sich. Saulus blieb

aber einige Tage bei den Jüngern in Damaskus. Und alsbald predigte er in den Synagogen von Jesus, dass dieser Gottes Sohn sei. Alle aber, die es hörten, entsetzten sich und sprachen: Ist das nicht der, der in Jerusalem alle vernichten wollte, die diesen Namen anrufen, und ist er nicht deshalb hierher gekommen, dass er sie gefesselt zu den Hohenpriestern führe? Saulus aber gewann immer mehr an Kraft und trieb die Juden in die Enge, die in Damaskus wohnten, und bewies, dass Jesus der Christus ist.“

Ich habe das Wort bis Vers 22 gelesen.

Vor dem Wort „Glaubt an das Evangelium“ steht immer „Tut Buße“

Meine Lieben, diesmal sprechen wir über Buße und Glauben, über das Glaubensleben. Wenn ich mich mit Leuten unterhalte, fragen mich manche, die schon lange ein Glaubensleben führen, wegen scheinbar unlösbarer Probleme in ihrem Glaubensleben um Rat. Auch heute Vormittag habe ich mich nach der Predigt mit einer Frau mittleren Alters unterhalten. Sie schien mir aufrichtig und mit ihrem ganzen Herzen zu glauben. Diese Frau weiß, dass Jesus für ihre Sünden am Kreuz gestorben ist und auch, dass ihre vergangenen, jetzigen und zukünftigen Sünden alle reingewaschen sind, aber sie ist hierher gekommen, weil es in ihrem Herzen keinen festen Glauben gibt. Ich konnte mich nicht lange mit ihr unterhalten, aber als ich ihr Glaubensleben ein bisschen erfassen konnte, habe ich zu ihr gesagt: „Gute Frau, Sie haben in einem Zustand, in dem Sie noch nicht die wahre Buße getan hatten, zu viele Dinge im Voraus erfahren.“ Außer dieser Frau habe ich noch viele solche Leute getroffen.

In der Grundschule gibt es Themenbereiche, die man in der ersten Klasse lernt und Themen, die man in der zweiten Klasse lernt und Themen, die man in der dritten Klasse lernt. In der Schule lernt man alles Stufe für Stufe. Aber in der Gemeinde ist es nicht so wie in der Schule. Im Sonntagsgottesdienst hören manche Leute schon seit zehn Jahren die Predigten des Pastors und manche sind erst seit kurzem in der Gemeinde. Deshalb wird das, was sie hören, in ihnen kurz gesagt ein kunterbunter Salat, weil sie einfach alles, was sie für gut halten, annehmen und die Stufen rauf und runter gehen, obwohl es auch im Glaubensleben, Stufe für Stufe, eine bestimmte Reihenfolge gibt. Darum meint man manchmal, wenn man guten Glauben hat, dass man in den Himmel kommen kann, und ein andermal denkt man: „Wie kann ich in diesem Zustand in den Himmel kommen?" Manchmal sieht es aus, als ob Jesus all meine Sünden vergeben hat, und manchmal kommt es einem vor, als ob noch viele Sünden im Herzen übriggeblieben sind. Das ist deshalb so, weil man die Stufen nicht nach und nach hochgestiegen ist.

Vor dem Wort „Glaubt an das Evangelium" steht in der Bibel immer „Tut Buße". „Tut Buße, kehrt um und glaubt an das Evangelium." So funktioniert das. Aber die Menschen wissen nicht genau, was wahre Buße, was wahrer Glaube ist. Sie wissen viel über die Bibel, sie wissen, dass Jesus für ihre Sünden gestorben ist und dass ihre vergangenen, jetzigen und zukünftigen Sünden reingewaschen wurden. Trotzdem sind sie immer noch schwach, mangelhaft und kraftlos, weil sie nur Wissen haben und dieses Wissen nicht als das Leben und der Geist in ihrem Herzen wirkt.

Saulus, der gar nicht wusste, dass es ein von Satan eingegebener Gedanke war

Heute Vormittag haben wir über Judas Iskariots Buße gesprochen. Was war es, was Judas nicht wusste? Wir müssen nicht Buße tun, weil wir gestohlen, Ehebruch begangen oder gelogen haben.

Wenn Menschen die Leprakrankheit bekommen - was ist dann das eigentliche Problem? Ist das Problem, dass die Augenbrauen ausgehen, dass die Finger abfallen oder dass man am ganzen Körper gefühllos wird? Warum fallen die Augenbrauen aus? Warum fällt jedes Fingerglied ab, warum fallen die Zehen, die Arme ab? Warum verliert man das Gefühl im Körper? Warum verformt sich das Gesicht, warum fällt die Nase zusammen? Das alles bewirkt das Leprabakterium. Es funktioniert nicht, wenn ein Leprapatient sich nur bemüht, die Augenbrauen nicht ausgehen zu lassen. Es hilft nicht, mit einem Pflaster die Fingerglieder an der Hand zu befestigen, damit der Finger nicht abfällt. Man muss nicht das sich verformende Gesicht glätten. Man muss den Grund der Leprakrankheit behandeln.

Alle Menschen sind seit Adam und Eva an der Krankheit „Sünde“ erkrankt. Hier gibt es viele Mütter. Die Kinder, die Sie aufziehen, sind sehr hübsch und goldig. Aber wenn Sie das böse Herz in den Kindern sehen könnten, würden Sie denken: „Oh, es ist wirklich böse!“ Als ich in Daejon war, gab es in unserer Gemeinde einen Kindergarten. Die Kinder dort waren ganz entzückend. Wenn ich von einem Bibelseminar in den USA zurückkam, brachte ich Schokolade mit und verteilte sie an die Kinder. Dann freuten sie sich sehr. Die Kinder sahen so allerliebst, goldig und hübsch aus, während sie die Schokolade aßen. Aber einmal habe ich beobachtet, wie sie in einem Sandkasten spielten und sah, dass ein Kind eine Handvoll Sand auf den Kopf eines anderen

Kindes warf und es hart schubste. „Hm, wer hat solch zauberhaft aussehenden Kindern solch ein Herz gegeben? Woher kommt dieses Herz? Wo ist es entstanden?“ Äußerlich sind die Kinder zwar entzückend, aber innerlich sind sie gar nicht so. In allen gibt es Bosheit.

Meine Lieben, wenn die Kirchenmitglieder sonntags mit der Bibel unter dem Arm sagen: „Pastor, wie geht es Ihnen?“ - sehen sie dann nicht anständig aus? Aber die Menschen sind in Wirklichkeit nicht gut. Ich bin jetzt für die Gangnam-Gemeinde in Seoul zuständig, aber vor mir leitete Pastor Moon, Min-Young diese Gemeinde. Er wirkt sehr naiv und rein. Verglichen mit Pastor Moon wirke ich wie ein Laie, aber eines Tages beim Bibellesen fiel mir dieser Vers auf: „Alle Menschen sind Lügner, nur Gott ist wahrhaftig.“ „Ist dann Pastor Moon auch ein Lügner?“, habe ich überlegt. „Wenn die Bibel sagt, dass wir Lügner sind, sind wir Lügner. Aber wie kann ein verlogener Mensch so treuherzig wirken?“ Da erschien er mir auf einmal viel heuchlerischer als ich. Hier irgendwo wird Pastor Moon sitzen - aber es ist wahr!

Es gibt keinen einzigen guten Menschen. Viele sehen zwar gutherzig aus, sehen aufrichtig aus, aber niemand ist gut und aufrichtig, wenn er sich einmal durch sein Gewissen betrachtet. Doch die Menschen verstecken die Tatsache, dass sie von Grund auf böse, schmutzig und verdorben sind, und beschäftigen sich nur damit, dass sie gestohlen, Ehebruch begangen und gelogen haben.

Gestern Abend habe ich schon darüber gesprochen: Nachdem Simon Petrus Jesus dreimal verleugnet hatte, tat er nicht dafür Buße, sondern er tat Buße für sein ganzes Ich: „Ach, ich kann nicht anders sein. Ich bin schmutzig. Ich bin verdorben!“ Aber Judas Iskariot war anders: Nachdem er Jesus verkauft hatte, reute es ihn sehr, und er litt so darunter, dass er das Geld in den Tempelhof warf, aber er tat nur Buße, weil er Jesus verkauft hatte, also nur für diese Tat. Er konnte nicht erkennen, dass er von Grund auf schmutzig, böse und nicht vertrauenswürdig war, darum folgte er weiterhin seinen Gedanken.

Ich bin mir sicher, dass, wenn ich so etwas predige, einige von Ihnen fragen: „Pastor, natürlich lebe ich nach meinen Gedanken, soll ich denn nach den Gedanken anderer leben?" „Pastor, ich verstehe nicht so recht. Wenn ich nicht meinen Gedanken folgen darf, wie soll ich dann leben?"

Lassen Sie uns daüber nachdenken. Heute Abend haben wir über Saulus gelesen. In der Apostelgeschichte gibt es folgende Aussage. Lassen Sie uns Apostelgeschichte Kapitel 26, Vers 9 und 10 lesen.

> **„Zwar meinte auch ich selbst, ich müsste viel gegen den Namen Jesu von Nazareth tun. Das habe ich in Jerusalem auch getan; dort brachte ich viele Heilige ins Gefängnis, wozu ich Vollmacht von den Hohenpriestern empfangen hatte. Und wenn sie getötet werden sollten, gab ich meine Stimme dazu."**

Saulus sagt hier: „... meinte auch ich selbst, ich müsste viel gegen den Namen Jesu von Nazareth tun." Das heißt, in Saulus gab es den Gedanken: „Ich muss gegen Jesus sein. Ich muss Jesus verfolgen. Ich muss jene, die an ihn glauben, fangen und töten." Er selbst hielt dieses Herz für richtig.

„Die Jesusanhänger sind alle Lügner. Jesus ist gestorben, wie können sie behaupten, dass er wieder auferstanden ist? Solche Menschen müssen sterben!"

Gemäß seinem Gedanken waren die Jesusanhänger ohne Zweifel falsch und eine Sekte. Aber diesen Gedanken, den er selbst gedacht hat, wer hat ihm den eingegeben? Die Sünde, Satan hat ihm diesen Gedanken eingegeben. Aber Saulus erkannte nicht, dass sein Gedanke falsch war.

Der Räuber, der ein Missionar wurde

Als ich in Daegu war, kam einmal ein Bruder zu mir und sagte: „Mein Bruder ist da, aber er möchte nicht reinkommen, sondern im Auto sitzen bleiben. Könnten Sie vielleicht kurz kommen und mit ihm sprechen?“ „Natürlich geht das. Das kostet weder Kraft noch Geld. Lass uns gehen.“ Im Minibus saßen sein älterer Bruder und seine Frau. Ich grüßte sie: „Guten Abend!“ Die beiden sahen sehr ernst drein. Ich unterhielt mich eine Weile mit ihnen und bat sie dann, doch hereinzukommen und dort die Unterhaltung fortzusetzen. Als wir uns im Zimmer gerade hinsetzen und anfangen wollten, miteinander zu reden, fiel der ältere Bruder gleich mit der Tür ins Haus: „Pastor, ich habe einen Raub begangen!“ Ich fragte mich: „Was hat er bloß getan, dass er sagt, er habe einen Raub begangen?“ Nach und nach erzählte der Mann die Einzelheiten.

Vor einiger Zeit wurde er von seiner Firma entlassen. „Was soll's, ich kann auch ohne diese Arbeit immer noch essen und leben!“, behauptete er lauthals, aber es war doch zu schwer für ihn, so in dieser Welt zu leben. Weil es nicht anders ging, nahm er die Arbeit als Hausmeister in einem Hochhaus an. Die Frauen des Hochhauses haben ihn als Hausmeister sehr verachtet. Da er zuvor einen guten Arbeitsplatz gehabt hatte, wurde sein Stolz so sehr verletzt, dass er nicht auf diese Weise weiterleben konnte. Natürlich begannen in seinem Herzen Ärger und Wut gegenüber seinem früheren Vorgesetzten, der ihn entlassen hatte, hochzukommen. Schließlich machte er sich eines Tages zum Haus seines Vorgesetzten auf, um Rache zu nehmen.

Doch auf dem Weg dahin klingelte er einfach bei einem Nachbarn. Als gefragt wurde, wer da sei, antwortete er, dass er von der Hausverwaltung wäre, und es wurde ihm aufgemacht. Nachdem er sich vergewissert hatte, dass die Frau allein in der

Wohnung war, setzte er ein Messer an ihren Hals und verlangte Geld. Da es sein erster Raubüberfall war, hatte er große Angst. „Was soll ich machen, wenn diese Frau sich wehrt? Wenn sie schreit?“ Darum nahm er das Messer, befahl ihr, die Hände nach hinten zu halten, und band erst einmal mit einem Seil ihre Hände fest. Vor lauter Angst, dass sie schreien würde, wollte er ihr ein Handtuch in ihren Mund stopfen. Aber die Frau, die bis dahin ganz still gewesen war, biss plötzlich heftig in seine Hand. Blut floss von seiner Hand, und vor lauter Panik wusste er nicht, was er tun sollte und floh aus der Wohnung.

Er schloss die Tür und floh, aber sein Auto, das er da abgestellt hatte, war verschwunden. Später erfuhr er, dass es von der Polizei abgeschleppt worden war, da es im Parkverbot stand. Zu Hause angekommen, erzählte er alles seiner Frau. Sie sagte: „Schatz, was hast du dir nur dabei gedacht? Das ist nun unser Ende“, und sich an den Händen haltend weinten sie die ganze Nacht zusammen. Dann fingen sie an, sich Sorgen zu machen und befürchteten, dass die Polizei kommen und ihn festnehmen würde. In diesem Moment dachte er: „Pastor Ock-Soo Park geht oft ins Ausland, um Konferenzen zu führen. Wenn ich ihm das erzähle, wird er mir einen Ort nennen, wohin ich fliehen kann. Ich werde ins Ausland gehen, dort leben und nie wieder zurückkommen.“ Mit diesem Herzen war er nun zu mir gekommen.

An dem Tag hatte ich das Wort in Lukas Kapitel 15 über den verlorenen Sohn gelesen.

„Und er sprach: Ein Mensch hatte zwei Söhne. Und der jüngere von ihnen sprach zu dem Vater: Gib mir, Vater, das Erbteil, das mir zusteht. Und er teilte Hab und Gut unter sie. Und nicht lange danach sammelte der jüngere Sohn alles zusammen und zog in ein fernes Land; und dort brachte er sein Erbteil durch mit Prassen. Als er nun all

das Seine verbraucht hatte, kam eine große Hungersnot über jenes Land, und er fing an zu darben und ging hin und hängte sich an einen Bürger jenes Landes; der schickte ihn auf seinen Acker, die Säue zu hüten. Und er begehrte, seinen Bauch zu füllen mit den Schoten, die die Säue fraßen; und niemand gab sie ihm. Da ging er in sich und sprach: Wie viele Tagelöhner hat mein Vater, die Brot in Fülle haben, und ich verderbe hier im Hunger! Ich will mich aufmachen und zu meinem Vater gehen und zu ihm sagen: Vater, ich habe gesündigt gegen den Himmel und vor dir. Ich bin hinfort nicht mehr wert, dass ich dein Sohn heiße; mache mich zu einem deiner Tagelöhner! Und er machte sich auf und kam zu seinem Vater. Als er aber noch weit entfernt war, sah ihn sein Vater, und es jammerte ihn; er lief und fiel ihm um den Hals und küsste ihn. Der Sohn aber sprach zu ihm: Vater, ich habe gesündigt gegen den Himmel und vor dir; ich bin hinfort nicht mehr wert, dass ich dein Sohn heiße. Aber der Vater sprach zu seinen Knechten: Bringt schnell das beste Gewand her und zieht es ihm an und gebt ihm einen Ring an seine Hand und Schuhe an seine Füße und bringt das gemästete Kalb und schlachtet's; lasst uns essen und fröhlich sein! Denn dieser mein Sohn war tot und ist wieder lebendig geworden; er war verloren und ist gefunden worden. Und sie fingen an, fröhlich zu sein."

Ich hatte dieses Wort an dem Vormittag gelesen. Vor meiner Wiedergeburt habe ich beim Bibellesen nur gedacht: „Ah, so ist also das Wort!", aber seit Jesus Christus nach der Vergebung meiner Sünden und meiner Wiedergeburt in mein Herz gekommen ist, lässt er mich immer etwas erkennen. Als ich an dem Tag in Lukas Kapitel 15 las, kam es mir in den Sinn, dass diese Geschichte wie ein ungemein gut gemaltes Kunstwerk ist.

Meine Lieben, beim Malen muss man, um eine schöne rote Blume hervorzuheben, dahinter z. B. grüne Blätter malen. Nur weil die Farbe der Blume so schön ist, darf man nicht die ganze Fläche rot anmalen. Während des Kunstunterrichts hat der Lehrer den Kindern gesagt, dass sie ein Bild malen sollen. Daraufhin gab ein Schüler ein weißes Blatt ab.

„Du Bengel, was soll das? Warum hast du nichts gemalt?“

„Ich habe gemalt.“

„Was soll das sein?“

„Das ist eine Schneelandschaft.“

„Male etwas anderes.“

Daraufhin malte der Schüler das Blatt rabenschwarz an und brachte es dem Lehrer. Der fragte: „Was ist das?“, und er antwortete: „Ich habe die Tafel gemalt.“

Meine Lieben, das Prinzip beim Malen ist, Komplementärfarben zu benutzen, damit die gegensätzliche Farbe hervorgehoben wird. In Lukas Kapitel 15 wurden wirklich Komplementärfarben benutzt. Das Bild des verlorenen Sohnes, der im Schweinestall mit schmutzigen Kleidern hungernd mit den Schweinen die Schoten isst, ist eine sehr düstere, schreckliche Szene. Das nächste Bild dagegen, wo er sich im besten Gewand, mit einem Ring am Finger und Schuhen an den Füßen das gemästete Kalb schmecken lässt, ist eine sehr helle, prächtige und wundervolle Szene. Lukas Kapitel 15 ist ein wirklich geniales Kunstwerk, das diese beiden Szenen darstellt.

Als ich an dem Tag in der Bibel las, habe ich mich gefragt: „Warum muss der Sohn auf der einen Seite in einem schmutzigen, primitiven Schweinestall im Elend leben und warum kann er auf der anderen Seite das prächtige Fest mit Musik und dem gemästeten Kalb voller Freude und Wonne genießen, obwohl es ein und derselbe Sohn ist?" Die Bibel zeigt uns deutlich, dass zwischen der Zeit, als der Sohn alles selbst machte und der Zeit, als der Vater alles für ihn tat, ein deutlicher Unterschied besteht. Als der zweite Sohn sich sehr bemühte, etwas zu schaffen, war das Ergebnis, dass er stinkende Kleider trug, zitternd im kalten Schweinestall saß und die Schoten aß, die die Schweine fraßen. Von Hunger gequält konnte er nur sagen: „So werde ich also sterben!" Das war eine sehr erbärmliche Szene. Jedoch als der Vater alles in die Hand nahm, nämlich als er bei der Rückkehr des verlorenen Sohnes etwas anordnete, wurden ihm die stinkenden Lumpen ausgezogen, und er konnte neue Kleider anziehen. Als der Vater den Knechten befahl, dem verlorenen Sohn das beste Gewand anzuziehen, meinen Sie, dass sie ihm nur das Gewand gegeben haben? Sie haben ihn eilends zu einer Badewanne gebracht, das heiße Wasser aufgedreht und seine Haare gewaschen. Sie haben ihm einen neuen Haarschnitt verpasst, ihn rasiert und seinen Rücken geschrubbt. Sie haben ihn abgetrocknet, neue Unterwäsche angezogen, neue Kleider angezogen und ihn ganz schick gemacht. Der Vater befahl weiter: „Gebt ihm einen Ring an seine Hand. Er ist mein Sohn, mein Sohn!", und danach: „Gebt ihm Schuhe an die Füße!" und „Bringt das gemästete Kalb und schlachtet's und lasst uns feiern."

„Ja, genau! Das ist Glaubensleben", dachte ich.

Das Ergebnis unserer Mühe ist, dass wir elend im Sterben liegen, und das Ergebnis der Tätigkeit des Vaters ist, dass alles prachtvoll läuft. An diesem Tag habe ich während des Bibellesens auch andere Bibelstellen durchforscht. In allen 66 Büchern der Bibel waren die Ergebnisse der Menschen erbärmlich, wenn sie etwas selbst versucht haben. Aber bei Gottes Wirken endete immer alles so wunderschön. Wir brauchen gar nicht nach den Gründen zu suchen, warum die Leute kein Glaubensleben führen können, warum ihnen das Glaubensleben so schwer fällt, warum ihr Glaubensleben so viel Kraft kostet, warum die Gebete nicht erhört werden, denn der Grund ist ganz einfach: Weil sie selbst versuchen, etwas zu machen. Bei Menschen, die sich nicht ändern, die nicht mit Trinken, Rauchen oder Drogen aufhören können, braucht man gar nicht nach dem Grund zu fragen: Das sind Menschen, die ihr Glaubensleben selbst führen wollen.

Aber was Sie auch immer für ein Mensch sein mögen - alles ist sehr einfach, wenn Gott arbeitet. Der Älteste Hyeong-Mo Lee von unserer Gemeinde ist von klein auf in die Kirche gegangen, da sein Großvater Pastor war. Als Erwachsener hat er öfter Alkohol getrunken. Eines Tages ist er in unsere Gemeinde gekommen und wurde wiedergeboren. Aber auch nach seiner Rettung trank er weiterhin Alkohol. Doch dann saß er wieder einmal mit seinen Freunden in der Kneipe. Nachdem sie ein, zwei Gläser getrunken hatten, fing einer an: „Hey, seid mal leise und hört mir mal zu!“, und gab fürchterlich an. Und ein anderer sagte: „Hey, hey, halt den Mund. Hört mir mal zu!“, und auch er spielte sich auf. Bevor diese Männer Alkohol in sich hatten, achteten sie auf ihre Manieren und benahmen sich anständig, aber sobald Alkohol in ihrem Blut floss, fingen sie an sich zu brüsten und gegenseitig zu übertrumpfen. Das war einfach zu albern. Vorher war auch er so gewesen, aber als er sie nach der Rettung beim Trinken beobachtete, dachte er: „Oh, mit diesen Leuten habe ich immer getrunken und mich genauso kindisch benommen wie sie!“, und er wachte vom Alkohol auf. Von dem Punkt an trank er nicht mehr. So hat nicht dieser Älteste selbst mit dem Trinken aufgehört, sondern Gott hat ihn aufhören lassen.

Ich arbeite zwar schon lange als Pastor, aber das bin nicht ich, der als Pastor arbeitet. Ich kann weder gut beten noch die Bibel gut verstehen noch gut predigen noch irgendetwas anderes wirklich gut machen. Aber Gott arbeitet. Das ist wirklich wunderbar.

Als ich von dem Mann hörte, wie er den Raubüberfall begangen hatte, fiel mir das Wort im Lukasevangelium ein, das ich am Morgen gelesen hatte.

„Herr Jong-Ryul Kim, hören Sie mir bitte zu. Das Ergebnis Ihres Lebens, das Sie bis jetzt geführt haben, ist letzten Endes nichts als Raub, nicht wahr? Überlassen Sie einmal Gott Ihr Leben. Wie wird Gott wohl arbeiten?"

Er sagte, dass er das tun wolle. In dem Moment wurde das Abendessen gebracht. Auf einem tragbaren Gasherd habe ich für ihn Fleisch gebraten und ihm zu essen gegeben. Dabei sagte ich: „Gehen Sie morgen zur Polizei von Busan und stellen Sie sich. Wenn Sie zu 10 Jahren verurteilt werden, dann bleiben Sie 10 Jahre, wenn Sie zu 20 Jahren verurteilt werden, bleiben Sie 20 Jahre, wenn Sie zu Tode verurteilt werden, nehmen Sie auch dieses Urteil an." Ich sagte ihm, dass er von nun an alles in Gottes Hände legen und seine Hände davon lassen soll. „Danach schauen Sie mal, ob Gott wirkt oder nicht", sagte ich ihm, und er versprach, es so zu machen.

Doch in diesem Moment schrie seine Frau: „Nein! Das geht nicht!" Als ich sie fragte, warum nicht, antwortete sie: „Ich kann unserem Kind nicht sagen, dass sein Vater ein Räuber ist. Dann wird unser Sohn der Sohn eines Räubers, das geht nicht!" Ich schrie sie an: „Wie können Sie in dieser Situation so etwas sagen! Seien Sie still!" Meine Stimme ist hier zwar wegen des Mikrofons sehr laut, aber auch ohne Mikrofon kann ich laut schreien. Als ich sie wieder fragte, ob sie alles so machen werde, sagte sie ja.

Sie übernachteten bei mir, und am nächsten Tag ging er zur Polizeistation Busan und stellte sich. Ich hatte ihm geraten, sich einen Rechtsanwalt zu nehmen und mit ihm zur Polizei zu gehen, um sich zu stellen, und er folgte meinem Rat. Er erfuhr, dass die Polizei schon das Haus durchsucht und drei Fingerabdrücke von ihm gefunden hatte. In einigen Tagen hätten sie seine Identität herausgefunden, und er wäre festgenommen worden. Nachdem er sich gestellt hatte, fing Gott an zu arbeiten. Ich kann Ihnen heute Abend nicht alles darüber erzählen, weil ich keine Zeit habe. Er wurde zu zwei Jahren Haft und drei Jahren Bewährung verurteilt. Aber wie durch ein Wunder wurde er schon nach einem Monat entlassen. Sofort rief er mich an.

„Pastor, ich bin gerade aus dem Gefängnis gekommen. Ich möchte Sie besuchen."

Aber ich lehnte das ab: „Da du erst heute entlassen wurdest, bin ich mir sicher, dass du vieles zu tun hast. Nimm ein Bad, zieh neue Kleider an. Iss mit deiner Familie zu Abend. Bring deine Angelegenheiten in Ordnung, und in ungefähr zehn Tagen, wenn alles geregelt ist und du etwas Zeit hast, kannst du mich besuchen kommen."

Er antwortete, dass er das so machen werde, und später kam er, um mich zu sehen. Er sprach über den vergangenen Monat. Während er im Gefängnis war, half Gott ihm jeden Moment. Bewährung ist eigentlich unmöglich, da es ein geplanter Raubüberfall war, aber er wurde auf Bewährung verurteilt und schließlich so schnell wieder entlassen. Er war sehr dankbar und sagte: „Pastor, damals wollte ich ins Ausland fliehen. Nun möchte ich ins Ausland gehen und dort als Missionar arbeiten." Er kam in unsere Missionarsschule und missioniert jetzt in Japan. Er arbeitet als ein sehr wertvoller Missionar.

„Ock-Soo Park, du schmutziger Kerl! Du primitiver Kerl! Du böser Mensch!"

Es ist ein riesengroßer Unterschied, ob Gott etwas tut oder ob ich etwas tue. Wenn meine Frau Bohnensuppe kocht, kümmere ich mich nicht darum, weil ich ihr traue. Einmal, als meine Frau nicht zu Hause war, kochte meine Tochter, damals in der siebten Klasse, die Suppe. Ich mischte mich ein: „Meinst du es klappt, wenn du so kochst? Mach es lieber so und so!" Ich sagte das, weil meine Tochter es nicht konnte, aber wenn meine Frau kocht, sage ich nicht: „Schatz, meinst du, das ist genug Wasser? Tu mehr Pepperonipulver rein. So darfst du das nicht machen."

Wenn Sie den Glauben haben, dass Jesus Ihr Leben übernehmen und gut führen wird, dann brauchen Sie gar nichts mehr zu tun. Es ist nicht so, dass die Menschen fleißig beten und sich bemühen, weil sie Glauben haben, sondern im Gegenteil, weil sie keinen Glauben haben. Wie wundervoll wird der mich liebende Herr alles regeln, wenn ich ihm mein Leben übergebe! Meine Lieben, als der verlorene Sohn zurückkam, machte es doch keinen Unterschied, ob mehr oder weniger Schweinekot an seiner Kleidung war, nicht wahr? In seinen Augen ist es wichtig, ob es mehr oder weniger ist, aber in den Augen des Vaters sind es sowieso Kleider, die weggeworfen werden. Ist es so oder ist es nicht so? Wenn Jesus Ihre Sünden reinwäscht, macht es keinen Unterschied, ob Sie ein bisschen mehr oder ein bisschen weniger Sünde haben. Wir sorgen uns nicht sonderlich wegen einer Erkältung, aber wenn wir an Krebs erkranken, sind wir zu Tode bekümmert. Doch für Gott ist es das Gleiche, eine Erkältung zu heilen oder Krebs zu heilen. Meinen Sie nicht? Können Sie dazu Amen sagen? Ja, das ist wahr. Meine Lieben, wenn Sie Glauben an Gott haben, brauchen Sie selbst nicht gegen die Sünde zu kämpfen. Sie brauchen nicht wegen der Sünde herumzuirren und sich zu bemühen.

Ich bin Pastor der Gute-Nachricht-Gemeinde in Gangnam. Unsere Gemeindemitglieder sind unbeschreiblich gute Leute. Andere Pastoren kennen die Adressen ihrer Gemeindemitglieder, ihre Geburtstage und sogar die Geburtstage ihrer Familien.

Darin bin ich weit hinter ihnen zurückgeblieben, weil ich nicht einmal zehn Häuser unserer Gemeindemitglieder kenne. Ihre Geburtstage? Es tut mir Leid. Ich habe Angst, dass das meine Frau hier irgendwo hört, aber nach einem Bibelseminar in Kwangju fuhren wir nach Hause. Der nächste Tag war der Geburtstag meiner Frau, aber ich habe daran überhaupt nicht gedacht. Als ich „Warum?“ fragte, als mein Sohn ankündigte, dass er zum Essen kommen würde, wirkte meine Frau sehr enttäuscht. Später erfuhr ich, dass es ihr Geburtstag war. Am nächsten Morgen kam mir alles irgendwie seltsam vor, sodass ich beim Essen überlegte, was es denn für ein Tag sei. Da fiel mir ein, dass es der Geburtstag meiner Frau war. Da das Alter sich jedes Jahr ändert, ist es verständlicherweise schwer, es sich zu merken; der Geburtstag dagegen ändert sich ja nicht, aber trotzdem kann ich ihn mir nicht merken.

Unter all den Dingen, die ich gemacht habe, während ich in Daegu, Daejeon und Seoul war, gibt es nichts, was ich selbst getan habe. Meine Gemeindemitglieder glauben daran, dass Gott mit Pastor Ock-Soo Park ist. Da sie es in der Realität sehen und miterleben.

Ich lebte wie der Abschaum der Menschheit, bis ich Jesus getroffen habe. Ich glaube nicht deswegen an Jesus, weil ich glauben wollte oder weil ich mich bemüht habe, an ihn zu glauben und darum auf einen Berg gegangen bin, um zu beten und zu fasten und, einen Tannenbaum umklammernd, laut „Herr! Ich glaube an dich!“ zu schreien. Eines Tages habe ich erfahren, dass ich der erbärmlichste Mensch der ganzen Welt bin. Ich erkannte, dass ich der böseste und schmutzigste Mensch dieser Welt bin. Ich war sehr armselig. Damals gab es keinen Lichtblick in meinem Leben. Armut, Hunger und Schwierigkeiten waren nicht die Gründe des Leidens, sondern die Tatsache, dass es absolut keine Aussicht auf

Besserung gab. Ich hatte genug von diesen Umständen, aber ich hätte es aushalten können, wenn es die Hoffnung gegeben hätte, dass es morgen besser würde.

Mein letzter Versuch war, mich freiwillig zur Armee zu melden. Ich ging zum Tauglichkeitstest im Militärlazarett von Daegu. Aber weil mein Vorderzahn abgebrochen war, fiel ich durch. „Nicht einmal das Militär möchte mich haben!" Ich fiel in tiefe Verzweiflung. Später erkannte ich mich eines Tages als eine wirklich schlechte, schmutzige und erbärmliche Person. Bis zu diesem Zeitpunkt habe ich gedacht, dass ich rein und gut sein könnte. Ich schrie mein Gesicht im Spiegel an: „Ock-Soo Park, du schmutziger Kerl! Du primitiver Kerl! Du böser Mensch!" Bis dahin hatte ich mich nicht genau erkennen können. Ich dachte, dass ich gut werden könnte, wenn ich mich nur bemühen würde. Und ich dachte, wenn ich mich bemühen würde ehrlich zu sein, könnte ich ehrlich sein. Ich dachte, wenn ich viel bete und in der Bibel lese, kann ich ein besserer Mensch werden. Aber jetzt erkannte ich: Wie sehr ich mich auch bemühe, rechtschaffen zu leben - weil ich so schmutzig und verdorben bin, klappt es umso weniger, je mehr ich es versuche. Eines Tages, als ich mich so sah, wie Gottes Augen mich sahen, nämlich böse, erbärmlich und schmutzig, fiel mein Selbstvertrauen vollkommen in sich zusammen.

Davor habe ich eifrig versucht, etwas zu tun: „Ich muss unermüdlich beten, fleißig in der Bibel lesen und immer aufrichtig leben. Und ich muss ein ehrbarer Mensch werden." Aber jetzt konnte ich nicht mehr solche Vorsätze fassen. Warum? Weil ich ein unmöglicher Mensch bin. Von da an versuchte ich nicht mehr zu beten, in der Bibel zu lesen und aufrichtig zu leben. Denn ich hatte erkannt, dass ich ein wirklich böser Mensch bin. An diesem Tag, als ich 19 Jahre alt war, misstraute ich mir selbst: „Wenn ich sehe, wie ich bis jetzt gelebt habe, kommt es mir so töricht vor, dass ich alles in meinem Leben selbst entschieden habe, obwohl ich gar nichts wusste." Was wusste ich? Absolut unwissend habe ich einfach alles gemäß meiner Entscheidung getan und ließ mich immer täuschen, dass meine Entscheidung richtig sei. „Ich bin so töricht! Ich bin wirklich ein Dummkopf!" Als ich diese Tatsache erkannte, gab es für mich nichts mehr, was ich tun musste.

Seitdem sah ich die Welt anders, sie bestand nur noch aus Lügen. „Ein Genie besteht aus 1% Prozent Inspiration und 99% Schweiß." Früher hatte ich gedacht: „Das ist eine sehr gute Redewendung. Auch ich kann ein Genie werden, wenn ich mich bemühe", aber jetzt erkannte ich, dass das ein Schwindler gesagt hat. Ein Genie entsteht durch 99% Schweiß? Schweiß wirkt bei denen, bei denen er wirkt, aber bei denen, bei denen er nicht wirkt, wie sehr sie sich auch bemühen mögen, wirkt er nicht. Ein Hohlkopf kann nicht zu einem Genie werden, indem er lernt. Auch wenn er die Nacht durchmacht, fallen ihm nur die Haare aus. Meine Lieben, auch Gesang muss jemand mit Fleiß lernen, der singen kann. Jemand, dessen Gesang sich anhört, als ob man ein Schwein schlachtet, wird nur immer mehr schräge Töne produzieren, je mehr er singt.

Die ganze Welt war so, als ich sie mit offenen Augen sah. „Und wenn morgen die Welt unterginge, würde ich heute dennoch ein Apfelbäumchen pflanzen." Dieser Mann hat keinen Apfelbaum gepflanzt, bevor er starb. Er hätte einen Tag vor seinem Tod ein Apfelbäumchen pflanzen müssen. Er hat es lediglich mit seinem Mund gesagt, aber nicht so gelebt. Menschen halten es für eine gute Redewendung und schreiben es auf und kleben es auf ihre Schreibtische, aber sie alle lassen sich bloß täuschen. Wenn morgen die Welt untergeht, werde ich niemals einen Apfelbaum pflanzen. Bin ich denn verrückt, dass ich einen Apfelbaum pflanze, wenn morgen die Welt untergeht?

In einem Schulbuch habe ich gelesen, dass George Washington die Axt so gut gefallen hat, dass er damit wie wild auf einen Kirschbaum eingeschlagen hat. Als später sein Vater kam und fragte: „Wer hat auf den Kirschbaum eingeschlagen?“, gestand Washington: „Ich war's, Papa!“ Daraufhin lobte der Vater Washington, seinen Kopf streichelnd: „Deine Ehrlichkeit ist mir kostbarer als der zerschlagene Kirschbaum.“ Bloß weil Washington später Präsident geworden ist, hat sich diese Geschichte herumgesprochen; wenn er ein Bösewicht geworden wäre, würde man schlecht über ihn reden: „Er war von klein auf ein böser Junge, der auf Kirschbäume eingeschlagen hat.“ Egal wie sehr ihm die Axt auch gefällt und wie sehr er sie auch ausprobieren möchte, welcher Junge schlägt deswegen auf lebende Kirschbäume ein? So ein kopfloser Bengel muss die Rute spüren. Man muss ihn schlagen, dass ihm die Waden anschwellen. Lediglich weil Washington Präsident geworden ist, wird das gut dargestellt, aber es war auf keinen Fall eine gute Tat.

Die Welt bewertet so etwas als eine gute Geschichte. Meine Sicht der Welt gegenüber hat sich geändert. Das Erstaunliche ist, dass sich meine Art die Bibel zu lesen auch völlig geändert hat. Die Menschen lesen nur zur Schau in der Bibel. Nur äußerlich haben sie Kontakt mit der Bibel. Ich erkannte, dass sie gar nicht an das Wort Gottes glauben, das in der Bibel steht. Von diesem Punkt an kam das Wort Gottes anders in mein Herz. Zuvor war ich zu selbstbewusst und zu klug gewesen, sodass ich in meiner Selbstsicherheit nur die Dinge annahm, die mir gefielen, wenn ich in der Bibel las. Alles, was mir nicht gefiel, nahm ich nicht an. Aber als ich mich schließlich selbst verleugnete, fing das Wort der Bibel an, direkt in mein Herz zu kommen.

Eines Tages kam Elia zu der Witwe in Zarpat. Diese Frau war am Verhungern und wollte ihr letztes Stück Brot essen und dann sterben. Da verlangte Elia: „Bring zuerst mir davon. Dann wird dein Mehltopf immer mit Mehl gefüllt sein." „Wie kann noch Mehl aus dem Topf kommen, wenn man zuvor alles verbraucht hat? Rede nicht so einen Unsinn! Der alte Mann versucht alle möglichen Kunststücke, um mir das letzte Brot wegzunehmen." Wenn die Witwe in Zarpat so gedacht hätte wie wir, hätte sie so reagieren müssen.

Als ich in der Kirche zum ersten Mal etwas aus der Bibel lernte, dachte ich, dass ich nur Gutes tun, treu ergeben sein und dem Wort gut zuhören müsse, um immer besser werden zu können. Aber als ich später die wahre Bedeutung der Bibel verstand, erkannte ich, dass ich niemals ein guter Mensch werden kann. Auch in der Realität funktionierte das nicht. Obwohl ich die Kirche besucht habe - was kann eine Gruppe von Freunden auf dem Land schon anderes machen als Dummheiten? Abends Poker spielen oder einen Obstgarten überfallen. Besonders um diese Zeit trocknete man Dattelpflaumen. In der pechschwarzen Nacht stibitzten wir die leckeren, süßen getrockneten Dattelpflaumen. Danach fürchteten wir uns und hatten Gewissensbisse, weil wir gestohlen hatten, und gingen am Tag darauf frühmorgens zur Gebetsstunde, um Buße zu tun. Wir haben immer schlechte Dinge getan. Als ich mich noch nicht genau kannte, dachte ich, dass ich gut werden könnte, wenn ich beten, Bibel lesen und mich bemühen würde, gut zu sein. Da Satan mich so gelehrt hat, habe ich mich täuschen lassen. Unzählige Christen sind auch heutzutage von Satan getäuscht und denken, dass sie gut sein können, wenn sie sich bemühen, und die sich deshalb wirklich eifrig bemühen, gut zu sein. Diese Menschen glauben nicht an Gott. Sie haben eine falsche Vorstellung von dem Glauben an Gott.

Als ich eines Tages, nachdem ich mir gegenüber misstrauisch geworden war, in der Bibel las, kam sie mir vollkommen anders vor. Da ich zuvor nur das gelesen hatte, was mir gefiel, hatte die Bibel gut mit meinem Herzen übereingestimmt, aber nun musste ich feststellen, dass sie ganz anders war als mein Herz. Die Bibel sagt, dass es im Menschen keine Gerechtigkeit gibt. Die Bibel sagt, dass es nichts Gutes im Menschen gibt. Diese Bibel sagt, dass es im Menschen weder Gerechtigkeit noch Gutes gibt. Wie kann man Gutes tun, wenn es weder Gutes noch Gerechtigkeit im Menschen gibt? Aber viele Menschen mühen sich ab, um Gutes zu tun und gerecht zu sein.

Ich habe eines Tages diese Tatsache erkannt. „Ach so! In mir gibt es nur Böses. In mir gibt es nichts Gutes. Ich bin nur voller Schmutz. Ich habe keine Gerechtigkeit. Darum kann es auch nicht funktionieren, wenn ich versuche, Gutes zu tun!" Ich habe über meine Vergangenheit nachgedacht. Endlich erkannte ich den Grund, warum es nie funktioniert hat, wenn ich versucht hatte, Gutes zu tun. „Ah, ich habe immer früh morgens weinend und betend Buße getan und versucht mich zu bessern, aber es ist mir nie gelungen. Wie hätte ich Gutes vollbringen können, da in meinem Grund nichts Gutes ist? Es konnte nicht funktionieren!" Von diesem Punkt an hörte ich auf, selbst etwas tun zu wollen.

„Jesus, ich bin ein schmutziger Mensch. Ich bin ein böser Mensch, der in die Hölle gehen muss. Ich bin ein Mensch, der wegen seiner Sünden den Tod verdient hat, aber du kannst mich rein machen, wenn du mich rein machen willst. Wenn du mich in die Hölle gehen lässt, kann ich dagegen auch nichts tun, aber ich wäre dir sehr dankbar, wenn du mich reinwaschen würdest."

Da konnte ich mein ganzes Leben auf den Herrn werfen. Wunderbarerweise kam zu dieser Stunde Jesus Christus in mein Leben und fing an zu wirken. Hallelujah! Ich preise den Herrn.

Dieser Pastor ist ein Lügner!

Einmal sah ich ein Kind Klavier spielen und sagte zu meiner Tochter:

„Eun-Sook, warum hilfst du ihr nicht beim Klavierspielen?"

„Papa, ich kann ihr nichts beibringen."

„Warum?"

„In meinen Augen spielt sie zwar nicht gut, aber sie denkt, dass sie besser Klavier spielt als ich. Darum kann ich ihr nichts beibringen."

„Wirklich?"

Ich habe nicht weiter darüber gesprochen.

Gestern nach dem Gottesdienst brachte ein Bruder unserer Gemeinde seinen Sohn zu mir. Dieser Junge ist sehr problematisch. Während ich eine ganze Weile mit ihm gesprochen habe, konnte ich merken, dass er mich verachtet. Ich habe ihn gefragt:

„Du, warum verachtest du mich? Du kannst nicht einmal die Oberstufe besuchen. Was ist so toll an dir, dass du mich verachtest? Kennst du meinen Sohn? Mein Sohn hat in Amerika studiert. Er ist viel klüger als du. Er spricht fließend Englisch. Aber mein Sohn verachtet mich nicht. Also, warum verachtest du mich? Wie kann ich dir da helfen?"

Dieser Schüler denkt, dass er viel klüger ist als ich. Egal was ich sagte, er nahm es nicht an und behauptete nur seine Meinung.

„Denk einmal nach, ob du wirklich so klug bist. Warum besuchst du dann nicht die Oberstufe? Warum bist du so?"

Es mag sein, dass Sie Jesus nicht verachten, aber Sie alle denken, Sie seien großartig. Darum fühlen Sie sich unwohl bei dem Gedanken, Ihr Leben Jesus zu überlassen, und behalten es fest in Ihren Händen. Deshalb kann Jesus gar nicht in Ihrem Leben wirken.

Es gibt etwas, was Sie genau wissen müssen: Sie können nichts Gutes tun, auch wenn Sie sich bemühen. Menschen, die das nicht wissen, versuchen immer weiter, Gutes zu tun. Viele Pastoren schreien heutzutage von der Kanzel: „Meine Lieben, lasst uns gut sein, Gutes tun!"

Als ich in Daejon war, hat ein Stabsfeldwebel die Rettung angenommen. Seine Frau ging seit 20 Jahren in die Kirche, und zwar in die Kirche der Basis, in der ihr Mann stationiert war, aber der Mann besuchte unsere Gemeinde. Wenn er nach dem Gottesdienst nach Hause kam, fragte er seine Frau:

„Schatz, worüber hat der Pastor deiner Kirche heute gepredigt?"

„Über die Bibel."

„Was hat er über die Bibel erzählt?"

„Er hat Gottes Wort gepredigt."

„Welches Wort Gottes?"

In seiner Frau gab es nichts, was übriggeblieben war. Dann erzählte er seiner Frau: „Unser Pastor Ock-Soo Park hat heute das und das gepredigt."

Sonntags brachte er immer zuerst seine Frau in die Kirche der Basis und fuhr dann in unsere Gemeinde. Aber einmal ging das Benzin aus, sodass er rechts abfuhr, um zu tanken. Da dachte seine Frau, dass er sie mit in seine Gemeinde nehmen wollte und öffnete die Autotür, um aus dem fahrenden Auto zu springen. Der Mann war sehr erschrocken.

Eines Tages sah das Ehepaar zusammen fern. Da es Mai war, also der Monat der Familie, predigte ein Pastor: „Meine lieben Männer, lieben Sie Ihre Frauen! Verletzen Sie Ihre Kinder nicht! Ich habe meiner Frau bis jetzt noch nie etwas Enttäuschendes gesagt. Ich habe meinen Kindern noch nie etwas Verletzendes gesagt." Die Frau wandte sich zu ihrem Mann: „Schatz, hast du das gehört?", aber er antwortete: „Dieser Pastor ist ein Lügner! Die

Bibel sagt, wer sich nicht im Wort verfehlt, der ist ein vollkommener Mann, aber ist dieser Pastor wirklich vollkommen? Wenn er vollkommen ist, warum glaubt er dann an Jesus? Soll er doch an sich selbst glauben! Der Mann lügt. Es gibt niemanden, der sich nicht im Wort verfehlt; wenn er behauptet, immer mustergültig geredet zu haben, dann lügt er wirklich."

Die Frau war sehr erstaunt. Sie und ihr Mann waren vorher gleich gewesen, aber jetzt waren die Sicht ihres Mannes und ihre Sicht vollkommen verschieden.

Wir sind nicht gut. Wir sind nicht heilig. Wer von Ihnen heute Abend immer noch glaubt, dass er durch Wohlverhalten heilig und gut werden kann, der wird noch ein bisschen mehr leiden. Probieren Sie es ruhig! Aber in Ihnen wird erst dann Glaube entstehen, wenn Sie sagen: „Ach, ich kann das nicht!" Sie werden an Jesus glauben, weil Sie mit Ihrer Kraft nichts mehr tun können.

Betrogene Menschen, die denken, dass es dieses Mal gelingen wird

Einmal bin ich nach Deutschland geflogen. Es war im September, darum saßen viele Studenten um mich herum, die nach Frankreich und Italien zum Auslandsstudium gingen. Eine ganze Weile nachdem das Flugzeug abgehoben hatte, holte ein Student seine Armbanduhr heraus und sagte: „Wie spät ist es jetzt in Deutschland?" Er wollte die Uhr umstellen auf die deutsche Zeit. Aber es gelang ihm nicht: „Hm, die Zeit lässt sich nicht umstellen." Der Student neben ihm konnte es auch nicht. Innerlich dachte ich: „Sowas nennt sich Student und kann nicht einmal eine Uhr umstellen. Ich kann das!" Die Uhr machte die Runde im Flugzeug. Ein Student probierte es und gab sie dem Nebenmann, weil es ihm nicht gelang, und auch dieser Student gab die Uhr weiter an den nächsten ... Ich dachte innerlich: „Bitte, lass es nicht klappen. Lass die Uhr bis zu mir kommen. Ich werde sie umstellen und es ihnen zeigen", und schließlich kam die Uhr bis zu dem Studenten, der neben mir saß.

„Seltsam, warum funktioniert das nicht?"

„Junger Mann, darf ich einmal probieren?"

Aber diese Uhr war wirklich seltsam, denn ich konnte sie auch nicht umstellen. Es gab vier Knöpfe, aber welchen Knopf ich auch drückte - es funktionierte nicht. Es endete damit, dass ich sie auch nicht umstellen konnte. Was meinen Sie, kann ein alter Mann so gut sein wie die jungen Studenten?

Gestern bin ich mit meiner Frau Auto gefahren, und meine Frau schickte mir zum Spaß eine SMS. Ich habe noch nie eine SMS verschickt. Zwar besitze ich ein gutes Handy, weil es mir jemand geschenkt hat, aber ich habe bis jetzt außer „Anrufe annehmen" und „Anrufe" noch keine anderen Funktionen verwendet. Als ich sie daraufhin fragte: „Wie sendet man eine SMS?", brachten es mir meine Tochter und meine Frau bei. Gestern habe auch ich zum ersten Mal eine SMS an meine Frau geschickt. Weil meine Frau geschrieben hatte: „Hinten sitzt der dumme alte Mann", schrieb ich zurück: „Vor dem dummen alten Mann sitzt seine Frau."

Obwohl die Studenten viel mehr Ahnung davon haben, dachte ich in meinem Herzen, dass ich es besser könnte. Nach einer Weile des Probierens habe ich aufgegeben und die Uhr zurückgegeben. Sie machte wieder die Runde, und in mir kam der Gedanke hoch: „Ah, wenn ich überlege, mit was für einem Herzen der Uhrmacher die Uhr hergestellt hat, kann ich die Uhr umstellen." Nachdem sie noch eine Runde gemacht hatte, kam sie wieder zu mir. „Darf ich noch einmal?" Aber auch diesmal ging es nicht.

Meine Lieben, das Glaubensleben ist ebenso. Wenn ich dieses Mal nichts Gutes tun kann, meine ich, dass es das nächste Mal gelingt, wenn ich mich nur bemühe, wenn ich Vorsätze fasse und mich anstrenge, wenn ich mit dem Trinken aufhöre oder wenn ich bete ... Die Menschen lassen sich auf diese Weise täuschen und versuchen es immer wieder. Aber währenddessen kann Jesus nicht wirken. Als der verlorene Sohn alles selber machte, hat der Vater gar nichts für ihn getan. Aber als der Sohn ruhte, arbeitete der Vater. So ist es in der Bibel.

Ich bin ein Mensch, der gar nichts weiß, die Bibel nicht kennt und wirklich ein schlechtes Leben geführt hat. Ich erkannte tief in meinem Herzen, dass ich ein Sünder bin und ein unmöglicher Mensch: „Ich bin wirklich schmutzig! So ein böser Mensch! Ich darf mich nicht länger bemühen, Gutes zu tun!" Weil ich erkannte, dass ich nichts richtig machen kann, egal was ich versuche, ließ ich meine Finger davon. Da arbeitete Jesus mit Macht, und meine Sünden wurden reingewaschen, ich wurde heilig und mein Leben wurde hell. Ich konnte sehen, wie Gott in meinem Leben wirkte.

Meine Lieben, wenn es einen Grund gibt, warum Jesus in Ihnen nicht arbeiten kann, dann ist es der, dass Sie immer noch denken, etwas würde gelingen, wenn Sie es nur versuchten. „Ich brauche nur sonntags in die Kirche zu gehen, die Gebote zu halten, in der Bibel zu lesen, Gutes zu tun, ..." Wie können solche Menschen auf Jesus vertrauen? Das geht nicht. Erst als ich meinen Zustand erkannte, arbeitete Jesus Christus von da an lebendig in mir.

Unsere Mission hat vor, nächstes Jahr 700 Studenten als Missionare in die ganze Welt zu senden. Das ist eine großartige Sache. Als ich die Studenten trainierte, kam eine Studentin zu mir und fragte mich: „Pastor, werden wir uns auch ändern, wenn wir trainiert werden? Werden wir anders werden?" Sehr viele problematische Studenten sind gekommen. Diesen Studenten habe ich folgendes gesagt: „Gott arbeitet niemals mit uns zusammen. Er arbeitet erst, wenn wir die Finger davon lassen."

Erst wenn wir uns genau erkennen und alles loslassen, fängt Gott an zu arbeiten und löst alles so wunderbar. Aber weil Sie sich immer noch täuschen lassen und weiter in dem Gedanken leben, dass alles funktioniert, wenn Sie sich nur bemühen, können Sie Ihre Bemühungen nicht aufgeben.

Abrahams Frau Sara hat eine andere Frau in das Schlafzimmer ihres Mannes geschickt. Welche Frau schickt eine andere Frau in das Schlafzimmer ihres Mannes? Wissen Sie, warum Sara das getan hat? Weil sie genau erkannt hat, dass sie keinen Sohn bekommen kann. Wenn es noch die Möglichkeit gegeben hätte, einen Sohn zu bekommen, wäre sie niemals so verrückt gewesen, eine andere Frau in das Schlafzimmer ihres Mannes hineinzulassen, oder? Das wäre wirklich nicht zu verstehen.

Wenn Sie erkennen, dass etwas nicht geht, auch wenn Sie sich sehr bemühen, dann arbeitet Jesus von da an. Amen? Aber in vielen Kirchen lehrt man heutzutage ein falsches Glaubensleben. „Lasst uns treu ergeben sein. Lasst uns lieben, mit Glauben leben. Lasst uns eifrig dem Herrn dienen und spenden." Die Menschen werden getäuscht und versuchen es wieder.

Wenn Glücksspieler verlieren, meinen sie, dass sie das nächste Mal gewinnen werden, und wenn sie wieder verlieren, meinen sie wieder, dass sie bestimmt das nächste Mal gewinnen werden. Sie denken nicht ans Verlieren, sondern nur ans Gewinnen; darum setzen sie alles, sogar ihre Frau und ihr Haus, aufs Spiel. „Was macht es schon, wenn ich meine Frau aufs Spiel setze? Ich brauche nur zu gewinnen." Sie denken, dass es nur dann ein Problem wäre, wenn sie verlieren würden. Aber da sie immer meinen, dass sie gewinnen werden, ist es für sie gar kein Problem, egal was sie aufs Spiel setzen. Das ist genauso: Menschen, die ein Glaubensleben führen, denken, dass es nur letztes Mal nicht geklappt hat, aber diesmal funktionieren wird. Sie meinen, es würde gelingen, sie müssten vom neuen Jahr an nur mit Fasten anfangen oder 40 Tage beten und fasten oder 100 Tage lang die Morgengebetsstunde besuchen ... Weil man auf diese Weise selbst etwas tun möchte und weil man selbst als sein Herr alles festhält, kann es nicht funktionieren.

Im Flugzeug gibt es zwei Pilotensitze. Es gibt einen Chefpiloten und einen Co-Piloten. Wenn der Pilot „I got" sagt und das Steuer in die Hand nimmt, muss der Co-Pilot es loslassen. Wenn der Pilot „You got" sagt und das Steuer dem Co-Piloten übergibt, muss der Pilot es loslassen. Das Flugzeug kann nicht gelenkt werden, wenn beide das Steuer in der Hand haben. Die Probleme Ihres Lebens muss entweder Jesus übernehmen oder Sie selbst, beide gleichzeitig können nicht steuern. Sie müssen ihm alles vollkommen übergeben, sodass der Sie liebende Jesus in Ihnen arbeiten und seine Werke vollbringen kann.

Ich dachte, es wäre richtig, sie ins Gefängnis zu stecken und zu töten

Bevor Apostel Paulus die Rettung empfing, als er noch Saulus war, nahm er die Menschen, die an Jesus glaubten, gefangen und übergab sie dem Gefängnis. Was sagt Apostel Paulus in der Apostelgeschichte, die wir heute gelesen haben, in Vers 26? **„Zwar meinte auch ich selbst, ich müsste viel gegen den Namen Jesu von Nazareth tun."** Dass er es selbst meinte, zeigt, dass er auf sich vertraut hat. Wer sich selbst vertraut, folgt seinen Gedanken. Wenn ein Freund mich immer wieder betrügt und ich diesem Freund nicht mehr glaube, werde ich, egal was er sagt, seinen Worten nicht mehr folgen. Saulus vertraute auf sich selbst, darum folgte er seinen Gedanken und verfolgte die, die an Jesus glaubten. Er warf sie ins Gefängnis und tötete sie.

„Diese Jesusanhänger! Alles Lügner, die behaupten, dieser Jesus sei auferstanden, obwohl er doch gestorben ist. Diese Leute schaden der Gesellschaft. Solche Menschen müssen sterben. Solche Menschen muss man ausrotten!"

In Jerusalem hatte er die Gläubigen festgenommen und ins Gefängnis gesteckt, und nun ging er nach Damaskus, um auch dort die Menschen, die an Jesus glaubten, unschädlich zu machen. Aber auf dem Weg nach Damaskus erstrahlte plötzlich ein helles Licht, und Saulus fiel auf den Boden. Da hörte er eine Stimme:

„Saulus, Saulus! Was verfolgst du mich?"

Saulus war sehr erschrocken.

„Herr, wer bist du? Wer bist du, dass du sagst, dass ich dich verfolge?"

„Ich bin Jesus von Nazareth, den du verfolgst."

„Was? Jesus ...! Dann stimmt es, dass du lebst? Ich dachte, die Geschichten dieser Christen seien nur eine Lüge. Ich dachte, dass das alles nur Unsinn ist, aber es stimmt wirklich, dass du lebst?"

Saulus erkannte, dass sein Urteil, seine Gedanken falsch waren. Zuvor hatte er gedacht: „Diese Jesusanhänger sind Lügner, wie kann der tote Jesus wieder auferstehen? Solche Menschen sind Gift für die Gesellschaft. Sie müssen sterben. Sie müssen vernichtet werden", und gemäß diesen Gedanken hat er die Christen verfolgt, gefangen genommen, ins Gefängnis geworfen und geschlagen. Aber nun erkannte er, wie dumm und böse seine Gedanken waren. Da hörte er wieder die Stimme Jesu: **„Steh auf und geh in die Stadt; da wird man dir sagen, was du tun sollst"** (Apostelgeschichte 9, 6).

Saulus lebte nach seiner eigenen Entscheidung, seiner Meinung und seinen Gedanken, aber er erkannte, dass sein Urteil falsch war, als er die Stimme Jesu hörte. „Oh, ich habe mich gar nicht genau erkundigt und bin einfach meinen Gedanken gefolgt. Ich habe sehr überstürzt und falsch gehandelt!“

Nicht jeder kann ein General werden. Jemand mit viel Kriegserfahrung und Wissen wird General; jemand, der gestern erst zum Militär gekommen ist, wird nicht General werden und eine Armee kommandieren. Nicht jeder wird General, Bundeskanzler oder Bürgermeister. Es wird auch nicht irgendwer der Direktor einer Firma. Aber bedauerlicherweise haben wir im Königreich unseres Herzens uns selbst, die wir gar nichts über unsere Zukunft oder über unser Königreich wissen, als König eingesetzt. Und wir folgen all unseren Entscheidungen und handeln danach. Saulus bereute sein bisheriges Leben, das er so geführt hatte.

„Ohne mich zu erkundigen, war ich einfach davon überzeugt, dass es eine Lüge ist, dass Jesus wieder auferstanden ist. Ich war zu leichtfertig. Ich war zu arrogant. Warum habe ich so etwas Furchtbares gemacht? Die vielen Menschen, die ich ins Gefängnis gesteckt habe, die vielen, die ich verfolgt habe - ich habe großes Unrecht an ihnen begangen! Warum habe ich nur auf mich selbst vertraut! Ich hätte nicht einfach meinen Gedanken trauen dürfen, sondern noch genauer nachforschen und prüfen müssen ...!“

Von da an fürchtete sich Saulus davor, seinen Gedanken zu folgen. Er konnte nicht anders, als seine Gedanken loszulassen. Da sagte Jesus zu ihm: „Steh auf und geh in die Stadt.“ Nun ist Saulus nicht aufgrund seiner Gedanken aufgestanden. Um Jesus, um seiner Worte willen, ist er aufgestanden und in die Stadt gegangen.

Meine Lieben, leben Sie durch das Wort oder leben Sie durch Ihre Gedanken? Viele Menschen glauben immer noch an sich und vertrauen auf sich, darum führen sie ihr Glaubensleben nicht durch das Wort, sondern durch ihre Gedanken, Erfahrungen und Methoden. Wenn sie sich eine Gemeinde aussuchen, muss die Gemeinde und der Pastor ihrem Herzen gefallen. Ebenso ist im Königreich ihres Herzens immer noch ihr Ich der König, darum kann Jesus nicht in ihnen arbeiten. Darum funktioniert ihr Glaubensleben nicht, wenn sie sich bemühen.

Damit Jesus in Ihnen wirken kann, müssen Sie erkennen, dass Sie wirklich böse sind. Sie müssen erkennen, dass Sie erbärmlich und schmutzig sind. Sie müssen sich verleugnen. Sie müssen erkennen, dass nichts funktioniert, auch wenn Sie sich eifrig bemühen. Deshalb müssen Sie, selbst wenn Sie meinen, dass dann vielleicht alles misslingen würde, dass nichts funktionieren würde, alles den Händen des Herrn übergeben. Welcher gesunde Mensch wird seinen Körper einem Arzt überlassen, wenn der seinen Bauch aufschneiden möchte? Aber ein Mensch, der an Krebs sterben muss, kann nicht anders als seinen Körper dem Arzt zu überlassen. Wenn ich keinen Weg mehr habe, glaube ich an Jesus. Meine Lieben, in Ihnen entsteht kein Glaube, solange Sie noch Ihre eigenen Wege haben.

Satan betrügt Sie mit dem Gedanken, dass es bei Ihnen noch andere Wege gibt, damit Sie nicht in den Glauben eintauchen. „Genau, versuch es eifrig! Bete mal! Leb anständig! Halte die Gebote! Dann wird das schon klappen." Weil Sie so ein Herz haben und versuchen, das alles zu tun, können Sie nicht an Jesus glauben. Die Menschen, die Gottes Gnade bekommen, haben sich deutlich erkannt.

„Ich bin ein Same der Sünde. In mir gibt es nur Böses. Auch wenn ich Gutes tun möchte, kann ich es nicht. Wenn ich weiterhin alles festhalte, werde ich nur vernichtet. Ich werde in die Hölle gehen."

Darum übergaben sich die Gläubigen Jesus. Wenn auch Sie Ihr Leben den Händen des Herrn übergeben, wird der Herr von dem Punkt an mit Macht arbeiten.

4.
Kains Buße

4.
Kains Buße

Guten Tag, meine Lieben! Heute Morgen werden wir das Wort in 1. Mose Kapitel 4 lesen. Ich wäre Ihnen sehr dankbar, wenn Sie das aufschlagen würden. Ich lese ab Vers 1:

> **„Und Adam erkannte sein Weib Eva, und sie ward schwanger und gebar den Kain und sprach: Ich habe einen Mann gewonnen mit Hilfe des Herrn. Danach gebar sie Abel, seinen Bruder. Und Abel wurde ein Schäfer, Kain aber wurde ein Ackermann. Es begab sich aber nach etlicher Zeit, dass Kain dem Herrn Opfer brachte von den Früchten des Feldes. Und auch Abel brachte von den Erstlingen seiner Herde und von ihrem Fett. Und der Herr sah gnädig an Abel und sein Opfer, aber Kain und sein Opfer sah er nicht gnädig an. Da ergrimmte Kain sehr**

und senkte finster seinen Blick. Da sprach der Herr zu Kain: Warum ergrimmst du? Und warum senkst du deinen Blick? Ist's nicht also? Wenn du fromm bist, so kannst du frei den Blick erheben. Bist du aber nicht fromm, so lauert die Sünde vor der Tür, und nach dir hat sie Verlangen; du aber herrsche über sie. Da sprach Kain zu seinem Bruder Abel: Lass uns aufs Feld gehen! Und es begab sich, als sie auf dem Felde waren, erhob sich Kain wider seinen Bruder Abel und schlug ihn tot. Da sprach der Herr zu Kain: Wo ist dein Bruder Abel? Er sprach: Ich weiß nicht; soll ich meines Bruders Hüter sein? Er aber sprach: Was hast du getan? Die Stimme des Blutes deines Bruders schreit zu mir von der Erde. Und nun: Verflucht seist du auf der Erde, die ihr Maul hat aufgetan und deines Bruders Blut von deinen Händen empfangen. Wenn du den Acker bebauen wirst, soll er dir hinfort seinen Ertrag nicht geben. Unstet und flüchtig sollst du sein auf Erden. Kain aber sprach zu dem Herrn: Meine Strafe ist zu schwer, als dass ich sie tragen könnte. Siehe, du treibst mich heute vom Acker, und ich muss mich vor deinem Angesicht verbergen und muss unstet und flüchtig sein auf Erden. So wird mir's gehen, dass mich totschlägt, wer mich findet. Aber der Herr sprach zu ihm: Nein, sondern wer Kain totschlägt, das soll siebenfältig gerächt werden. Und der Herr machte ein Zeichen an Kain, dass ihn niemand erschlüge, der ihn fände.“

Ich habe bis Vers 15 gelesen.

Gott, gib mir Handschuhe!

Seit ich als Pastor arbeite, habe ich oft gesehen, wie der liebe

Jesus das Leben von Menschen änderte und wie er sie gesegnet hat. Wenn in unsere Gemeinde neue Leute kommen, schaue ich sie mir genau an. Und mit den Augen meines Herzens mache ich mir ein Bild und stelle mir vor: „Wenn er die Sündenvergebung annimmt und ein Jahr vergangen ist, wie wird er sich wohl geändert haben? Wie wird er in zwei Jahren sein?" Dadurch werde ich sehr glücklich. Vor meiner Wiedergeburt ging ich eifrig in die Kirche, aber es gab nichts, was richtig klappte. Mit dem Mund sagte ich zwar: „Wenn man an Jesus glaubt, wird man gesegnet. Wenn man an Jesus glaubt, wird man glücklich. Ich gehe in den Himmel." Aber in der Realität gab es nichts, was gut ging. Doch dann empfing ich eines Tages die Gnade des Herrn, und mein Leben änderte sich grundlegend. Von diesem Punkt an gab es nichts mehr, was nicht funktionierte.

Im Winter 1965 ging ich zum Militär. Während des Trainings stand ich eines Morgens auf und zog mich an, aber als ich meine Handschuhe anziehen wollte, waren sie verschwunden. Ich hatte sie abends gefaltet neben meinen Helm gelegt. Aber während ich in der Nacht schlief, hat sie jemand gestohlen. Ich war wegen dieses Problemes sehr bestürzt. „Was soll ich nur machen?" Im Militär haben alle die gleichen Handschuhe und es war noch nicht lange her, dass die Handschuhe ausgeteilt worden waren. Darum wäre es nicht schwer gewesen, nachts zur Toilette zu gehen und auf dem Rückweg die Handschuhe vom Nachbarn auf meinen Platz zu legen. Aber der Herr in meinem Herzen erlaubte nicht, dass ich stehle. Doch in mir stieg der Gedanke hoch: „Da kann man nichts machen. Wir sind hier beim Militär. Hier muss man stehlen. Ich muss auch stehlen." Am Morgen nahm ich mein M-1-Gewehr in die Hand und ging nach draußen, zum Training. Wir marschierten und sangen dabei das Lied „Ich bin als Mann geboren." Von den vierzig Personen in meinem Zug hatten 39 Handschuhe an und hoben ihre blauen Hände. Ich war der Einzige, der die bloße rote Hand hob. Es war gar kein Problem, dass meine Hände froren, aber ich hatte Angst davor, dass unser Zugführer sagen würde: „Du, wo hast du deine Handschuhe verkauft?" Damals war es normal, dass man hart geschlagen wurde. Ich sah ab und zu, wie unser Truppenführer einen unserer Kameraden mit dem Stiel einer Hacke schlug. Ich fürchtete mich sehr, wenn ich daran dachte.

„Gott, bitte gib mir Handschuhe!"

Wenn man beim Militär etwas verliert, sagt man niemals, dass man es verloren hat. Stillschweigend muss ich es wieder stehlen, damit es mir gehört. Wenn ich sage, was ich verloren habe und dann so etwas stehle, wird der, dem es jetzt fehlt, es sofort bei mir suchen. Auch ich habe drei Tage verbracht, ohne zu sagen, dass ich meine Handschuhe verloren habe. Nachdem ich mir drei Tage lang meinen Kopf zerbrochen hatte, fasste ich einen Entschluss in meinem Herzen: „So geht das nicht weiter. Ich muss jetzt auch Handschuhe stehlen!" Aber da kam dieser Gedanke in mir hoch: „Ich werde in den drei Jahren beim Militär das Evangelium verkündigen müssen. Aber wenn ich Handschuhe stehle und dabei erwischt werde, wie will ich da noch evangelisieren? Auch wenn ich nicht erwischt werde, wie will ich in diesem Zustand das Evangelium in der Armee verkünden?" Mir verging das Verlangen, die Handschuhe zu stehlen. In dieser Nacht betete ich im Liegen. Im Trainingslager kann man nicht irgendwie schlafen; wir mussten unsere Köpfe genau am Bettrand hinlegen und schlafen. Man durfte sich nicht hinknien oder auf den Bauch legen, deshalb betete ich im Liegen.

„Herr, bitte gib mir Handschuhe. Herr, selbst wenn mein Zugführer entdeckt, dass ich meine Handschuhe verloren habe und ich in Schwierigkeiten gerate und mit dem Knüppel geschlagen werde, werde ich nicht stehlen. Ich werde nicht stehlen. Bitte gib mir Handschuhe!"

In dieser Nacht entschloss ich mich beim Beten, keine Handschuhe zu stehlen. Am nächsten Tag hatten wir Handgranaten-Wurftraining. Wir mussten üben, den Sicherungsstift der Handgranate zu lösen, „eins, zwei, ..." zu zählen und sie dann weit wegzuwerfen und uns zu ducken. Nach 50 Minuten Übung hatten wir 10 Minuten Pause, und alle meine anderen Kameraden gingen eine Zigarette rauchen, aber einer kam auf mich zu.

„Hey, Ock-Soo Park! Warum hast du keine Handschuhe an?"

„Ach, ich habe ein großes Problem."

„Warum?"

„Während ich in der Nacht geschlafen habe, hat sie mir jemand gestohlen."

„Mann, das hättest du mir sagen sollen."

„Hey, hast du zwei Paar Handschuhe?"

„Ja, ich habe zwei Paar."

„Hey, du Idiot! Wo hast du die denn geklaut?"

Entschuldigen Sie, aber beim Militär spricht man so.

„Von wegen geklaut ..."

„Wie kannst du dann zwei Paar Handschuhe haben, wenn du sie nicht gestohlen hast?"

„Mein Bruder ist Kompanieführer. Er hat mir noch ein Paar gegeben, weil ich Frostbeulen habe. Hey, wozu sind Kameraden da? Lass sie uns teilen!"

Dieser Freund zog ein Paar Handschuhe aus und gab sie mir. Als ich diese Handschuhe anzog, dachte ich: „Oh, sind das wirklich echte Handschuhe ...?"

Meine Lieben, ich habe von klein auf ein Glaubensleben geführt, aber eines Tages wurde in meinem Glaubensleben eine genaue Linie gezogen. Bevor diese Linie gezogen wurde, lief bei allen anderen alles glatt, nur bei mir funktionierte nichts, egal was ich auch machte. Aber von dem Tag an, an dem die Linie gezogen wurde, verlässt mich die Hand Gottes nicht mehr, egal ob ich beim Militär oder sonst irgendwo bin. Wenn ich über all diese Ereignisse berichten sollte, könnte ich nicht alles erzählen, selbst wenn ich die ganze Nacht durch reden würde.

Schick Young-Kook Park ins Militärgefängnis!

Wenn ich mich mit den Mitgliedern unserer Gemeinde persönlich treffe und unterhalte, sehe ich sofort, wo das Problem in ihrem Glaubensleben liegt.

„Ah, bei ihm hat sich dieses Problem noch nicht gelöst. Er ist immer noch unter dem Gesetz und versucht selbst etwas zu tun. Sie ist immer noch in ihren Taten versunken."

Wenn ich mich ein bisschen unterhalte, kann ich es schon klar sehen. Vor meiner Rettung habe ich viele menschliche Methoden benutzt. Aber Gott hat mich erkennen lassen, dass meine menschlichen Methoden unnütz sind, und nachdem ich sie losgelassen habe, konnte ich deutlich sehen, dass Gott in mir arbeitet. Aber manche Menschen benutzen in ihrem Glaubensleben immer noch menschliche Methoden.

„Ach, es wird ihm misslingen, wenn er das so macht. Er weiß das noch nicht."

Darum erzähle ich den Gemeindemitgliedern, die ich persönlich treffe, von dieser Stufe. Bei denen, die schon auf dieser Stufe stehen, kann ich sehen, dass der Herr, der in mir gearbeitet hat, genauso kraftvoll auch in ihnen arbeitet. Das ist sehr interessant. Wie Gott Leuten geholfen hat, die eine Firma führen, oder wie Gott Leuten, die ein kleines Geschäft haben, geholfen hat, konnte ich sehr deutlich sehen.

Ich diente beim Militär als einfacher Soldat und wurde dann entlassen. In den drei Jahren war ich sehr glücklich mit Jesus. Ich war so dankbar für die Zeit beim Militär, in der ich das Evangelium verkünden konnte, dass ich dort gerne mein Leben lang das Evangelium verkündet hätte, wenn Gott das gewollt hätte.

Mein Sohn war schon 26 Jahre alt, als er zum Militär ging. Da kam jemand zu mir und fragte: „Pastor, Young-Kook geht zur Armee, müssen wir nicht unsere Hände ein bisschen spielen lassen?“ „Was reden Sie da, Gott wird ihn führen. Lassen Sie ihn einfach. Ich möchte sehen, wie Gott arbeitet!“, antwortete ich. Alle Freunde meines Sohnes wurden schon aus dem Militärdienst entlassen, deshalb empfand er es als Bürde, in seinem Alter erst damit zu beginnen. „Aber ich muss trotzdem gehen.“ Bevor er zum Militär ging, sagte er als Letztes: „Es wäre schön, wenn ich nicht zu den Spezialeinheiten geschickt würde.“ An dem Tag, als er das Training im Nonsan-Training-Center beendete, war ich wegen eines Bibelseminars in Amerika und hörte, dass er zu einer Spezialeinheit geschickt worden war.

Nachdem er einer Spezialeinheit zugeteilt war, rief er ab und zu zu Hause an:

„Vater, hier in unserer Trainingsbasis gibt es nur zwei öffentliche Telefonzellen. Heute habe ich nicht zu Abend gegessen und mich hier angestellt, und nach 30 Minuten Wartezeit rufe ich jetzt gerade an.“

„Mama, ich habe meinen Fuß verstaucht, kannst du mir nicht Druckbandagen schicken?“

Er schien eine schwere Zeit durchzumachen.

Bei der Spezialeinheit wird man nach dem Basistraining seiner Abteilung zugewiesen. Die Namen all seiner Kameraden wurden vorgelesen und ihren Kompanien zugeteilt, nur sein Name kam nicht. Endlich - als letzten rief man seinen Namen:

„Young-Kook Park!"

„Ja!"

„Sekretariat des Generalleutnants im Hauptquartier!"

Alle seine Kameraden brachen in Staunen aus: „Wow!" Er ist Sekretär eines Drei-Sterne-Generalleutnants geworden. Später gab mein Sohn sein Zeugnis:

„Vater, ich bin der Sekretär des Generalleutnants geworden, aber weder weil ich Beziehungen hatte, noch weil ich versucht habe es zu werden."

Bei der Spezialeinheit muss jeder ein Spezialtraining durchmachen. Als der Sekretär des Generals entlassen werden sollte, rechneten sie das Datum aus, und nur die Soldaten, die genau an dem Tag aus dem Basistraining entlassen wurden, an dem das Spezialtraining begann, durften am Englischtest teilnehmen. Bei diesem Test wurde mein Sohn Erster, sodass er zum Sekretär des Generalleutnants bestimmt wurde. Er gab Zeugnis, wie er bei der Armee gelebt hat, und jeder konnte deutlich spüren, dass Gott ihm geholfen hat.

Nicht lange nachdem er Sekretär des Generalleutnants geworden war, kam ein Vorgesetzter seines Zuges ins Sekretariat, als der Generalleutnant schon nach Hause gegangen und er alleine war. Kurzerhand nahm er das Telefon des Generalleutnants und telefonierte auf Englisch mit seiner Freundin in Japan. Das war ausgerechnet eine nordkoreanische Japanerin, und dieser Anruf wurde vom Kommunikationssicherheitsdienst abgehört. Der Generalleutnant wurde sehr wütend und schrie im Sekretariat herum:

„Wer hat mit meinem Telefon auf Englisch mit seiner Freundin in Japan telefoniert?"

Daraufhin sagten alle, die im Sekretariat arbeiteten, es sei mein Sohn Young-Kook gewesen. Denn im Sekretariat konnte nur er Englisch sprechen.

„Holt Young-Kook Park hierher!“

Er wurde gerufen.

„Warum hast du mit meinem Telefon auf Englisch nach Japan telefoniert?“

„Das habe ich nicht getan!“

„Dieser Kerl - was wagst du es zu lügen! Schickt ihn ins Gefängnis!“

Mein Sohn sollte also ins Militärgefängnis gehen. Er hat bei der Armee nicht viel gebetet, aber weil er am nächsten Tag ins Gefängnis gehen sollte, betete er kniend die ganze Nacht lang vor Gott, denn er konnte nicht schlafen.

„Gott, bitte hilf mir! Warum gibst du mir so etwas?“

Dadurch wuchs mein Sohn immens im Glauben. Am nächsten Morgen, als er sich darauf vorbereitete, ins Gefängnis zu gehen, rief ihn ein Ein-Stern-Brigadegeneral zu sich.

„Young-Kook Park, komm her.“

„Ja.“

„Du, hast du telefoniert?“

„Nein, habe ich nicht!“

„Du glaubst an Gott.“

„Ja, ich glaube an Gott.“

„Dein Vater ist Pastor, nicht wahr?“

„Ja, mein Vater ist Pastor.“

„Kannst du auf Gottes Namen schwören, dass du nicht telefoniert hast?“

„Ja, kann ich!“

„Kannst du auf den Namen deines Vaters schwören?“

„Ja, kann ich machen!“

„Hey, versammle alle Angestellten des Sekretariats hierher.“

„Hast du gesehen, wie Young-Kook telefoniert hat?“

„Nein, ich habe es nicht gesehen.“

„Hast du es gesehen?"

„Nein, ich habe es nicht gesehen."

„Hast du es gesehen?"

„Nein, ich habe es nicht gesehen."

„Ihr Mistkerle, warum habt ihr dann gelogen, dass er der Anrufer war?"

Der Brigadegeneral hat den Generalleutnant aufgesucht.

„Generalleutnant, ich glaube nicht, dass Young-Kook den Anruf getätigt hat."

„Brigadegeneral, du weißt bloß nicht Bescheid. Der Kerl hat das gemacht."

„Niemand von den Angestellten des Sekretariats hat ihn dabei gesehen."

„Was? Sie haben das gar nicht gesehen und haben behauptet, dass er das gemacht hat? Ruf alle zusammen!"

„Hast du es nicht gesehen? Hast du es nicht gesehen? ..."

So brauchte er dann doch nicht ins Gefängnis zu gehen. Mein Sohn hat die Kraft des Gebetes deutlich gespürt.

Meine Lieben, sogar Menschen ohne Glauben gibt Gott Glauben, sobald sie mit ihm verbunden werden. Wenn Gott ihnen den Glauben gibt, wie können sie dann keinen Glauben haben? Meine Lieben, wenn man in einen Reissack Reis einfüllt, kann sich der Reis da weigern?

Wenn er, „der auftut, und niemand schließt zu", die Tür aufmacht

Meine Lieben, es gibt Menschen, in denen Gott arbeitet und Menschen, in denen Gott nicht arbeitet. Es ist gar nicht schwer, das zu unterscheiden. Man braucht die Menschen nur zweimal anzuschauen und kann sehen, dass die, in denen Gott nicht arbeitet, sich sehr bemühen, ihr Glaubensleben selbst zu führen. Ein Mensch, in dem Gott arbeitet, versucht nicht, selbst irgendetwas zu tun. Gott macht alles. Unwissende Leute sagen: „Brauche ich dann nur unter dem Apfelbaum zu sitzen, meinen Mund zu öffnen und darauf zu warten, dass ein Apfel herunterfällt?“ Aber wenn Gott arbeitet, funktioniert es. Man braucht nicht einmal den Mund zu öffnen.

Als Pastor sehe ich bei unseren Gemeindemitgliedern, dass denjenigen, in denen Gott arbeitet, auch die Dinge leicht gelingen, die eigentlich gar nicht gelingen können. Das ist wirklich erstaunlich. Aber im Gegensatz dazu gelingen denjenigen, in denen Gott nicht arbeitet, auch solche Dinge nicht, die eigentlich gelingen müssten. In einer Zeitung habe ich eine Buchwerbung gesehen für den Titel „In Häusern, in denen alles gut läuft, wachsen sogar Wassermelonen an Zucchiniranken“. Aber in einem Haus, in dem es nicht gut läuft, wachsen Wassermelonen nicht mal an Wassermelonenranken. Darum schaffen die Menschen, denen Gott hilft, unmögliche Dinge durch ihn, während die, denen Gott nicht hilft, auch Dinge, die machbar sind, nicht schaffen. Es gibt oft solche Fälle.

In meinem Glaubensleben habe ich fast nie etwas angefangen, was möglich erschien. Ich habe meistens unmögliche Dinge getan. 1985 und 1986 habe ich im Rundfunk gepredigt. Damals gab es zwei christliche Rundfunkstationen: Fernostrundfunk und Asiarundfunk. Im Asiarundfunk war ich für die Sendung „Eine Message an unsere Brüder in Nordkorea“ um 4.15 Uhr morgens zuständig. Eines Tages rief mich jemand von diesem Sender an und schlug vor, in einer anderen Sendung zu predigen. Beim Asiarundfunk mit dem Motto „Asiarundfunk verkündet die gute Nachricht“ ist die wichtigste Sendung „Die Gute Nachricht“, geteilt in zwei Teile. In dieser Sendung sollte Pastor Yong-Gi Jo den 15-minütigen Teil predigen und ich den 30-minütigen. Es gab viele Leute, die beim Rundfunk nach „Pastor Ock-Soo Parks Predigtkassetten“ fragten; dadurch entstand sogar eine extra Abteilung dafür. Aus ganz Korea kamen sehr viele Briefe von Pastoren, die schrieben: „Pastor, ich bereite meine Predigt vor, indem ich Ihre Predigt höre.“

Ich, gerade erst erwachsen geworden und erst vor kurzem vom Land nach Seoul gekommen, konnte gleich die wichtigste Sendezeit im Rundfunk übernehmen und bekam bald den Neid der Menschen zu spüren. Damals kam das Gerücht auf, dass ich ein Sektenführer sei. Die Mitarbeiter des Fernostrundfunks und des Asiarundfunks sprachen aber dagegen:

„Wir haben Pastor Ock-Soo Parks Vergangenheit genau durchleuchtet. Es gibt nichts Falsches an ihm, und es gibt nichts Falsches in seinem Glauben. Und in seiner Predigt gibt es nichts, was biblisch falsch ist. Sie ist sehr gut. Wenn jemand möchte, wird der Sender es ermöglichen, Pastor Ock-Soo Park zu treffen.“

Nicht eine einzige Person traute sich. Und sie fuhren fort, Druck auf den Sender auszuüben. „Dann werden wir die Sendungen nicht mehr hören. Dann werden wir die Unterstützung einstellen.“ Die Mitarbeiter des Rundfunksenders sagten weinend: „Pastor, lassen Sie uns ein bisschen abwarten und später wieder senden.“

Letzten Endes mussten wir die Sendung einstellen. Darum entschlossen wir uns, ein Buch zu drucken. Wir wollten das Predigtbuch „Das Geheimnis der Sündenvergebung und der Wiedergeburt“ herausgeben, aber wir fanden keinen Verleger. Hinzu kam, dass es damals, zu der Zeit des Präsidenten Doo Hwan Jeon, die Pressezensur gab. Darum war es zu schwer, für die Anmeldung eines Verlags eine Genehmigung zu bekommen. Da es ein religiöses Buch ist, musste es bei einem christlichen Verlag erscheinen. Aber keiner von den christlichen Verlagen wollte mein Buch herausgeben. Alle christlichen Verlage in Seoul nannten meine Gemeinde eine Sekte. Das Komische war, dass Menschen, die mich noch nie getroffen haben, die noch nie zu mir gekommen waren, um sich zu überzeugen, ob wir eine Sekte sind, das einfach behaupteten. An dieses Gerücht reihte sich schon das nächste an, bis ich schließlich der Leithammel der Sekten wurde.

Letztes Jahr suchten mich einige Pastoren von der Hauptvereinigung der Presbyterianischen Kirche in Korea auf. „Wir möchten ein Buch namens „Rechtmäßigkeit und Sekte" herausgeben. Es kreisen viele Geschichten um Sie, Pastor. Darum wollten wir Sie persönlich treffen, um uns nach Ihrem Glaubensleben zu erkundigen", sagten sie. Ich erzählte ihnen alles wahrheitsgemäß.

Vor kurzem beschuldigte man uns in einer Auflage der „Evangeliums-Zeitung für das Militär" des Herausgebers Pastor Sun-Hee Kwak: „In Pastor Ock-Soo Parks Gemeinde wird weder gebetet noch gibt es Pastoren noch Älteste ..." Ohne jegliche Beweise hat er das in der Zeitung veröffentlicht. Weil mir das sehr Leid tat, gab ich 4000 Euro aus, um in der Korea-Zeitung einen offenen Brief an diesen Pastor zu schreiben: „Sehr geehrter Pastor Sun-Hee Kwak, warum reden Sie so über unsere Gemeinde, ohne sich über uns zu erkundigen? Bitte, antworten Sie! In unserer Gemeinde gibt es Diakone und Älteste, und wir lösen alle Probleme durch das Gebet. Auch diesmal hat die ganze Gemeinde vor dem Bibelseminar gebetet und gefastet, und jeden Morgen und jeden Abend hatten wir Gebetskreise. Warum behaupten Sie, dass wir nicht beten? Worauf stützen Sie sich, dass Sie so etwas sagen? Wie können Sie so etwas so verantwortungslos äußern? An dieses Gerücht reiht sich das nächste an und wieder das nächste." Manche Menschen sagen wütend: „Pastor, wenn es so ist, warum widerlegen Sie das nicht?" Aber selbst wenn man es widerlegt, ist die Institution des religiösen Verbundes so groß, dass sie unserem Widerspruch gar nicht zuhören und uns nur weiterhin grundlos eine Sekte nennen. Das ist das Problem.

Ich bin vom Thema abgekommen. Auf jeden Fall mussten wir das Buch herausgeben, aber es fand sich kein Verlag, der sich dazu bereit erklärte. An einem Samstag fastete ich den ganzen Tag und betete.

„Lieber Vater, bitte erlaube uns, dieses Buch des Evangeliums herauszugeben. Gott, ich glaube daran, dass, wenn dich etwas freut, es nichts gibt, was du nicht schaffen kannst."

Nach dem Beten hörte ich, dass ich Doktor Young-Ho Park von der Christlichen Büchermission, die sich an der Bang-Baedong-Kreuzung befindet, treffen sollte. Als wir uns unterhielten, stellten wir fest, dass ich alle Personen, die er durch sein Studium in England kannte, ebenfalls kannte. Darum wurde unsere Unterhaltung sehr interessant. Heutzutage reicht eine CD, aber damals musste man noch das Manuskript, das aus viel Papier bestand, ordnen. Ich schob ihm einen Haufen Manuskriptblätter zu und sagte: „Ich möchte das herausgeben." Daraufhin sagte er: „Pastor, es tut mir Leid. Wir haben letztes Jahr ein Buch herausgegeben und damit einen Verlust von vierzigtausend Euro gemacht. Darum muss der Redaktionschef entscheiden, ob ein Buch herausgegeben wird", und er rief ihn zu sich. Als er hereinkam, begrüßte er mich freudig, obwohl ich ihn zum ersten Mal sah.

„Pastor Park, was führt Sie hierher?"

„Ich ... Entschuldigen Sie bitte, aber ich kann mich nicht an Sie erinnern."

„Ja, natürlich können Sie das nicht. Ich habe mehrmals an Ihrem Bibelseminar teilgenommen, Pastor. Und ich habe die Sündenvergebung angenommen und bin wiedergeboren."

Er erzählte mir, dass er in seinem Leben schon unzählige

Bücher herausgegeben habe, aber mein Buch wolle er mit seinem ganzen Herzen herausgeben. „Wieviel Exemplare möchten Sie drucken?", fragte er mich, und ich antwortete: „Lassen Sie uns zehntausend Exemplare drucken." Daraufhin entgegnete er: „Pastor, es gibt bis jetzt noch kein Buch, von dem wir zehntausend gedruckt haben, darum lassen Sie uns nur dreitausend Exemplare drucken", und ich erwiderte: „Dann lassen Sie uns achttausend Exemplare drucken." Als das Buch herauskam, waren die achttausend Bücher innerhalb einer Woche ausverkauft. Wir machten eine 2. Auflage von achttausend Büchern, und auch diese waren auf der Stelle ausverkauft. Und so entstand ein großer Aufruhr.

„Warum gibt die Christliche Büchermission das Buch einer Sekte heraus?"

Der Hauptvertreter der Christlichen Büchermission, Doktor Young-Ho Park, sagte deutlich:

„Ich bin Professor der Theologie. Meinen Sie, ich könnte eine Sekte nicht erkennnen? Haben Sie dieses Buch gelesen? Es weicht keinen Millimeter von der Bibel ab. Lesen Sie auch dieses Buch und tun Sie Buße!"

Aber die Institution des religiösen Verbundes übte einen sehr großen Druck auf ihn aus

Um mich zu vernichten, um mich an meiner Arbeit zu hindern, arbeiteten sie auf ganz gemeine Weise unzählige Male, sodass ich es gar nicht alles erzählen kann. Wenn ich allein gewesen wäre, wäre ich gefallen. Aber Gott hat geholfen. Wenn wir Bibelseminarplakate aufhängten, zerrissen sie alle und besprühten sie und schrieben „Sekte" darauf. Wenn Frauen unsere Gemeinde besuchten, gingen sie zu deren nicht gläubigen Männern und warnten sie: „Es ist gefährlich, dahin zu gehen. Man feiert dort nackt Gottesdienst, und sie gehören zum „Fünf-Ozeane-Kult"." Sie redeten wie es ihnen gerade aus dem Mund herauskam ...

Unsere Geschwister lernten dadurch Glauben.

„Ah, die Wahrheit wird immer abgelehnt. Das war schon bei Jesus und Petrus der Fall. Weil die koreanischen Kirchen heutzutage vollkommen verdorben und verfault sind, werden wir so behandelt."

Einmal sagte ein Mann, der mit den wichtigsten Massenmedien zu tun hat, zu mir: „Pastor, es gibt etwas, was ich Ihnen sagen möchte. Alle koreanischen Kirchen, angefangen von den riesigen Kirchenverbänden bis zu den kleinen Dorfkirchen, sind verdorben. Wenn mein Sohn heiratet, werde ich ihm alles erlauben, nur nicht, dass er eine Frau heiratet, die die Kirche besucht."

Wofür ich sehr dankbar bin, ist die Tatsache, dass mich niemand hindern kann, wenn der, „der auftut, und niemand schließt zu, der zuschließt, und niemand tut auf", meinen Weg öffnet, obwohl viele es versuchen. Diesmal hier in diesem Olympiastadion das Bibelseminar führen zu dürfen, ergreift mich. Die Bürger Seouls sind dabei, sich zu verändern. Als wir das erste Mal im Jamsilstadion ein Bibelseminar abhielten, wurden wir als Sekte beschuldigt, und man zerriss unsere Poster und Aushänge, aber das hat sehr nachgelassen. Bei den Vorbereitungen für dieses Bibelseminar gab es unter den Bürgern viele, die sagten: „Ich habe Pastor Parks Predigt schon einmal gehört", und die Menschen, die uns verleumden, werden immer weniger. Jetzt sind die Bürger von Seoul dabei, sich zu verändern.

Zu der Zeit, als wir zum ersten Mal Sekte genannt wurden, sagten alle koreanischen Kirchen: „Wir sind Sünder." Sowohl die Pastoren sagten, dass sie Sünder sind, als auch die Diakone und die Ältesten - alle sagten, dass sie Sünder sind. Ein Mann, ein so genannter Pastor, schrieb, um das Buch „Das Geheimnis der Sündenvergebung und der Wiedergeburt", das ich geschrieben habe, zu verleumden: „Ich erkläre hiermit, dass ich bis zu meinem

Tode ein Sünder bin." Seitdem hat sich die koreanische Kirche verändert. Sie nannten uns Sekte, weil wir sagten, dass wir durch die Sündenvergebung gerecht geworden sind. Aber heutzutage haben viele Pastoren unsere Bücher gelesen und lehren jetzt ebenfalls, dass sie Gerechte sind. Nun gibt es Pastoren, die lehren, dass sie Sünder sind, aber auch solche, die lehren, dass sie Gerechte sind. „Wenn die von der Gute-Nachricht-Mission euch fragen, sagt, dass ihr Gerechte seid. Sagt, dass ihr wiedergeboren seid. Sagt, dass ihr keine Sünde habt." Die Zahl der Pastoren, die so lehren, hat sich vermehrt. Aber trotzdem bezeichnen sie uns immer noch als Sekte.

Das Wesentliche hierbei ist, dass sie menschliche Methoden benutzen; das ist ein Beweis dafür, dass Gott nicht mit ihnen ist. Gottes Werk und Menschenwerk sind unvergleichbar. Man muss nicht mehr menschliche Methoden benutzen, wenn man sehen kann, wie Gott arbeitet.

Kain, den Gott verfluchte und Kain, den Gott beschützte

Heute haben wir die Geschichte über Kain gelesen, die in Kapitel 4 vorkommt. In Kains Leben kann eine klare Linie gezogen werden. Bis Kain einen bestimmten Punkt erreichte, hatte Gott für ihn immer nur Worte der Kritik, des Tadels, der Strafe, der Verdammnis. Aber von diesem Punkt an änderte Gott sein Herz Kain gegenüber und wurde zu dem, der ihn tröstete, ihm half und ihn beschützte. Auch Sie können in zwei Gruppen geteilt werden: Menschen wie der Kain, der noch von Gott getadelt und verdammt wird, und Menschen wie der andere Kain, der schon auf der Position ist, wo er von Gott gesegnet wird.

Lassen Sie uns in der Bibel weiterlesen, 1. Mose Kapitel 4. Als

Erstes wollen wir auf die Beziehung zwischen Gott und Kain schauen. Ich lese die Verse 3-5:

„Es begab sich aber nach etlicher Zeit, dass Kain dem Herrn Opfer brachte von den Früchten des Feldes. Und auch Abel brachte von den Erstingen seiner Herde und von ihrem Fett. Und der Herr sah gnädig an Abel und sein Opfer, aber Kain und sein Opfer sah er nicht gnädig an. Da ergrimmte Kain sehr und senkte finster seinen Blick.“

Es war zwar immer derselbe Kain, aber es gab eine Zeit, wo Gott ihn weder annahm noch ihm half noch mit ihm war, und es gab eine Zeit, wo Gott ihm half, ihn annahm und ihn segnete. Wenn auch Sie in der gleichen Position sind, in der Kain am Anfang war, hilft Gott Ihnen nicht, egal was Sie machen. Wenn Sie Gottesdienst feiern, freuen Sie sich alleine darüber, aber Gott empfindet weder Freude noch Zufriedenheit durch Ihren Gottesdienst. Und in Ihrer Arbeit läuft es auch nicht gut.

Was machte Kain als Nächstes? Kain ergrimmte sehr und senkte finster seinen Blick. Lesen wir Vers 6:

„Da sprach der Herr zu Kain: Warum ergrimmst du? Und warum senkst du deinen Blick?“

Wir können hier erkennen, dass Gott Kain nicht sanft behandelte, sondern ihn tadelte und streng mit ihm redete, um ihn von seiner falschen Position umzulenken. Lassen Sie uns weiterlesen.

Vers 8:

„Da sprach Kain zu seinem Bruder Abel: Lass uns aufs Feld gehen! Und es begab sich, als sie auf dem Felde waren, erhob sich Kain wider seinen Bruder Abel und schlug ihn tot.“

Vers 9:

„Da sprach der Herr zu Kain: Wo ist dein Bruder Abel? Er sprach: Ich weiß nicht; soll ich meines Bruders Hüter

sein?"

Gott nahm Kain auch weiterhin nicht an, wies auf seine Sünde hin, deckte seine falschen Taten auf und tadelte ihn.

Vers 10-12:

„Er aber sprach: Was hast du getan? Die Stimme des Blutes deines Bruders schreit zu mir von der Erde. Und nun: Verflucht seist du auf der Erde, die ihr Maul hat aufgetan und deines Bruders Blut von deinen Händen empfangen. Wenn du den Acker bebauen wirst, soll er dir hinfort seinen Ertrag nicht geben. Unstet und flüchtig sollst du sein auf Erden."

Wieder hatte Gott für Kain weder sanfte Worte noch Gnade, Mitleid oder Barmherzigkeit. Er verweigerte Kains Opfer, tadelte ihn, als sein Blick sich verfinsterte, und verhörte ihn: „Wo ist dein Bruder? Hast du nicht deinen Bruder getötet?" Immer weiter schimpfte, tadelte und verfluchte Gott Kain.

Aber von einem bestimmten Punkt an änderte sich plötzlich Gottes Herz. Das ist sehr erstaunlich. Was hat Kain gesagt?

„Kain aber sprach zu dem Herrn: Meine Strafe ist zu schwer, als dass ich sie tragen könnte. Siehe, du treibst mich heute vom Acker, und ich muss mich vor deinem Angesicht verbergen und muss unstet und flüchtig sein auf Erden. So wird mir's gehen, dass mich totschlägt, wer mich findet" (1. Mose 4, 13-14).

Als Kain so redete, änderte Gott, der ihn bis jetzt nicht annehmen konnte und ihn nur immer getadelt, verflucht und ausgeschimpft hat, plötzlich sein Herz. „Nein, es soll nicht so sein. Du wirst nicht verflucht. Du wirst nicht sterben. Kain, wer dich tötet, der soll siebenfach bestraft werden", sagte Gott und machte an Kain ein Zeichen, damit er, egal wen er träfe, dem Tod entginge.

„Aber der Herr sprach zu ihm: Nein, sondern wer Kain tot-

schlägt, das soll siebenfältig gerächt werden. Und der Herr machte ein Zeichen an Kain, dass ihn niemand erschlüge, der ihn fände“ (1. Mose 4, 15).

Wir können sehen, dass Gott jetzt auf Kains Seite stand und ihn beschützte, auf ihn aufpasste und ihm half. Obwohl es derselbe Kain war, der vor Vers 14 immer von Gott getadelt worden war und Schwierigkeiten bekommen hatte, änderte sich auf einmal in Vers 15 Gottes Herz, und er sprach tröstende Worte zu Kain: „Nein, Kain, du wirst nicht verflucht. Du wirst nicht sterben. Niemand soll dich töten“, und gab ihm ein Zeichen.

Also: Es gab eine Zeit, wo Kain in einer Position war, in der er von Gott verflucht und getadelt wurde, und es gab eine Zeit, wo Kain in einer Position war, in der Gott seinem schmutzigen Ich, das seinen Bruder getötet hatte, vergab und ihn nicht für die Sünde bestrafte, sondern ihn beschützte, damit er nicht starb. Wenn ich als Pastor unsere Gemeindemitglieder sehe, kann ich erkennen, in welcher Position sie sich befinden.

Einmal, während ich im Hanyang-Universitätskrankenhaus lag, bekam ich einen Hautausschlag. Als ich zum Hautarzt ging, kratzte der Praktikant daran, schaute es sich unter dem Mikroskop an, kratzte wieder daran und meinte: „Sind es Hitzepusteln?“ Aber der Oberarzt der Abteilung für Hautkrankheiten kam, warf nur einen Blick darauf und erkannte sofort: „Ah, das sind Nebenwirkungen vom Antibiotikum.“ Er sagte zu dem Praktikanten: „Dieser Patient muss ein Antibiotikum nehmen. Bring mir die Liste der Antibiotika, die er bis jetzt genommen hat“, und nachdem er die Liste gesehen hatte, verschrieb er mir Medikamente. Als ich diese einnahm, wurde ich im Nu gesund. Meinen Sie nicht auch, dass der Oberarzt eines Universitätskrankenhauses für Hautkrankheiten mindestens so kompetent sein sollte? Als Oberarzt der Dermatologie muss er auf einen Blick erkennen können: „Das ist ein Pilz. Das ist Lepra. Das ist eine Nebenwirkung von Antibiotika. Das sind Hitzepusteln."

Einmal, als ich Herzprobleme hatte, wurde ich in den USA untersucht. Ein älterer Arzt kam zu mir. Weil er schon im Rentenalter war, untersuchte er nur noch in besonderen Fällen. Er konnte nicht gut laufen, und wegen seines Alters war sein Rücken gebeugt. Zwei junge Ärzte stützten ihn und brachten ihn in mein Zimmer. Dieser Mann ließ mich auf dem Laufband mal gehen, mal rennen und beobachtete währenddessen den Monitor, auf dem mein EKG zu sehen war. Sofort erkannte er: „Der Strom fließt vorbei." Im Hanyang-Universitätskrankenhaus hatten sie den ganzen Tag ein recorderähnliches Gerät angebracht und nach dieser 24-Stunden-Untersuchung die Ursache nicht herausgefunden, aber dieser Arzt erkannte sie sofort. Er war ein Spezialist.

Ein Pastor erkennt den Zustand des Glaubenslebens der Menschen. „Dieser führt ein Glaubensleben wie Nikodemus, der im Johannesevangelium vorkommt. Der Stil des Glaubenslebens von diesem ist wie bei der Samariterin. Er führt sein Glaubensleben wie der Mann, der 38 Jahre krank lag. Dieser führt das gleiche Glaubensleben wie die Ehebrecherin." Er kann es auf einen Blick erkennen. Und woher weiß er dann, wie er es behandeln muss? Das steht alles in der Bibel. Wie er die Ehebrecherin behandeln muss, welche Behandlung für den Mann, der 38 Jahre krank lag, richtig ist, welche Therapie Nikodemus braucht.

Es ist zwar derselbe Kain, aber es gibt den Kain, der die Barmherzigkeit Gottes noch nicht erfahren hat, und es gibt den Kain, der Gottes Barmherzigkeit erfahren hat. Das Glaubensleben ist genauso. Man kann nicht einfach beten, man braucht dazu die Gnade Gottes. Wenn man in der Gnade betet, wird man, auch wenn man die ganze Nacht durch betet, sagen: „Die Zeit, in der ich bete, ist die schönste Zeit." Wenn man aber keine Gnade bekommt, wird man sagen: „Da war ich am schläfrigsten. Das war die schwerste Zeit." Beim Bibellesen erkenne ich: „Ah, das habe ich nicht gewusst! Dieses Wort möchte ich predigen!", und spreche dann darüber, wie Gott in mir lebendig gearbeitet hat. Darum macht es mir am meisten Freude, am Pult zu stehen und zu predigen.

Wen Gott annimmt, dessen Glaubensleben ist glücklich

Der Älteste Jong-Cheol Kim und seine Frau aus Jeonju luden uns zu unserem 10. Hochzeitstag ein. „Pastor, ich weiß, dass Sie keine Zeit haben, aber kommen Sie für nur drei Tage zu uns." Das war vor 20 Jahren. Wir waren zum ersten Mal in ihrem Haus. Beide waren Beamte, darum nahmen sie extra Urlaub. Damals waren Autos noch selten, aber sie bereiteten extra für mich ein Auto vor und sagten den anderen Geschwistern, dass sie nicht kommen sollen, da der Pastor sich ausruhen müsse. „Pastor, ruhen Sie sich mal richtig aus!" Sie fuhren mit uns auch zum Nejang-Berg. Da gab es aber einen heftigen Schauer, sodass wir vollkommen durchnässt wieder nach Hause kamen. Dieses Ehepaar bediente uns mit ganzem Herzen, aber ich fühlte mich in meinem Herzen unwohl, und letzten Endes konnte ich es nicht mehr aushalten. „Lasst die Brüder und Schwestern herkommen!" An diesem Abend predigte ich das Wort vor den Geschwistern, und das erfüllte mich mit Kraft und Freude.

Wenn man ohne die Gnade Gottes predigen will, überlegt man: „Was soll ich diesmal predigen?" Um etwas zu finden, worüber man predigen kann, schaut man Filme, liest Bücher oder in der Zeitung, und wenn das alles nicht klappt, kann man nicht anders, als vorhandene Predigten abzuschreiben. So ist es mit allem. Ich spende, weil ich weiß, dass mein ganzes Leben vom Herrn abhängt und dass er mir Geld gibt, wenn ich bete. Darum tut es mir gar nicht Leid, auch wenn ich ihm alles gebe. Aber Menschen, die keine Gnade bekommen haben, tut es sehr weh zu spenden. „Kann ich diesmal nicht den Zehnten auslassen? Was passiert aber, wenn ich deswegen verflucht werde?“ Alles ist nur eine Last. Das betrifft auch das Evangelisieren, kurz gesagt, das ganze Glaubensleben ist so.

Die Bürger von Seoul arbeiten sich die ganze Woche über zu Tode und gehen am Wochenende auf den Berg Seorak, um sich die herbstlich gefärbten Bäume anzusehen. Ich bin sehr dankbar, dass ich gar nicht den Berg Seorak hochklettern muss, da hier im Olympiapark die Ginkoblätter sich wunderschön verfärbt haben! In einem Land, wo kein einziger Tropfen Erdöl zu finden ist, verbrauchen sie den ganzen Tag Benzin, um unter Stress in Staus zu stehen und fünf, sechs Stunden zu fahren, nur um einen Blick auf die Herbstfärbung zu werfen, ein paar Fotos zu schießen, Fleisch zu grillen und wieder nach Hause zu fahren. Was soll das für ein Spaß sein? Erleben Sie dagegen einmal, wie es ist, wenn Sie das Evangelium verkünden und jemand die ewige Rettung annimmt, sich dann ändert und sich von Herzen freut. Das ist wirklich wundervoll!

Wir haben ein Programm, das sich „Good-News-Corps“ nennt; da werden Studenten trainiert. Eines Tages sah ich, dass meine Frau dort aktiv hin und her lief. Eine alte Großmutter!

„Was machst du hier?“

„Ich bin Lehrer, warum?“

„Wer hat dich als Lehrer eingestellt?“

„Wer soll mich schon eingestellt haben, Gott hat mich eingestellt.“

„Ich glaube nicht, dich in der Liste der Lehrer gesehen zu

haben.“

„Ich bin ein Lehrer, Schatz.“

Ich war dankbar, dass die Frau eines Pastors die Studenten die Bibel lehrte, darum habe ich sie gelassen. Als wir nach dem Training nach Hause kamen und uns nachts hinlegten, ließ mich meine Frau nicht schlafen. Ich muss aber zu einer bestimmten Zeit schlafen, damit ich zu einer bestimmten Zeit aufwache.

„Schatz, ich habe heute mit einer Studentin gesprochen und ihr Herz war so und so, aber es hat sich so und so geändert ...“

Meine Frau war überglücklich.

Ich habe ihr nur ein einziges Mal etwas geschenkt. Kurz nach unserer Heirat habe ich ihr eine Bluse gekauft. Ich predigte in einem Bibelseminar, und zum Dank für meine Bemühungen gab man mir Fahrgeld. Da ich meiner Frau bis dahin noch nie etwas gekauft hatte, nahm ich die Hälfte des Geldes und wollte ein Geschenk für sie kaufen. Ich wusste zunächst nicht, was ich ihr schenken sollte. Nach langen Überlegungen kaufte ich schließlich eine Bluse. Ich erwartete, dass sie sich sehr freuen und sehr dankbar sein würde, aber als ich ihr das Geschenk gab, schaute sie es an und fragte: „Wieviel hast du dafür bezahlt?“ Ich überlegte: „Soll ich einen niedrigen Preis nennen? Was soll ich machen?“, aber schließlich nannte ich ihr den wahren Preis. „Du hast dafür soviel bezahlt? Mit diesem Geld hätte man das und das machen können...“ An diesem Tag machte sie mir das Leben schwer. Danach nahm ich mir vor: „Ich werde dir nie wieder ein Geschenk kaufen“, und von da an habe ich ihr nie mehr ein Geschenk gekauft. Manchmal gibt mir die Gemeinde nach einem Bibelseminar einen Schal, eine Bluse oder Makeup für meine Frau. Wenn ich ihr das bringe und sage: „Schatz, ich bin in ein Kaufhaus gegangen und habe ein Geschenk für dich gekauft“, dann weiß meine Frau genau: „Es kann nicht sein, dass du mir was kaufst!“ Auf jeden

Fall habe ich noch nie gesehen, dass meine Frau sich über ein Geschenk von mir gefreut hat. Aber sie war überglücklich, als sie mit den problembeladenen Studenten zusammen geweint und geredet hat und als sie sich verändert haben und zu neuen Menschen geworden sind. Die ganze Nacht erzählte sie darüber, und ich sagte zu ihr: „Schatz, sei immer ein Lehrer. Bis du 100 Jahre alt bist. Bis du im hohen Alter stirbst, bleib ein Lehrer!“

Gott zu dienen ist Glück. Es ist Freude. Genauso wie in Ihnen das Herz entsteht, Ihre Enkel zu lieben, Ihre Kinder zu lieben und Ihre Frau zu lieben, ist man glücklich und fröhlich, wenn man für Gott arbeitet. Aber denen, die Gott nicht annimmt, gibt er kein Glück. Für solche Menschen ist Predigen schwer und ermüdend, und es ist auch ermüdend, Pastor zu sein.

Letzten Herbst habe ich in Deutschland ein Bibelseminar geführt. Deutsche machten auf mich immer einen sehr steifen, strengen und arroganten Eindruck. Sogar die Frauen wirkten sehr kühl. Aber als der Gracias-Chor gesungen hat, waren alle ergriffen. Auch als ich predigte, waren sie sehr bewegt. Sie sagten, dass sie so eine Predigt zum ersten Mal gehört haben. Deutschland ist ein christlicher Staat, darum zahlen die Bürger Kirchensteuer. Von dieser Kirchensteuer bekommen die Pastoren ihr Gehalt. Da die Pastoren also sozusagen Angestellte sind, die ein Gehalt bekommen, versuchen sie, so oft wie möglich in Urlaub zu fahren, sie arbeiten nicht immer. So predigen sie ungefähr 15 Minuten lang, weil es ihre Pflicht ist. Aber was kann man in den 15 Minuten schon sagen? „Seien Sie gut, tun Sie Gutes, werden Sie ein guter Mensch“, werden sie wohl sagen. Menschen, die immer nur solche Predigten ohne Herz gehört haben, sind zu unserem Bibelseminar gekommen und hörten eine Predigt, die aus dem Herzen herausfloss, und sie öffneten alle ihre Herzen. An diesem Tag hoben viele Deutsche ihre Hände, kamen nach vorne und empfingen die Rettung. Da habe ich erkannt: „Ah, die Deutschen sind auch Menschen."

Ist das Hirse oder Reis?

Im Glaubensleben gibt es Stufen. Bis zu einem bestimmten Punkt kann man sich bemühen wie man will, aber Gott wirft nicht einmal einen Blick darauf.

„Ich hasse das. Ich nehme dieses Opfer nicht an."

„Gott, bitte nimm dieses Opfer an, das ich dir darbringe!"

„Kein Interesse!"

Es bleibt unbeantwortet. Egal ob man spendet, betet oder evangelisiert ... Beim Bibellesen fiel mir das auf. Gott hatte absolut kein Interesse, egal wie sehr Kain sich auch bemühte, aber von einem bestimmten Zeitpunkt an schüttete Gott über Kain sein ganzes Herz aus.

„Kain! Du brauchst dich nicht zu sorgen. So etwas wird nicht passieren. Du wirst nicht sterben. Ich werde dich beschützen. Ich werde dir ein Zeichen geben. Ich werde verhindern, dass man dich tötet."

Gott hat sich verändert. Sein Herz Ihnen gegenüber muss sich auch ändern. Aber, meine Lieben, wodurch ändert sich sein Herz? Wird Gott gerührt sein und sein Herz ändern, wenn ich mich eifrig bemühe und treu ergeben bin? Nein! Weil die Menschen es auf diese Weise versuchen, ist das Glaubensleben derjenigen, die es 30 Jahre, 40 Jahre so geführt haben, nur eine Formalität und ganz verdorben. Auch wenn sie mehr als 50 Jahre gläubig sind, wissen sie immer noch nicht, ob sie in den Himmel kommen oder nicht. Ein Ältester, der einen guten Glauben gehabt haben soll, beschimpft Jesus, während er stirbt ... Solche Fälle gibt es, weil Gott an so einem Glauben kein Interesse hat. Manche wollen Gnade bekommen, deswegen gehen sie in Gebetshäuser und beten die ganze Nacht. Es gibt viele von ihnen, die am nächsten Tag vom bösen Geist besessen zurückkommen. Das ist nicht zum Lachen. Wissen Sie, wie viele Menschen es in den koreanischen Kirchen gibt, die zum Beten auf den Berg gehen und vom bösen Geist besessen wieder zurückkommen, die zu Erneuerungsbewegungen gehen und vom bösen Geist besessen zurückkommen? Es gibt eine Menge solcher Menschen unter denen, die ich getroffen habe. Gott hat kein Interesse an diesen Menschen. Sie glauben auf ihre Weise an Gott und haben einen Glauben, der nichts mit Gott zu tun hat.

Es gab einen Wendepunkt in Kains Leben. Bevor er diesen Punkt erreichte, war Gott nicht mit ihm. Kain grub ein Stück Land um, bebaute es und ging mit den besten Früchten zu Gott: „Gott, nimm sie an!" Aber Gott zeigte kein Interesse. Er warf nicht mal einen Blick darauf. „Gott, bitte nimm das Gebet an!" Gott nimmt es nicht an. Meine Lieben, ehrlich gesagt, wenn Sie Gottesdienst feiern, wissen Sie, ob Jesus das annimmt oder nicht? Sie denken sich einfach, dass er es annimmt und feiern Gottesdienst. Es gibt viele unter Ihnen, die gleich sind wie Kain.

Da ich Pastor bin, habe ich geforscht, in welchem Fall Gott kein Interesse an Kain hatte und in welchem Fall er Kain half und ihm Gnade gab, und ich habe entdeckt, dass es nach einer exakten Regel geschehen ist.

Als ich klein war, pflanzte mein Vater Reis an. Aber bevor er den Reis auspflanzte, sollten wir die Hirse beseitigen. Bürger von Seoul, Sie können nicht gut Reis von Hirse unterscheiden, nicht wahr? Außer denen, die früher Ackerbau betrieben haben, wird es keiner wissen. Mein Vater sagte, dass ich die Hirse jäten soll, und er nahm eine Hirse- und eine Reispflanze und erklärte: „Das ist Hirse und das ist Reis. Finde die Unterschiede!" Die beiden sehen oberflächlich betrachtet sehr ähnlich aus, aber wenn man genau hinschaut, gibt es einige Unterschiede. Reis hat breitere Blätter als Hirse, Reis ist schwarz und Hirse ist am Ende leicht rötlich und gelblich, Reis hat an den Halmen kleine Härchen, während Hirse keine hat.

„Vater, ich habe sie entdeckt."

„Zähl sie mal auf."

„Hirse ist am Ende leicht rötlich. Und sie ist etwas schmäler und gelblicher als Reis."

„Gut!"

„Und noch ein Unterschied ist, dass Hirse keine Härchen an den Halmen hat, während Reis Härchen hat."

Lächelnd sagte mein Vater: „Gut gelernt! Du hast die Fähigkeit, auf unserem Feld Hirse zu jäten." Von da an habe ich Hirse gejätet. Von weitem habe ich geschaut, wo es rötlich aussah, und wenn ich es gefunden hatte, habe ich überprüft, ob es Härchen hatte, und wenn nicht, habe ich es herausgezupft.

Im Koreakrieg haben die südkoreanischen Soldaten im Nahkampf gegen die nordkoreanischen gekämpft. Nachts waren sie so erschöpft, dass sie alle einfach umgefallen sind. Wenn man nachts aufwachte, konnte es durchaus sein, dass man neben nordkoreanischen Soldaten lag, aber da es pechschwarze Nacht war, konnte man nichts sehen und somit nicht unterscheiden, wer Nordkoreaner war. Damals gab es eine genaue Methode, einen südkoreanischen Feldsoldaten von einem nordkoreanischen zu unterscheiden. Die nordkoreanischen Soldaten ließen ihre Köpfe kahl scheren, während die südkoreanischen ihre Köpfe nur halb scheren ließen. Man brauchte nur den Nebenmann abzutasten, also seinen Stahlhelm abzunehmen und seinen Kopf zu befühlen, und wenn es ein Kahlkopf war: „Oh, ein Nordkoreaner", und wenn seine Haare lang waren, wusste man: „Ah, das ist ein südkoreanischer Soldat."

Als ich zum Militär ging, erzählte ein Mann vom Personal, der am Koreakrieg teilgenommen hatte, eine Stunde lang solche Geschichten. Das war so interessant, dass mein Mund offen stehen blieb. Einmal kam ein Rekrut zum ersten Mal zu einer Übung und lud ein M-1-Gewehr mit einem Ladestreifen und schoss acht Schuss, und als der leere Ladestreifen herausfiel und der Gewehrmund sich öffnete, sagte er: „Zugführer, das Gewehr hat seinen Mund geöffnet und will ihn nicht wieder schließen. Was muss ich tun?“ Es machte großen Spaß, solchen Geschichten zuzuhören.

Genauso wie man im Koreakrieg Nordkoreaner und Südkoreaner an den Haaren erkennen konnte, gibt es für einen Pastor die Möglichkeit, Wiedergeborene und nicht Wiedergeborene zu unterscheiden. Es gibt eine Methode, zwischen einem Menschen, mit dem Gott zusammen ist, und einem, mit dem Gott nicht zusammen ist, zu unterscheiden. Solange man den Unterschied nicht kennt, versucht man nur eifrig, gutherzig und aufrichtig zu sein, und man denkt, dass man gerettet ist, aber wenn man etwas Schlechtes tut, denkt man auf einmal, dass man doch nicht gerettet ist. Es kommt auch öfter vor, dass rechtschaffen aussehende Leute jemanden betrügen und dann das Weite suchen. Was soll man davon halten? Das passt nicht.

Also, meine Lieben, an welchen Menschen hat Gott kein Interesse und lässt sie allein, und wem schenkt er seine Gnade? Hier geht es um die wahre Buße. Kain wollte Gott aus eigener Kraft ein Opfer bringen, ihm aus eigener Kraft dienen und ihm aus eigener Kraft treu ergeben sein. Wie finden Sie Kains Herz? In ihm gibt es sowohl das Herz, das Gottesdienst feiern und danken will als auch das Herz zu murren, den Bruder zu töten und zu lügen. Gibt es in Gott ein Herz, das lügt? Ist in ihm ein rebellisches Herz? Nein.

Äußerlich gesehen feiert man Gottesdienst, bringt Opfer und dient Gott, aber auf dem Grund des menschlichen Herzens gibt es Bosheit. Irgendwann wird diese Bosheit hervorsprießen. Darum wirft Gott nicht einmal einen Blick darauf, wie sehr Sie auch mit Ihrem ganzen Herzen Gottesdienst feiern. Auch wenn Sie sich für den Herrn verbrennen würden, würde er das nicht ansehen. Was er bei Kain tat, war, dass er ihn unaufhörlich führte, bis er zusammenbrach und umknickte und sich selbst verleugnete. Darum erfuhr Kain so viele Schwierigkeiten.

Meine Lieben, wenn Sie sich selbst erhöhen wollen, wenn Sie versuchen Gutes zu tun, hilft Gott Ihnen nicht, sondern lässt Sie in Sünde fallen und lässt Ihnen nichts gelingen. Weil das Herz des Menschen zu böse ist, nimmt Gott es nicht an.

Einmal bin ich zum Blutspendezentrum des Roten Kreuzes gegangen, und dort hat man mir Folgendes erzählt: Beim Blutspenden haben die Mädchen der zwölften Klasse das sauberste Blut. Jedes gespendete Blut wird einzeln getestet, und dabei hat man festgestellt, dass von dem Blut der Allgemeinheit eine große Menge mit Krankheitserregern verseucht ist. Darum geht das Rote Kreuz zu Mädchengymnasien und nimmt das Blut von Zwölftklässlerinnen, da die Dreizehntklässlerinnen im Abiturstress sind. Dieses Blut ist fast ganz sauber, nur sehr selten haben manche Hepatitis oder Geschlechtskrankheiten wie Syphillis. In solchen Fällen lässt man dieses Blut nicht zur Blutbank bringen, sondern stellt es separat. Denn wenn dieses Blut übertragen wird, wird die Hepatitis oder die Geschlechtskrankheit mit übertragen. Auch wenn das Blut sauber wirkt, darf man es auf keinen Fall zur Transfusion benutzen. Man muss es gesondert aufbewahren und später für Plasma oder für Medikamente benutzen, aber nicht zur Transfusion. Auch wenn es in dem sauberen Blut nur einen einzigen Keim von Hepatitis oder Syphillis gibt, muss man es wegwerfen, wie schade das auch ist. Man darf es nicht benutzen.

Obwohl Gott Sie sehr gerne annehmen möchte, kann er Sie nicht annehmen, wenn auch nur ein bisschen Sünde in Ihnen zu sehen ist. Das wäre sonst genauso wie ein Blut anzunehmen, das verseucht ist. Sie sehen über so etwas vielleicht einfach hinweg, aber Gott nimmt es auf keinen Fall an. Darum arbeitet er fortwährend daran, Sie zu zerbrechen.

Kain, der endlich erkannte, dass er ruiniert war

Kains Ich war noch nicht zusammengebrochen. Er bemühte sich eifrig, Gott zu erfreuen. Aber Gott hasste das Opfer, das von Kain kam, die Gebete, die aus Kain herauskamen und den Lobpreis, den Kain dem Herrn brachte. Ich weiß das. Wenn ich dem Herrn treu ergeben bin, wenn ich fleißig bin, wenn ich gut bin und damit vor den Herrn gehe, hasst Gott das, obwohl ich Pastor bin. Darum habe ich mich weggeworfen. Ich habe erkannt, dass ich ein Mensch bin, der nur verdammt werden muss, deshalb habe ich Jesus in meinem Herzen angenommen. Wenn ich mit dem Herzen Jesu arbeite, kann ich erfahren, dass Gott mir immer hilft - wenn es tausend Dinge sind tausendmal, wenn es zehntausend Dinge sind zehntausendmal.

Kain wollte sich selbst erhöhen. Er wollte, dass er mit seinem Glauben anerkannt wird, indem Gott sein Opfer annimmt. Darum bereitete er das Opfer mit seinem ganzen Herzen vor und brachte es dem Herrn, aber als Gott es ablehnte, wurde er sehr wütend. Da er keine Anerkennung bekam, erschlug er seinen Bruder Abel. Das war Kains Herz. Gottes Herz war es bestimmt nicht. Gibt es Mord in Gottes Herzen? Gibt es Hass in Gottes Herzen? Gibt es Neid in Gottes Herzen? Nein, das gibt es nicht. Weil es Kains Herz war, kamen diese schlechten Dinge zum Vorschein.

Wenn Sie mit Ihrem Herzen leben, tun Sie manchmal auch Gutes, aber dabei kommt Schlechtes heraus. Aber in Gottes Herzen gibt es keine Bosheit. In Gottes Herzen gibt es keinen Fluch. In Gottes Herzen gibt es keinen Hass. Darum können wir ihm nur dann ein Opfer bringen, über das er sich freut, wenn wir es mit seinem Herzen geben. Damit er in Ihnen zum Vorschein kommen kann, muss Ihr Ich verleugnet werden.

Eines Tages erschlug Kain seinen Bruder Abel. So etwas kommt aus dem Menschen heraus. Gott wusste das. Durch solche Dinge zerbrach Gott Kain. Wenn Petrus Jesus nicht dreimal verleugnet hätte, wäre sein Ich nicht zerbrochen. Er hätte immer noch auf sich selbst vertraut. Darum hofft Gott nicht, dass Sie etwas Gutes tun oder fleißig sind, sondern er lässt Sie in die Sünde fallen, damit Sie zerbrochen werden und sich verleugnen können. Haben Sie nicht alle schon gesündigt? Sind Sie nicht alle schon in der Bosheit versunken? Was Sie getan haben, ist nichts Gutes, sondern Sünde und Dinge, für die Sie verflucht werden. Darum müssen Sie sich erkennen: „Ach, ich bin also so ein Mensch!“ Aber wenn Sie das nicht erkennen und immer noch beten und fasten, die ganze Nacht durch beten und Gutes tun, damit Sie anerkannt werden, dann wird Gott Sie weiterhin nicht annehmen, sondern hassen und ablehnen.

Gott fragte Kain:

„Kain, wo ist dein Bruder Abel?“

„Ich weiß nicht. Soll ich meines Bruders Hüter sein?“

Obwohl er gesündigt hatte, lehnte er sich noch auf. So sind die Menschen! Gott sprach noch einmal deutlich zu Kain:

> **„Was hast du getan? Die Stimme des Blutes deines Bruders schreit zu mir von der Erde. Und nun: Verflucht seist du auf der Erde, die ihr Maul hat aufgetan und deines Bruders Blut von deinen Händen empfangen. Wenn du den Acker**

bebauen wirst, soll er dir hinfort seinen Ertrag nicht geben. Unstet und flüchtig sollst du sein auf Erden.“

Kain war zwar von Anfang an ein ruinierter Mensch, aber erst da erkannte er, dass er am Ende war, ein Mensch, der verflucht werden musste.

Im Herzen der Menschen gibt es die Bosheit, die sie zum Fluch führt, aber sie lassen sich täuschen und glauben, wenn sie Gutes tun, werden sie nicht verflucht, sondern gesegnet werden. Aber sie werden nicht gesegnet, indem sie selbst etwas Gutes tun. Jesus muss das tun. Gott nimmt keine Werke an außer der Arbeit Jesu Christi. Egal wie viel Gutes Sie auch tun, Gott nimmt niemals das Gute, das aus dem Menschen herauskommt, an.

„Wo ist dein Bruder Abel?“

„Ich weiß nicht. Soll ich meines Bruders Hüter sein?“

„Was hast du getan?“

Da erst, als er Gottes Stimme hörte, erkannte Kain: „Ich muss verflucht werden!“ und er sah deutlich, dass er am Ende war.

Wenn eine Firma in Schwierigkeiten gerät, ist es für die Führungskräfte dieser Firma ein Problem, die Schulden bei der Bank zurückzuzahlen. Da müssten sie das Urteil fällen: „Das kann auf keinen Fall funktionieren!“, und schnellstmöglich den Bankrott erklären. Aber sie meinen, sie müssten nur noch die Schulden zurückzahlen und leihen sich Geld von der Familie der Frau, von den jüngeren Geschwistern und vom Onkel, um den Bankrott zu verhindern. Aber dann kommt schon die nächste Rechnung. Man versucht das zu regeln. Da man sich das ganze Geld der Verwandten schon geliehen hat, geht man nun zu Kredithaien. Man meint, dass alles wieder in Ordnung kommt, wenn man schnell noch diese eine Rechnung bezahlt, und weil es sehr dringend ist, leiht man sich Geld zu hohen Zinsen. So hat man nun diese Rechnung durch die Kredithaie bezahlt, aber dann kommt noch eine andere Rechnung. So geht man in den Ruin, aber von da an ist es sehr schmerzlich. Man hätte gleich am Anfang den Bankrott erklären sollen ...

Unser Glaubensleben muss auch Bankrott gehen, damit wir es Jesus übergeben können. „Diesmal möchte ich fasten und beten. Im neuen Jahr muss ich ein gutes Leben führen. Von nun an werde ich jeden Morgen zehn Seiten in der Bibel lesen. Ich werde früh um fünf Uhr aufstehen." Solange Sie so denken, heißt das, dass Sie noch nicht bankrott sind. Kain war so. Aber nachdem er Abel getötet und Gottes Worte gehört hatte, ging er Bankrott, und all seine Vorsätze, etwas gut zu machen und sich selbst zu erhöhen, sind zerbrochen.

Diese Stufe ist wichtig. Der verlorene Sohn ist auf diese Weise zum Vater zurückgekehrt. Bis kurz davor hatte er noch gedacht: „Ich bin doch der Sohn eines wohlhabenden Hauses, wie kann ich da in diesen Lumpen zurückkehren? Wie kann ich mit diesem Bettlerhut in der Hand nach Hause kommen? Ich muss ein bisschen mehr Geld verdienen, gute Kleider anziehen, ein Geschenk für meinen Vater kaufen und damit vor ihn treten. Ich muss wenigstens gute Schuhe tragen." Aber eines Tages erkannte der verlorene Sohn, dass er ruiniert war. Darum ist er so wie er war, in diesem jämmerlichen Zustand, zu seinem Vater nach Hause gegangen. Als er in sein Dorf kam, haben die Leute ihn verspottet: „Ist das nicht der Sohn von Soundso? Aber warum hat er solche Lumpen an? Dreht er jetzt einen Film? Ist er Schauspieler geworden? Warum macht er das?" „Ja, lacht mich ruhig aus. Ich bin eine Ruine." Das war nun kein Problem mehr für ihn. Als der verlorene Sohn zu seinem Vater zurückkehrte, war es kein Problem, dass er verspottet wurde, denn er kam, um zu essen und zu überleben. An diesem Punkt angelangt, als sein ganzes Ich zusammengebrochen war, kam die Gnade zu ihm.

Nicht bei Ihnen allen bricht nun Ihr Ich zusammen, nur weil Sie diese Predigt hören. Die Herzen der Menschen versuchen trotzdem weiter, sich zu erhöhen. Satan unterstützt sie dabei. Heute Morgen müssen Sie aus der Tiefe Ihres Herzens heraus zugeben, dass Sie in Ihrem Glaubensleben versagt haben: „Alles was ich tue, muss zusammenbrechen. Auch dass ich fleißig bete, dass ich fleißig in der Bibel lese, dass ich fleißig evangelisiere und treu ergeben bin, muss zusammenbrechen."

„Ich kann jetzt nicht mehr. Ich muss verdammt werden. Ich bin ein schmutziger Sünder, der in die Hölle gehen muss."

Das ist die wahre Buße, und wenn diese Buße vollzogen ist, können Sie Ihre Hände ruhen lassen, und Gott wird anfangen in Ihrem Leben zu arbeiten. Wenn Gott anfängt in Ihrem Leben zu arbeiten, werden Sie geändert, erneuert und zu einem kraftvollen Menschen werden.

Glaube entsteht durch den Prozess, den Kain durchmachte

Die Menschen tun die grundlegende Buße entweder nur oberflächlich oder übergehen sie und sagen: „Jesus hat meine vergangenen, gegenwärtigen und zukünftigen Sünden alle reingewaschen. Ich habe keine Sünde. Dann kann ich jetzt einfach sündigen." Nur damit sie nicht zerbrechen müssen, sind sie so durchtrieben. Wissen Sie, was Gott dazu sagt? Er sagt: „Wenn du den Toren im Mörser zerstießest mit dem Stößel wie Grütze, so ließe doch seine Torheit nicht von ihm." Wenn man Getreide im Mörser zerstößt, lösen sich die Hülsen von den Körnern, aber die Torheit ist zu schwer abzulösen. Das heißt, Gott muss die Menschen noch mehr mit dem Stößel zerstoßen. Autounfall, Krebs, Scheidung, Bankrott usw., das sind alles solche Stößel. Aber wer sich nicht lösen lässt, lässt sich nicht lösen. Warum hätte Gott sonst so etwas gesagt?

Wenn Kain gleich von vornherein aufgegeben hätte: „Oh Gott, du nimmst mein Opfer nicht an, weil mein Ich ganz und gar schlecht ist", dann hätte er die Gnade Gottes bekommen, aber auch nachdem er seinen Bruder erschlagen hatte, hielt er noch durch, bis er nicht mehr konnte. Als er schließlich umfiel, da half Gott ihm.

Glauben kommt nicht von alleine. Unwissende Menschen denken: „Ich brauche einfach nur zu beten und fleißig in der Bibel zu lesen", aber dadurch kann man niemals Glauben bekommen. Trotzdem sagen oberflächliche Pastoren: „Tut Gutes, tut es fleißig, seid treu ergeben, betet, lebt rechtschaffen." Egal, welche Stelle der Bibel sie auch aufschlagen, sagen sie die gleichen Worte. Die Kirchgänger hören das, aber sie schaffen es nicht trotz ihrer Bemühungen. Schließlich verderben die Kirchen. Ich sehne eine Zeit herbei, wo solche Pastoren nicht mehr von der Kanzel predigen. Weil solche Pastoren auf der Kanzel nur gute Dinge sagen, denken die Leute: „Oh, unser Pastor ist so geistlich, so gnadenreich", aber es entsteht kein Glaube in ihnen.

Glaube entsteht durch den Prozess, den Kain durchgemacht hat. Verstehen Sie mich? Ich habe nicht viel Zeit, aber wenn ich ab und zu die christlichen Radiosendungen einschalte und die Predigten der Pastoren anhöre, dann sind sie alle gleich. Egal ob sie 1. Mose aufschlagen und reden, ob sie 2. Mose aufschlagen und reden, ob sie die Offenbarung aufschlagen und reden, sie sagen nur, dass man Gutes tun soll. Man braucht es sich gar nicht anzuhören. Tun wir nicht deshalb Gutes, weil wir es wollen? Aber im Glaubensleben muss ich nicht etwas Gutes tun, sondern ich muss mich aufgeben! An Gott glauben heisst nicht, dass ich etwas tue, sondern dass ich daran glaube, dass Gott alles machen wird! Wenn ich daran glaube, dass ich selbst etwas gut machen werde, heißt das, dass ich an mich glaube, nicht an Gott! Amen?

Meine Lieben, möchten Sie, wie Kain, der seinen Bruder umbrachte, sich erst angesichts des Fluches verleugnen? Nehmen Sie jetzt an, dass Sie ruiniert sind!

„Gott, ich bin ein Sünder. Ich kann die Zehn Gebote nicht halten. In mir gibt es Lüge, Hass, unablässig lüsterne Gedanken und Bosheit. Mein Herz ist voll von Dingen, die du hasst."

Bekennen Sie so. Gehen Sie nicht vor Gott mit den Dingen, die Sie gut gemacht haben. Gott lässt sich nicht täuschen. Gott, der sich nicht von Kain täuschen ließ, wird sich auch von Ihnen nicht täuschen lassen. Auch wenn Sie gute Dinge, die Sie getan haben, vor ihn bringen, hat er kein Interesse daran. Genauso wie eine bankrotte Firma übergeben wird, müssen Sie Jesus Christus Ihr Leben übergeben. Wenn ich zusammenbreche und mein Alles dem Herrn übergebe, wird der Herr alle Probleme wie Sünde, Krankheiten, Glaubensleben, Geldspiel, Trinken usw. in seine Hände nehmen. Er wird alles reinigen und wundervoll in Ordnung bringen, und Ihr Leben wird sich ändern. Ich glaube daran, dass in Ihnen die Werke des Herrn entstehen werden. Glauben Sie auch daran?

Kain tat auf der letzten Stufe Buße. „Meine Strafe ist zu schwer, als dass ich sie tragen könnte." Als Kain alles aufgab und das Verlangen, sich zu erhöhen, etwas gut zu machen und anerkannt zu werden, zerbrach, gab er sein Leben in Gottes Hände. Darum half Gott Kain und führte ihn und segnete ihn, sodass er nicht vernichtet wurde.

Die koreanischen Kirchgänger sagen, dass sie an Gott glauben, aber da sie alles selbst tun wollen, fällt ihnen alles schwer. Wenn ich meine Sünden reinwaschen möchte, funktioniert das nicht. Wenn Gott es macht, lässt sich die Sünde sehr leicht reinwaschen.

Wenn ich alles in den Händen halte, habe ich viele Probleme, wenn Gott es macht, löst sich alles auf wirklich wundervolle Weise.

Ich habe früh erkannt, dass ich in meinem Leben versagt habe. Ich habe erkannt, dass ich böse bin. Ich habe erkannt, dass ich schmutzig bin. Darum habe ich alles losgelassen. Da ist Jesus der Herr meines Lebens geworden. Von dem Tag an, als Jesus mein Herr wurde, konnte ich erfahren, wie wunderbar, heilig und gesegnet mein Leben wurde.

Meine Lieben, brechen Sie heute Morgen Ihr Ich und nehmen Sie Jesus Christus als Ihren Herrn an. Lassen Sie es bleiben, Gutes zu tun und die Gebote zu halten und übergeben Sie alles Jesus: „Herr, ich gebe alles in deine Hände. Egal, ob es schlecht oder gut läuft, ich werde von jetzt an meine Finger davon lassen. Jetzt arbeite du, Jesus." Ich glaube daran, dass Jesus dann machtvoll in Ihnen arbeiten wird.

5.
Davids Buße

5.
Davids Buße

Meine Lieben, ich freue mich, Sie zu sehen. Heute wäre ich Ihnen dankbar, wenn Sie 2. Samuel aufschlagen würden. 2. Samuel Kapitel 11. Wenn Sie es gefunden haben, werde ich von Vers 1 an lesen.

> **„Und als das Jahr um war, zur Zeit, da die Könige ins Feld zu ziehen pflegen, sandte David Joab und seine Männer mit ihm und ganz Israel, damit sie das Land der Ammoniter verheerten und Rabba belagerten. David aber blieb in Jerusalem. Und es begab sich, dass David um den Abend aufstand von seinem Lager und sich auf dem Dach des Königshauses erging; da sah er vom Dach aus eine Frau sich waschen; und die Frau war von sehr schöner Gestalt. Und David sandte hin und ließ nach der Frau fragen, und man sagte: Das ist doch Batseba, die Tochter Eliams, die**

Frau Urias, des Hetiters. Und David sandte Boten hin und ließ sie holen. Und als sie zu ihm kam, wohnte er ihr bei; sie aber hatte sich gerade gereinigt von ihrer Unreinheit. Und sie kehrte in ihr Haus zurück. Und die Frau ward schwanger und sandte hin und ließ David sagen: Ich bin schwanger geworden. David aber sandte zu Joab: Sende zu mir Uria, den Hetiter. Und Joab sandte Uria zu David. Und als Uria zu ihm kam, fragte David, ob es mit Joab und mit dem Heer und mit dem Krieg gut stünde. Und David sprach zu Uria: Geh hinab in dein Haus und wasch deine Füße. Und als Uria aus des Königs Haus hinausging, wurde ihm ein Geschenk des Königs nachgetragen. Aber Uria legte sich schlafen vor der Tür des Königshauses, wo alle Kriegsleute seines Herrn lagen, und ging nicht hinab in sein Haus. Als man aber David ansagte: Uria ist nicht hinab in sein Haus gegangen, sprach David zu ihm: Bist du nicht von weither gekommen? Warum bist du nicht hinab in dein Haus gegangen? Uria aber sprach zu David: Die Lade und Israel und Juda wohnen in Zelten, und Joab, mein Herr, und meines Herrn Kriegsleute liegen auf freiem Felde, und ich sollte in mein Haus gehen, um zu essen und zu trinken und bei meinem Weibe zu liegen? So wahr der Herr lebt und so wahr du lebst: ich tue so etwas nicht. David sprach zu Uria: Bleib heute hier, morgen will ich dich gehen lassen. So blieb Uria in Jerusalem an diesem Tage und auch am nächsten. Und David lud ihn ein, so dass er bei ihm aß und trank, und machte ihn betrunken. Aber am Abend ging er hinaus, um sich schlafen zu legen auf sein Lager bei den Männern seines Herrn, und ging nicht hinab in sein Haus. Am andern Morgen schrieb David einen Brief an Joab und sandte ihn durch Uria. Er

schrieb aber in dem Brief: Stellt Uria vornehin, wo der Kampf am härtesten ist, und zieht euch hinter ihm zurück, dass er erschlagen werde und sterbe. Als nun Joab die Stadt belagerte, stellte er Uria dorthin, wo er wusste, dass streitbare Männer standen. Und als die Männer der Stadt einen Ausfall machten und mit Joab kämpften, fielen einige vom Volk, von den Männern Davids, und Uria, der Hetiter, starb auch.“

Ich habe bis Vers 17 gelesen.

Wenn ich nur meine Vergangenheit auslöschen könnte ...!

Meine Lieben, wir sind dabei, über Buße und Glauben zu sprechen. Der Grund, warum wir Buße tun, ist folgender: Wenn wahre Buße in unserem Leben geschieht, werden wir als Nächstes mit Jesus Christus eins, indem wir mit Glauben die Sündenvergebung empfangen. Zahlreiche Menschen gehen zwar in die Kirche und tun Buße, aber viele von ihnen können nicht von ihren Sünden befreit und dadurch gereinigt werden. Aber, meine Lieben, wenn die wahre Buße in Ihnen geschieht, bleibt nicht eine einzige Sünde in Ihnen übrig, sondern Sie werden alle reingewaschen, weiß wie Schnee.

1981 wurde ich von einem Pastor der Aeyangwon-Kirche in Yeosu eingeladen. Die Diakone, die Ältesten und die anderen Amtsträger versammelten sich, und wir hielten eine Konferenz auf dem Berg Jiri. Diese Konferenz auf dem Berg Jiri mochte ich wirklich sehr. Den ganzen Morgen sprach ich durch 1. Mose darüber, wie unsere Sünden reingewaschen wurden, und nach dem Mittagessen kamen die Diakone einzeln zu mir, und ich gab ihnen geistlichen Rat. Als ich sah, dass sie die Sündenvergebung annahmen und freudig zurückgingen, war ich sehr glücklich in meinem Herzen.

Auch an diesem Tag hatte ich Gemeinschaft. Das lange Sitzen hatte mich ermüdet, sodass ich vor das Zelt treten wollte, um etwas frische Luft zu schnappen. Da kam eine junge Frau Ende zwanzig zu mir.

„Pastor ..."

Irgendwie beschämt stand sie da. Ich bat sie, sich hinzusetzen und erklärte ihr anhand der Bibel genau den Prozess, wie die Sünden reingewaschen werden. Nach dem Gespräch las ich ihr als Letztes das Wort in Hebräer Kapitel 10 vor.

„und ihrer Sünden und ihrer Ungerechtigkeit will ich nicht mehr gedenken. Wo aber Vergebung der Sünden ist, da geschieht kein Opfer mehr für die Sünde" (Hebräer 10, 17-18).

Als die Frau dieses Wort hörte, fing sie an, herzergreifend zu weinen. „Ich habe nichts Besonderes gesagt, warum weint sie?" Auch als ich sie bat, sich zu beruhigen, blieb sie zusammengekauert am Boden sitzen und schluchzte weiter. Weil eine Frau so sehr weinte, wusste ich nicht, was ich tun sollte. Ich ging nach draußen an die frische Luft und kam nach einer Weile wieder ins Zelt, aber sie kauerte immer noch weinend am Boden. Als ich sie beruhigte und sagte, dass sie jetzt aufhören soll zu weinen, hörte sie wirklich auf und fing an, über sich zu erzählen.

Als sie in der Mittelstufe war, starb ihre Mutter, und eine neue Mutter kam in die Familie. Aber sie hatte Unstimmigkeiten mit ihrer Stiefmutter, sodass sie ihr Schulgeld nahm und weglief nach Masan. Aber leider wurde dieses Mädchen, das noch eine Schülerin war, an ein Bordell verkauft. Dort lebte sie mehrere Jahre als Prostituierte. Aber eines Tages traf sie dort einen Mann, der ihr plötzlich sagte, dass sie ihm folgen solle. Sie folgte ihm einfach, und es stellte sich heraus, dass er der Sohn von Leprakranken in der Aeyangwon-Leprakolonie war. Dort gründeten die beiden einen eigenen Haushalt. Der Mann selbst war gesund, obwohl er leprakranke Eltern hatte. Die Frau war sehr dankbar, dass der Mann so eine schmutzige Frau wie sie liebte, und sie lebten glücklich miteinander. Die Schwiegereltern liebten sie auch sehr, und diese Frau war zwei Jahre lang so glücklich wie noch nie.

Zwei Jahre lang warteten die Schwiegereltern auf ein Enkelkind, aber es kam keins. Man wusste nicht, aus wessen Mund es gekommen war, aber irgendjemand behauptete, dass sie kein Kind bekommen könne, weil sie früher eine Prostituierte gewesen sei. Seitdem schaute sie niemand mehr an, weder der Schwiegervater noch die Schwiegermutter noch irgendjemand anderes. Wenn sie den Esstisch hineinbrachte, drehten sie den Kopf zur Seite und aßen erst, wenn sie wieder weg war. Die Schwiegereltern schauten ihr nicht mehr ins Gesicht. Sie war sehr traurig. Niemand in diesem Haus sprach mit ihr, niemand schaute sie an. Die Frau verdammte ihre Vergangenheit: „Wenn ich nur meine Vergangenheit auslöschen könnte ... Wenn ich nur mein Gedächtnis auslöschen könnte ..." So lebte sie. Auch in der Kirche schämte sie sich, wenn die Blicke der anderen auf sie fielen, sodass sie erst lange, nachdem die Predigt angefangen hatte, hineinging und hinten sitzend dem Wort zuhörte. Damit die anderen nicht erfuhren, dass sie in die Kirche gekommen war, lief sie schnell hinaus, bevor die anderen aufstanden.

Auch an dem Tag, als sie das Wort von mir hörte, schämte sie sich und kam alleine zu mir, um das Wort zu hören. Das Gute an Gottes Wort ist, dass es auch sie von ihren Sünden befreit hat.

> **„und ihrer Sünden und ihrer Ungerechtigkeit will ich nicht mehr gedenken"** (Hebräer 10, 17).

Als die Frau dieses Wort hörte, wurde sie von den Sünden, die sie unbedingt auslöschen wollte, befreit.

„Ich kann meine Vergangenheit nicht aus meinem Gedächtnis und dem Gedächtnis meines Schwiegervaters, meiner Schwiegermutter und meines Mannes löschen, aber sie wurde aus Gottes Gedächtnis gelöscht!"

Ich war sehr dankbar.

Nach der Jiriberg-Konferenz gingen die Leute der Aeyangwon-Gemeinde wieder zurück, und alle, die teilgenommen hatten, veränderten sich so sehr, dass in ihrer Gemeinde eine „Jiri-Berggruppe" entstand. Schließlich beschloss die Gemeinde: „Lasst uns Pastor Ock-Soo Park einfach hierher einladen und sein Wort alle zusammen in unserer Gemeinde hören!" So konnten wir noch im Herbst desselben Jahres dort ein Bibelseminar führen. Im Garten der Gemeinde gab es einen guten Kakibaum. Ich kann mich immer noch erinnern, dass ich mir nachmittags beim Bibellesen welche pflückte und aß. Das muss dann wohl Spätherbst gewesen sein.

Einmal nach der Predigt, als die Leute in die dunkle Nacht hinausströmten, zupfte mich jemand am Ärmel. Ich sah, wer es war: Es war diese Frau. „Pastor, heute ist mein Mann zum ersten Mal in die Gemeinde gekommen." Kummer und Pein waren aus ihrem Gesicht verschwunden, und es strahlte sehr hell.

Während des Seminars habe ich frühmorgens, vormittags und abends gepredigt, und nachmittags ruhte ich mich aus, während ich mit den Ältesten und Diakonen Gemeinschaft machte. Wenn ich diejenigen, die die Sündenvergebung bekommen wollten, nach vorne rief, hoben jedes Mal 100 bis 150 Personen die Hand und kamen nach vorne. Ich habe dann für sie über die Sündenvergebung gepredigt. Die Sünden wurden ihnen vergeben, und vor Freude gaben sie Zeugnis. Die meisten von ihnen waren Leprakranke. Ein Ältester wusste vor lauter Freude weder aus noch ein. Er gab Zeugnis, dass er sein ganzes Leben lang unter einer unauslöschlichen Sünde gelitten hatte.

Vor langer Zeit lebte er genau neben einer Kirche auf dem Land. Eines Tages wollte er am Gartenzaun arbeiten, und da er keine Hacke hatte, borgte er sich die Hacke der Kirche aus und arbeitete damit. Nach der Arbeit wollte er die Hacke zurückstellen, aber es kam etwas dazwischen, und er nahm sich vor, sie beim nächsten Mal zurückzugeben. Aber gerade da kam ein Gerücht in der Kirche in Umlauf: „Jemand hat unsere Hacke gestohlen!" Immer wenn sich Kirchenmitglieder trafen, fragten sie sich: „Wer hat die Hacke gestohlen? Wer hat das Eigentum des Tempels Gottes gestohlen?" „Ach, die Hacke, die habe ich genommen, um sie kurz zu benutzen! Ich werde sie wieder zurückbringen." Das hätte er einfach sagen können, aber er wagte es nicht aus Angst, als Dieb dazustehen. So versteckte er die Hacke, aber dann befürchtete er, dass ein Kirchenmitglied die Hacke in seinem Haus entdecken würde, und er vergrub sie eines Tages im Garten. Aber diese Sache war nach 30 Jahren, nach 40 Jahren immer noch in seinem Herzen als die Sünde „Diebstahl von Eigentum aus dem Tempel Gottes". Wie sehr er auch weinte und klagte - diese Sünde konnte in seinem Herzen anscheinend niemals reingewaschen werden.

Ein anderer Mann musste fliehen, weil er an Lepra erkankt war und nicht mehr in seinem Dorf leben durfte. Auf seiner Flucht sah er ein Boot am Meer, stahl es und floh damit. Zu dieser Zeit war ein solches Boot das ganze Hab und Gut eines Menschen, aber er fuhr mit diesem Boot weg und ließ es einfach irgendwo zurück. Er litt sehr unter Gewissensbissen wegen dieser Sünde.

Die Menschen gehen zwar in die Kirche, sie tun Buße und beten um Vergebung ihrer Sünden, aber weil sie den biblischen Weg, wie die Sünden reingewaschen werden, nicht genau wissen, und weil kein Glaube in ihrem Herzen entsteht, dass ihre Sünden schon getilgt sind, meinen sie, dass ihre Sünden immer noch da sind, deshalb haben sie Konflikte und irren in ihrem Glaubensleben umher.

Als ich nach der Sündenvergebung und meiner Wiedergeburt in der Bibel las, war das Erstaunliche, dass sich meine Augen, die Bibel zu sehen, vollkommen geändert hatten. Ich las 1. Mose, 2. Mose, 3. Mose nach und nach. Gott erzählt in der Bibel sehr deutlich, wie er meine Sünden reingewaschen hat. Als ich das erkannte, dachte ich: „Das ist sehr erstaunlich. In der Bibel steht so deutlich geschrieben, wie die Sünden reingewaschen wurden, warum wissen das die Menschen nicht und leben weiter gefesselt unter der Sünde?" Von da an begann ich, über die Sündenvergebung zu erzählen, und viele Menschen empfingen die Vergebung ihrer Sünden.

Heute Abend sagte ein Mann zu mir: „Pastor, gibt es außer der Sündenvergebung nichts anderes? Predigen Sie doch mal was anderes!" Ich antwortete: „Ich weiß nur das. Ich weiß nur das!" Es gibt auf der Welt immer noch viele Menschen, die von den Sünden gefesselt sind und noch nicht die Vergebung empfangen haben. Darum hat Gott mir Wege geöffnet, wie ich das Evangelium verkünden kann.

Wie wurden David die Sünden vergeben?

Das Wort, das wir heute Abend gelesen haben, ist die Geschichte Davids, wie er mit der Frau des Uria Ehebruch beging. Wenn ich über den Glauben gesprochen habe, habe ich viele Male diese Geschichte erzählt.

„Diakon, kennen Sie die Geschichte, wie David mit Urias Frau Ehebruch beging?"

„Ja, die kenne ich."

„Ältester, kennen Sie die Geschichte Davids, wie er mit Urias Frau Ehebruch beging?"

„Ja, die kenne ich. Sie steht, glaube ich, in 2. Samuel."

Die meisten Diakone, Älteste oder Pastoren, die ich getroffen habe, bejahten, wenn ich sie fragte, ob sie die Geschichte Davids kennen, wie er mit Urias Frau Ehebruch beging. Es gibt kaum jemanden, der sie nicht kennt. Dann frage ich sie weiter.

„Pastor, wissen Sie, wie David diese Sünde vergeben wurde?"

„Hm, er tat bestimmt Buße und dadurch wurden ihm die Sünden vergeben."

Und manche sagen:

„Er hat geweint bis sein Bett schwamm, und dadurch wurden ihm seine Sünden vergeben."

Es gibt einen Psalm, in dem steht, dass er die ganze Nacht sein Bett schwemmte und mit seinen Tränen sein Lager benetzte. Aber das tat er nicht, weil er traurig war wegen der Sünde, dass er mit der Frau des Uria Ehebruch begangen hatte, sondern wegen seiner vielen Feinde benetzte er sein Lager mit Tränen und schwemmte sein Bett. Viele Menschen verbinden diese Bibelstellen falsch miteinander, sodass sie denken, dass die Sünden vergeben wurden, weil er geweint hat. Sie kennen anscheinend nicht das Lied „Auch mit Tränen nicht". Die Sünde wird nicht vergeben, indem man weint.

Die Geschichte, wie David mit Urias Frau Ehebruch beging, steht in 2. Samuel. Es gibt einen Grund, warum Gott sie in der Bibel niederschreiben ließ. Er hat sie nicht einfach so grundlos aufgeschrieben, sondern weil er uns etwas beibringen wollte: „Wie werden unsere Sünden reingewaschen?" Er befürchtete, dass wir es nicht verstehen, wenn er nur erzählt, wie die Sünden reingewaschen wurden, darum hat er es von dem Moment an, wo in 2.

Samuel Kapitel 11 gesündigt wird, Schritt für Schritt erklärt. Er hat ganz genau den Prozess aufgeschrieben, wie die Sünde reingewaschen wurde. Bedauerlicherweise wurde das den Menschen verdeckt, sodass sie zwar gut darüber Bescheid wissen, wie David mit Urias Frau Ehebruch beging, aber nicht erkennen, wie diese Sünde reingewaschen wurde.

Einmal gingen zwei Mönche aus ihrem Kloster hinaus ins Dorf, um Almosen zu sammeln. Als sie eine Weile miteinander gelaufen waren, kamen sie an einen breiten Bach. Heutzutage gibt es an den meisten Bächen Brücken, aber früher musste man seine Hosen hochkrempeln und durchwaten. Es gab eine recht starke Strömung in diesem Bach. Am Ufer angekommen, sahen sie ein hübsches junges Fräulein, das nervös hin und her lief. Die zwei Mönche krempelten ihre Hosen hoch und fingen an, den Bach zu durchwaten. Aber dann drehte sich einer der Mönche um und fragte: „Fräulein, Sie wollen den Bach überqueren, nicht wahr?"

„Es ist mir sehr unangenehm, aber es stimmt."

„Fräulein, steigen Sie auf meinen Rücken. Ich werde Sie auf meinem Rücken hinübertragen."

Damals war es anders als heute. Die Verhaltensregeln zwischen Mann und Frau waren sehr streng. Wie konnte sie da auf den Rücken eines Mannes, selbst wenn er ein Mönch war, steigen? Das durfte sie nicht. Aber wenn sie nicht auf seinen Rücken stiege, was wäre dann? Sie konnte doch nicht den ganzen Tag da stehen bleiben. Nach langem Hin und Her sagte das Fräulein: „Ich stehe tief in Ihrer Schuld", und kletterte auf seinen Rücken. Der Mönch trug das Fräulein auf seinem Rücken durch den Bach, durch die starke Strömung hindurch, und setzte sie auf der anderen Seite wieder ab.

„So, Fräulein, eine gute Weiterreise!"

„Vielen Dank!"

Das Fräulein entfernte sich, und die beiden Mönche gingen in die andere Richtung, um Almosen zu sammeln. Der Mönch, der das Fräulein auf dem Rücken getragen hatte, ging voran und der andere Mönch hinterdrein. Nach einer Weile sagte der hintere Mönch:

„Mann, du bist dabei, die Wege des Buddha zu lernen, wie kannst du da nur so durchtrieben sein und dich für Frauen interessieren? Du hast gehofft, dass die Frau dich darum bittet, nicht wahr?"

Er redete auf den anderen Mönch ein, aber der lief wortlos weiter. Nach einer langen Pause sprach der hintere Mönch weiter:

„Mann, wie hätten die Dorfleute geredet, wenn sie das gesehen hätten? Meinst du nicht, dass sie sagen würden: „Das Einzige, was die Mönche tun, ist, Frauen auf ihren Rücken herumzutragen"?"

Trotzdem ging der andere Mönch wortlos weiter. Wieder eine Weile später sagte der hintere Mönch:

„Oh Mann, wenn das unser Obermönch erfährt. Meinst du, er wird dich einfach so lassen? Du warst von vornherein nicht an Buddhas Wegen interessiert, du durchtriebener Kerl! Nur an Frauen!"

Da blieb der vorangehende Mönch plötzlich stehen und drehte sich um. Der andere erschrak.

„Mann, ich habe dieses Fräulein auf meinen Rücken genommen, bin durch den Bach gegangen und habe sie auf dem Hügel abgesetzt und bin weitergegangen. Aber warum kann dein Herz dieses Fräulein immer noch nicht loslassen, und warum verhältst du dich so?"

„Hmpf!"

Nach diesem gezielten Schlag konnte er nichts mehr sagen, und sie setzten ihren Weg fort. So endet diese Geschichte.

Meine Lieben, es ist kein Problem, dieses Fräulein auf dem

Rücken getragen zu haben, aber wenn man das Fräulein in seinem Herzen behält, bleibt es darin. Auch Ihre Sünden - wenn sie nicht aus Ihrem Herzen entfernt werden, bleiben sie weiter darin. Darum betet man weinend jeden Abend: „Vergib mir diese Sünde." Wenn im Herzen Glaube entsteht und alle Sünden so weiß wie Schnee sind, ist das Herz frei von diesem Problem. Aber trotz des Betens, trotz der Teilnahme am Gottesdienst bleibt die Sünde immer noch im Herzen. Wie kann Jesus in solch einem Herzen wohnen? Wie kann in solch einem Herzen das heilige Herz Gottes wohnen? Wie kann Gott in solch einem Herzen kraftvoll arbeiten?

Heute Abend möchte Gott jede einzelne Person, die hier sitzt, zu seinem Tempel machen und darin wohnen, all Ihre Probleme lösen, in Ihrem Herzen Frieden schaffen, Freude schaffen, Glauben schaffen und Liebe schaffen. Aber in unserem Herzen wohnt nicht Gott, sondern die Sünde. Niederträchtige Gedanken wohnen in unserem Herzen. Wegen dieser Sünden kann Gott nicht in unser Herz hineinkommen. Weil wir Gott nicht im Herzen haben, winden sich verlogene, lüsterne, hinterhältige und schmutzige Begierden in uns hoch. Wir unterdrücken dies und unterdrücken das, bis die Sünde plötzlich regelrecht herausspringt und uns beschämt und wir aus Furcht, dass das jemand erfahren könnte, das Selbstvertrauen verlieren.

Darum möchte Gott in jedem Menschen der wahre Gott werden und aus Ihrem Herzen Pein und Misstrauen verjagen, in Ihrem Herzen Glauben, Freude und Hoffnung schaffen. Er hofft inbrünstig, dass Sie in dieser Freude, in diesem Glauben und in dieser Liebe bleiben und Gott preisen! Darum hat er diesen Weg in der Bibel ganz genau aufgeschrieben. Aber Satan hat unsere Augen zugedeckt, sodass wir, während wir das lesen, an etwas anderes denken.

Ich wünsche mir, dass Sie die Predigtkassetten dieses Bibelseminars unbedingt noch einmal hören. Wir verlangen pro Kassette einen Euro, aber weil es trotzdem Leute gab, die sie nicht kauften, bloß weil sie kein Kleingeld hatten, haben wir beschlossen, sie Ihnen umsonst zu geben. Sie müssen unbedingt durch dieses Bibelseminar die Sündenvergebung annehmen und ein neues Leben beginnen. Während Sie die Predigt hören, meinen Sie, dass Sie alles mitbekommen, aber es ist nicht so. Wenn ich zum Beispiel während der Predigt über Leprakolonien spreche, lässt Satan Sie vielleicht in den Gedanken versinken: „Ach, mein Cousin ist an Lepra erkrankt und hat sehr darunter gelitten." Wenn Sie nur 20 Minuten lang solche Gedanken haben, ist die Predigt schon vorbei. Wenn ich über David erzähle, wie er mit Urias Frau Ehebruch beging, könnten Sie denken: „Ach ja, der Schwager meiner Freundin ist fremdgegangen, und sie haben sich schließlich scheiden lassen ..." Während Sie eine Weile solchen Gedanken folgen, bekommen Sie nicht mit, was ich inzwischen gesagt habe. Satan arbeitet ungemein listig, damit Sie dem Wort nicht zuhören. Auch unsere Gemeindemitglieder hören die auf Kassette aufgenommenen Sonntagspredigten noch einmal und sind ganz erstaunt: „Hat der Pastor sowas gepredigt?"

Ich möchte während dieses Bibelseminars das Wort predigen, sodass die Sünde eines jeden so weiß wie Schnee gewaschen wird und jeder wiedergeboren werden kann. Beim Hören verpassen Sie aber öfter etwas. Wegen unnützer Gedanken oder weil Sie schläfrig sind, überhören Sie etwas, sodass Sie den Faden verlieren. Wenn Gymnasiasten einen Test über das Gelernte schreiben, bekommen sie dann alle eine Eins? Manche bekommen eine Zwei, eine Drei und auch eine Fünf. Sogar bei Schülern, deren Köpfe noch gut funktionieren, ist das der Fall. Bei den meisten von Ihnen liegt die Schulzeit aber schon lange zurück. Wenn Sie in Ihrem Alter die Predigt hören, können Sie nicht mehr alles aufnehmen.

Es gibt Bruchstücke, die fehlen. Wenn solche Verbindungsstücke fehlen, dann verstehen Sie es von da an nicht mehr so gut.

Davids Weg der Sündenvergebung: Psalm 51

Heute Abend sprechen wir darüber, dass David mit der Frau des Uria Ehebruch begangen hat. David lebte aufrichtig, aber eines Tages wurde sein Herz arrogant. In der Bibel steht, dass er nicht zum Schlachtfeld zog, sondern abends von seinem Lager aufstand. Warum stand er nicht morgens auf, sondern abends? In unserer Gemeinde gibt es viele Pastoren, die morgens um 4.30 Uhr aufstehen. Da man als Pastor nach dem Frühstück die Gemeindemitglieder treffen muss oder Anrufe bekommt, kann man nur frühmorgens beten, wenn man beten möchte. Man steht frühmorgens auf, kämpft eine Weile mit dem Schlaf, liest in der Bibel, betet und trifft Gott. Wenn man sieht, dass David abends aufstand, muss er bestimmt den Tag davor mit seinen Untertanen die ganze Nacht durch getrunken, getanzt und gefeiert haben. Deshalb stand er abends auf, meinen Sie nicht?

Das Land ist im Krieg, aber David war verdorben. Er vernachlässigte seine Pflichten. Wenn er erst abends aufgestanden ist - wieviel Arbeit gab es dann noch für ihn als König zu erledigen?! Er muss Entscheidungen treffen, Dinge in Ordnung bringen, Angelegenheiten regeln, seinen Leuten Aufträge erteilen usw. Weil er erst abends aufgestanden ist, hätte er noch fleißig arbeiten müssen: „Was muss ich entscheiden? Bringt mir schnell die Sachen her!“, aber stattdessen drehte er auf dem Dach des Königshauses seine Runden. Der Teufel dachte: „Das ist die Gelegenheit!“, und als Davids Herz ganz gelöst und weit von Gott entfernt war, versuchte Satan David und zeigte ihm eine Frau. David sah, dass in einem Haus unter dem Palast eine Frau hinter der Mauer stand, Wasser über ihren Körper goß und sich wusch. Im alten Israel mussten sich die Frauen nach der Zeit ihrer Unreinheit bei Sonnenuntergang reinigen. Gab es da Bäder oder Duschen? Nein, man verschloss einfach die Tür und wusch sich hinter der Mauer. Aber hoch oben vom Palast aus war es sehr gut zu sehen. Speicheltriefend dachte David: „Fantastisch!“ Wenn ein treuer Diener da gewesen wäre, hätte er gesagt: „König! Denken Sie an Ihren Ruf! Wenden Sie Ihren Kopf ab! Wie können Sie zuschauen, wenn sich die Frau eines anderen wäscht! Das gehört sich nicht für den König eines Landes. Wenden Sie Ihren Kopf zur Seite!“, aber neben Königen gibt es immer Schmeichler: „Sie ist sehr hübsch, nicht wahr? Soll ich sie herholen?“

David entfernte sich von Gott, trank, schlief lange und war verdorben. Darum ließ er sie holen und wohnte ihr bei. Die Frau wurde schwanger. Als er das hörte, war er sehr erschrocken. Er erfuhr, dass sie die Frau eines seiner Untertanen war. Es war ein großes Problem, dass er sich an der Frau eines seiner Krieger vergangen hatte. Darum ließ er den Mann vom Schlachtfeld rufen: „Geh in dein Haus und ruhe dich einen Tag aus.“ Wenn der Mann eine Nacht zu Hause schlafen würde, könnte man ihn Jahre später, wenn er nach Ende des Krieges nach Hause käme, täuschen und sagen, dass das Kind von ihm sei. Aber der Mann ging nicht nach Hause. „Unser Land ist jetzt im Krieg. Jeder Feldhauptmann ist auf dem Schlachtfeld. Wie kann ich da als Einziger nach Hause gehen? Das kann ich nicht machen!“ Am nächsten Tag ließ David ihn viel Alkohol trinken und versuchte wieder, ihn nach Hause gehen zu lassen, aber als es auch diesmal nicht funktionierte, ließ er ihn auf dem Schlachtfeld sterben. Er brachte den Mann der Frau um. Er beging eine sehr große Sünde. Bis hierher wird berichtet, wie er gesündigt hat.

Als Nächstes steht da, wie diese Sünden reingewaschen wurden. Auf Gottes Geheiß kam der Prophet Nathan zu David und wies ihn auf seine Sünde hin. Als David den Tadel hörte, sagte er: „Ich habe vor dem Herrn gesündigt."

> **„Da sprach David zu Nathan: Ich habe gesündigt gegen den Herrn. Nathan sprach zu David: So hat auch der Herr deine Sünde weggenommen; du wirst nicht sterben"** (2. Samuel 12, 13).

Als David sagte, dass er gegen den Herrn gesündigt hat, sagte der Prophet Nathan: „So hat auch der Herr deine Sünde weggenommen." „Ich habe gesündigt." - „Er hat die Sünde weggenommen." Sünde begehen und Sünde wegnehmen. Es ist so einfach. Liest man nicht nur diese, sondern auch andere Bibelstellen, die einen Bezug dazu haben, findet man die genaue Beschreibung, wie diese Sünden reingewaschen wurden. Wenn Sie es genau wissen wollen, müssen Sie unbedingt noch eine andere Bibelstelle lesen. Das ist Psalm 51.

Lassen Sie uns einmal Psalm 51 aufschlagen. Ich werde ab Vers 1 lesen.

> **„Ein Psalm Davids, vorzusingen, als der Prophet Nathan zu ihm kam, nachdem er zu Batseba eingegangen war.**
> **Gott, sei mir gnädig nach deiner Güte und tilge meine Sünden nach deiner großen Barmherzigkeit. Wasche mich rein von meiner Missetat und reinige mich von meiner Sünde; denn ich erkenne meine Missetat, und meine Sünde ist immer vor mir. An dir allein habe ich gesündigt und übel vor dir getan, auf dass du Recht behaltest in deinen Worten und rein dastehst, wenn du richtest. Siehe, ich bin als Sünder geboren, und meine Mutter hat mich in Sünden empfangen. Siehe, dir gefällt Wahrheit, die im Verborgenen liegt, und im Geheimen tust du mir Weisheit kund. Entsündige mich mit Ysop, dass ich rein werde; wa-**

sche mich, dass ich schneeweiß werde. Lass mich hören Freude und Wonne, dass die Gebeine fröhlich werden, die du zerschlagen hast. Verbirg dein Antlitz vor meinen Sünden und tilge alle meine Missetat. Schaffe in mir, Gott, ein reines Herz, und gib mir einen neuen, beständigen Geist. Verwirf mich nicht von deinem Angesicht und nimm deinen heiligen Geist nicht von mir. Erfreue mich wieder mit deiner Hilfe, und mit einem willigen Geist rüste mich aus. Ich will die Übertreter deine Wege lehren, dass sich die Sünder zu dir bekehren."

Ich habe bis Vers 15 gelesen.

Meine Lieben, in diesem Psalm steht der Kern der Geschichte, wie die Sünde Davids, nämlich der Ehebruch mit der Frau des Uria und, um diese Sünde zu verdecken, der Mord an ihrem Mann auf dem Schlachtfeld, reingewaschen wurden.

David hat offensichtlich mit der Frau eines anderen Ehebruch begangen und diesen Mann getötet. Er hat diese unheimlich große Sünde begangen. Aber die Bibel sagt, dass ihm diese Sünde vollkommen vergeben wurde. Alle, die Sie heute Abend hier sind, haben bestimmt ohne Ausnahme gesündigt. Manche haben gelogen, manche haben gestohlen, manche haben wie David Ehebruch begangen und manche haben andere gehasst. Egal welche Sünde Sie auch begangen haben, welche Bosheit Sie auch getan haben - wenn Sie den gleichen Weg gehen wie David, der mit Urias Frau Ehebruch beging, können Sie auf die gleiche Weise wie David, dessen Sünden reingewaschen wurden, die Sündenvergebung bekommen. Nicht wahr?

Meine Lieben, lassen Sie uns heute Abend Anstand und Würde wegwerfen und so vor Gott stehen. Stellen Sie sich für Ihre Seelen nicht vor Pastor Ock-Soo Park, sondern vor Gott. Verstehen Sie mich? Antworten Sie bitte! Sie müssen vor Gott stehen. Können

Sie Amen dazu sagen? Meine Lieben, wir müssen nicht einfach nur die Theorie hören, sondern mit dem Herzen dabei sein. Das ist ein riesiger Unterschied. Seit meiner Rettung bin ich so glücklich, dass ich auch Ihnen diesen Weg der Sündenvergebung erklären möchte. Ich wünsche mir, dass Sie das nicht nur als Theorie hören, sondern selbst wirklich so erleben.

Also, wenn Sie wie David Ehebruch begangen haben, wie David gemordet haben, können Sie wie David auch die Vergebung der Sünden bekommen. Gott hat dieses Wort aufgeschrieben, um Ihre Sünden zu waschen, egal welche Sünden Sie auch begangen haben. Genauso wie David die Vergebung seiner Sünden empfangen hat, können auch Ihre Sünden reingewaschen werden. Wenn Sie dieses Wort genau kennen und daran glauben, werden Ihre Sünden weggenommen, genauso wie Davids Sünden getilgt wurden.

In Römer Kapitel 4 steht geschrieben, was David gesagt hat.

„Wie ja auch David den Menschen selig preist, dem Gott zurechnet die Gerechtigkeit ohne Zutun der Werke (Psalm 32, 1-2): „Selig sind die, denen die Ungerechtigkeiten vergeben und denen die Sünden bedeckt sind! Selig ist der Mann, dem der Herr die Sünde nicht zurechnet!“ (Römer 4, 6-8).

Obwohl Sie gesündigt haben, wünscht sich Gott auch heute Abend inbrünstig, dass aus Ihrem Herzen diese Worte hochkommen: „Gott rechnet mir die Sünde nicht zu. Meine Sünden sind bedeckt. Meine Sünden sind alle reingewaschen. Ich bin kein Sünder mehr. Gott, ich danke dir! Alle meine Sünden sind vergeben. Hallelujah!“ Amen? Wünscht sich das Gott und wünschen Sie es sich auch? Ja, dann kann es funktionieren!

Also, lassen Sie uns Psalm 51 aufschlagen, Vers 3:

„Gott, sei mir gnädig nach deiner Güte, und tilge meine

Sünden nach deiner großen Barmherzigkeit.“

Hier bittet David Gott nicht, ihm die Sünden zu vergeben, weil er gebetet oder gefastet oder treu ergeben war, sondern Gott möge mit seiner Güte und Barmherzigkeit und Liebe die Sünden tilgen. Die Sünden werden nicht durch meine guten Taten und meinen Eifer getilgt, sondern durch die Barmherzigkeit und die Güte Gottes.

Vers 4 und 5:

„Wasche mich rein von meiner Missetat, und reinige mich von meiner Sünde; denn ich erkenne meine Missetat, und meine Sünde ist immer vor mir.“

Vers 6:

„An dir allein habe ich gesündigt und übel vor dir getan, auf dass du Recht behaltest in deinen Worten und rein dastehst, wenn du richtest.“

Diese Worte zeigen, wie die Sünden reingewaschen wurden. Die Sünden werden immer auf diese Weise reingewaschen, sodass man gerecht und rein wird. Verstehen Sie?

Als Nächstes Vers 7:

„Siehe, ich bin als Sünder geboren, und meine Mutter hat mich in Sünden empfangen.“

Genau das ist es. Meine Lieben, ich spreche diesmal über die Buße, nicht wahr? Die Menschen sagen, dass sie Buße tun. Wenn man in der Bibel liest, steht die Buße im Zusammenhang mit der Sündenvergebung, aber es gibt viele Menschen, die zwar Buße tun, deren Sünden aber nicht vergeben sind. Wie kommt das? Sie haben nicht die wahre Buße getan. Die wahre Buße ist nicht, zu sagen: „Ich habe gelogen, gestohlen, Ehebruch begangen, gemordet.“ Zu bekennen, dass man ein Same der Sünde ist, das ist wahre Buße. Es ist auch wahr, dass Sie gestohlen, Ehebruch begangen oder gemordet haben, aber in dieser Woche habe ich fortwährend darüber gesprochen, dass wir von Grund auf Sünder sind, die nicht anders können als zu sündigen. Als Petrus umkehrte, bekannte er, dass er ein schmutziger Sünder ist, während Judas Iskariot nur die Sünde bekannte, Jesus verkauft zu haben, aber nicht sich selbst verleugnete. Darum folgte er seinen Gedanken und beging Selbstmord.

David sagte: „Ich habe nicht nur Ehebruch begangen und gemordet, sondern ich wurde in Sünden geboren, und meine Mutter empfing mich in Sünden." Weil ich durch und durch in die Sünde verstrickt bin, habe ich nicht nur dies und jenes getan, sondern mein ganzes Ich ist ein Sündenklumpen. Das hat David akzeptiert und zu dem Herrn gebetet, dass er sein ganzes Leben regeln und ihm barmherzig sein möge.

Entsündige mich mit Ysop

Ich werde weiterlesen. Lassen Sie uns Vers 9 alle zusammen einmal lesen:

„Entsündige mich mit Ysop, dass ich rein werde; wasche mich, dass ich schneeweiß werde."

Was bedeutet das? Meine Lieben, das ist ein sehr wichtiger Satz. Ysop ist eine Pflanze, die in Israel auf Mauern wächst, die kleinste und hässlichste Pflanze. Warum soll ich mich mit Ysop reinigen? Als die Israeliten aus Ägypten auszogen, schlachteten sie ein Lamm und tauchten Ysop in das Blut und strichen es an die obere Schwelle der Tür und die beiden Pfosten. „Entsündige mich mit Ysop." Dieses Wort bedeutet, dass die Blätter des Ysop mit dem Blut von Gottes Lamm getränkt sind. Zur Zeit Davids symbolisierte Ysop das Blut des Lammes, das für unsere Sünden gestorben ist, im Neuen Testament das Blut Jesu Christi, das er am Kreuz vergoss.

David konnte die Sünde, mit der Frau seines Untertanen geschlafen und den Mann getötet zu haben, nicht durch Bekennen wegwaschen, sondern er brauchte Blut dafür. Nur wenn Blut am Ysop war, wurde die Sünde reingewaschen. Warum reinigt das Blut die Sünde? Da „der Sünde Sold der Tod" ist, muss, wer auch immer Sünde hat, mit dem Tod den Sold der Sünde bezahlen, um sie zu tilgen. Das Blut zeigt, dass man die Strafe für die Sünde, den Tod, auf sich genommen hat. Amen?

Darum wurden die Sünden Davids, mit Urias Frau Ehebruch begangen und Uria getötet zu haben, nicht einfach so vergeben, sondern mit dem Blut Jesu Christi reingewaschen. Zur Zeit Davids war Jesus zwar noch nicht gekommen, aber durch die Offenbarung des heiligen Geistes wusste David, dass Jesus Christus auf die Erde kommen würde. Er wusste, dass Jesus Christus mehrere hundert Jahre später auf die Erde kommen würde, um für seine Sünden zu sterben. Auch meine Sünden werden nicht einfach so gewaschen, sondern der Tod, den Jesus am Kreuz erlitt, war die Strafe für meine Sünden. Darum sind meine Sünden reingewaschen. So konnte David sagen: „Meine Sünde werde schneeweiß."

„Entsündige mich mit Ysop, dass ich rein werde; wasche mich, dass ich schneeweiß werde."

Lassen Sie uns einmal alle zusammen lesen.

„Entsündige mich mit Ysop, dass ich rein werde; wasche mich, dass ich schneeweiß werde."

Also, meine Lieben, David beging mit der Frau des Uria Ehebruch und tötete ihn. Er beging diese großen Sünden. Für diese Sünden musste irgendjemand die Strafe auf sich nehmen und dafür sterben, erst dann würden sie reingewaschen sein, nicht wahr? Dann musste als Zeichen dafür, dass jemand die Strafe für die Sünden auf sich genommen hat und gestorben ist, das Blut des Getöteten versprengt werden.

Unsere Sünden wurden auch auf diese Weise gereinigt. Meine

Sünden werden nicht reingewaschen, indem ich sie bekennne oder um Vergebung bitte oder wenn ich wegen der Sünden leide, traurig bin und weine; jemand muss für unsere Sünden sterben. Wer will für unsere Sünden sterben? Niemand. Darum starb Jesus Christus für unsere Sünden. Er vergoss sein Blut.

Das Blut Jesu Christi, das er am Kreuz vergoss, und der Tod, den er, ans Kreuz genagelt, auf sich nahm, wuschen die Sünden Davids rein. Jesus starb am Kreuz auch für die Sünden der Ehebrecherin, die auf frischer Tat ertappt worden ist. Aber nicht allein für den Diebstahl, den Ehebruch und alles was Sie, die Sie heute hier sitzen, begangen haben, sondern für alle Bosheit, die aus Ihrem Innern hochkommt, ist Jesus gestorben. Amen? Was bedeutet es, dass der Ysop mit dem Blut getränkt ist? Das beweist: „Jesus ist für meine Sünden gestorben. Der Sold meiner Sünden wurde bezahlt. Meine Sünde wurde beendet." Darum kann man sagen: „Meine Sünde ist beendet! Meine Sünde wurde am Kreuz vollkommen bestraft!", wenn man diese Tatsache in seinem Herzen angenommen hat.

Nachdem David den Ehebruch und den Mord begangen hatte, erkannte er: „Weil Jesus, der kommen wird, am Kreuz sterben wird, ist meine Sünde schon jetzt reingewaschen." Für uns gilt, dass Jesus, der vor 2000 Jahren gestorben ist, die Strafe für alle Sünden auf sich genommen hat, darum ist die Sünde schon beendet. Daran glauben wir. Jesu Blut ist der Beweis dafür, dass all unsere Sünden reingewaschen wurden! Amen? Amen!

Ich möchte Sie noch einmal fragen. **„Entsündige mich mit Ysop, dass ich rein werde; wasche mich, dass ich schneeweiß werde."** Das Blut an diesem Ysop, wessen Blut ist das? Es ist das Blut des Lammes, das für Davids Sünde gestorben ist, nämlich das Blut Jesu Christi. Jesus starb nicht am Kreuz, um den Sold solcher Sünden wie Diebstahl oder Mord zu bezahlen, sondern für uns, die wir von Grund auf ein Sündenklumpen sind, so wie David bekannte: „Ich bin in Sünden geboren. Meine Mutter empfing mich in Sünden.“ Die Strafe, die Sie, ein Sündenklumpen, eigentlich bekommen müssten, nahm Jesus auf sich und starb am Kreuz. Und er vergoss sein Blut. Dieses Blut ist der Beweis dafür, dass Ihre Sünden reingewaschen sind. Der Prophet Nathan stützte sich auf diese Tatsache und sagte: „Der hat deine Sünden vergeben“, und David antwortete „Amen“ und glaubte daran.

David empfing die Sündenvergebung. Heute Abend spricht nicht Prophet Nathan, sondern Pastor Ock-Soo Park als Gottes Knecht. Ihre Sünden, welche Sie auch begangen haben mögen, alle Ihre Sünden wurden durch das Blut von Gottes Sohn, Jesus Christus, der ans Kreuz genagelt wurde, reingewaschen! Sagen Sie auch einmal wie David: **„Entsündige mich mit Ysop, dass ich rein werde; wasche mich, dass ich schneeweiß werde.“** Wir können erkennen, dass Gott uns schon mit Ysop gereinigt hat. Das Blut Jesu am Ysop beweist, dass unsere Sünden schon vergeben sind. Warum starb Jesus am Kreuz und vergoss sein Blut? Nicht nur für die Sünden wie Diebstahl, Lüge, Mord oder Ehebruch, sondern auch für den ganzen Sündenklumpen, der noch nicht aus meinem Innern herausgekommen ist, aber in Zukunft noch herauskommen wird, hat Jesus am Kreuz die Strafe empfangen! Darum sagt Gott, wenn er uns sieht: „Du hast keine Sünde! Du bist rein! Du bist gerecht!“

Unabhängig davon, ob Sie es wissen oder nicht, wurden dadurch, dass Jesus am Kreuz gestorben ist, Ihre Sünden weißer als Schnee. Aber Satan täuscht uns immer wieder: „Nein, es ist noch Sünde übrig. Die Sünde, dass ich abgetrieben habe, ist noch übrig. Die Sünde, dass ich die Ehe gebrochen habe, ist noch da. Dass ich die anderen angelogen habe, diese Sünde ist noch nicht weg.“ Ich hoffe, dass Sie nicht auf diese Stimme hören, sondern an Gottes

Wort glauben. In Gottes Wort steht, dass durch das Blut am Ysop unsere Sünden weißer als Schnee gewaschen wurden. Amen?

Nicht Schätze, die schwinden wie Gold oder Silber,
haben mich erlöst.
Das heilige Blut des Lammes Gottes,
ja Jesu Blut hat mich erlöst.
Erlösung, Erlösung,
der Herr Jesus erlöste mich von meinen Sünden.
Hallelujah, lasst uns preisen den Herrn, stimmet ein:
Dieses Blut gab mir die Erlösung.

Glauben Sie daran? Hallelujah! Meine Lieben, wir glauben daran, dass Jesu Blut unsere Sünden reingewaschen hat. Amen? Viele Menschen sagen, dass Jesus unsere Sünden reingewaschen hat, und behaupten trotzdem: „Herr, ich bin ein Sünder." Wenn die Sünden reingewaschen wurden, aber immer noch da sind, wie kann man sie dann „reingewaschen" nennen? Davids Sünde war eine vollkommene Sünde, aber er empfing auch die vollkommene Sündenvergebung. Wir leiden 40 Jahre lang unter einer Sünde wie z. B. dem Diebstahl einer Hacke oder eines Bootes, aber David konnte die Vergebung durch Glauben sofort empfangen, obwohl er sich an der Frau eines anderen verging und den Mann umbrachte. „Gott, ich bin rein. Amen", sagte er. Es wirkt ziemlich anmaßend, ziemlich dreist, aber es ist Tatsache, dass seine Sünden reingewaschen wurden.

Wie David!

Psalm 51 Vers 11:
„Verbirg dein Antlitz vor meinen Sünden, und tilge alle

meine Missetat.“

Als Nächstes werde ich Vers 12 lesen:

„Schaffe in mir, Gott, ein reines Herz, und gib mir einen neuen, beständigen Geist.“

David sagte dies, weil ihm alle Sünden vergeben wurden. Früher hatte er ein lüsternes Herz, aber nun bittet er den Herrn, in ihm ein reines Herz zu schaffen und ihm einen neuen, beständigen Geist zu geben.

Vers 14:

„Erfreue mich wieder mit deiner Hilfe, und mit einem willigen Geist rüste mich aus.“

David war ein schmutziger Sünder, aber er erfreute sich an der Rettung durch den Ysop. Er hatte die Stufe, den freien Geist zu haben, erreicht. Dies betrifft uns ebenfalls. Wir sind wie David! Verstehen Sie mich?

„Siehe, ich bin als Sünder geboren, und meine Mutter hat mich in Sünden empfangen.“ Kommt deshalb immer weiter Sünde aus uns heraus oder nicht? Sie kommt heraus. Für den ganzen Sündenklumpen, der in Zukunft noch herauskommen wird, starb Jesus am Kreuz und vergoss sein Blut. Jesus, der für David starb, starb auch für uns. David hat im Voraus gesehen, dass das Blut des Kreuzes seine Sünden reinwaschen wird, und daran geglaubt. Wir haben es im Nachhinein gesehen, dass das Blut des Kreuzes unsere Sünden reingewaschen hat. Der Glaube daran bringt uns zum ewigen Leben! Amen? Glauben Sie daran?

Bitte melden Sie sich, wenn Sie noch Sünder sind! Gibt es keine Sünder mehr? „Meine Sünden sind alle vergeben. Ich bin rein. Ich bin weißer als Schnee geworden. Das sagt die Bibel. Das Blut Jesu hat mich gereinigt.“ Wer daran glaubt, hebe bitte die Hand. Amen, Hallelujah! Hallelujah! Ich preise den Herrn. Das ist „an Jesus glauben“. Wenn ich nicht daran glaube, dass sein Blut meine

Sünden reingewaschen hat, heißt das, dass ich nicht an Jesus glaube, und mein Glaube ist nur eine leere Hülle.

Ich habe lange Zeit unter der Sünde gelitten. Ich hoffte, aus der Sünde herauszukommen, und lebte ständig in dem Kreislauf „sündigen und Buße tun, sündigen und Buße tun“. Jetzt lebe ich nicht mehr so. Warum? Weil Jesus vor 2000 Jahren meine Sünden am Kreuz für ewig getilgt hat. Ich erinnere mich in meinem Herzen an die Sünden, die ich getan habe. Vorgestern habe ich davon erzählt, nicht wahr? Dass ich den Nagelknipser zerbrochen und ihn in das Mäppchen meines jüngeren Bruders geschmuggelt habe. Das war, als ich ungefähr 10 Jahre alt war, aber jetzt, nach 52 Jahren, kann ich mich immer noch daran erinnern. Als ich meinem Bruder kürzlich gestand: „Du, ich habe damals den Nagelknipser kaputtgemacht“, antwortet er: „Tatsächlich, sowas hast du gemacht?“, und sagte, dass er sich an gar nichts erinnern könne. Aber als ich damals sah, wie mein Bruder von unserem Vater geschlagen wurde, habe ich Gewissensbisse bekommen und so sehr darunter gelitten, dass ich dachte, diese Sünde könne nie getilgt werden. Aber auch diese Sünde wurde am Kreuz reingewaschen. Darum wurde ich reiner als Schnee.

Mein Herz, verfärbt von der Sünde, die schwärzer ist als Pech,
wurde reiner als weißer Schnee gewaschen.

Die Menschen singen dieses Lied, aber trotzdem sagen sie: „Herr, ich bin ein Sünder!“

Oh, froher Tag, oh, froher Tag,
an dem der Herr meine Sünden wegwusch.

Nachdem sie dieses Lied gesungen haben, beten sie: „Herr,

vergib mir meine Sünden!" Sie tun alles nur mit den Lippen. Sie singen ohne Herz und beten ohne Herz.

Meine Lieben, lassen Sie uns nun an Jesus glauben. Dass Jesus nicht umsonst am Kreuz gestorben ist, dass er all unsere Sünden reingewaschen hat - lassen Sie uns daran glauben! Nun sind Sie in Gottes Augen keine Sünder mehr. Es ist wahr, dass Sie viel gesündigt haben, aber weil das Blut, das Jesus am Kreuz vergoss, all Ihre Sünden weggewaschen hat, sind Sie in Gottes Augen heilig, gerecht und rein. Gott sagt, dass er sich an Ihre Sünden nicht erinnern kann. Um uns diese Wahrheit beizubringen, hat er in der Bibel ganz detailliert aufgeschrieben, wie David gesündigt hat. Es kann sein, dass David sagt: „Oh, ist das peinlich. Sie erzählen schon wieder davon", aber weil David gesündigt hat, konnten wir den Weg lernen, wie wir die Sündenvergebung bekommen. Ich glaube, wenn wir David im Himmel treffen, müssen wir uns sehr bedanken: „König David, vielen, vielen Dank!"

Jesu Blut hat genauso, wie es Davids Sünde getilgt hat, auch meine Sünde getilgt. Genauso wie Apostel Paulus' Sünde vergeben wurde, wurde meine Sünde vergeben. Daran glaube ich! Darum bin ich kein Sünder mehr. Ich bin heilig! Ich bin gerecht! Amen! Ich werde nur noch einen Vers in der Bibel lesen und die Predigt beenden. 1. Korinther Kapitel 6 Vers 10:

„... weder ... noch Diebe, Geizige, Trunkenbolde, Lästerer oder Räuber werden das Reich Gottes ererben."

Als Nächstes Vers 11:

„Und solche sind einige von euch gewesen. Aber ihr seid reingewaschen, ihr seid geheiligt, ihr seid gerecht geworden durch den Namen des Herrn Jesus Christus und durch den Geist unseres Gottes."

„Und solche sind einige von euch gewesen", das heißt sie haben solche Sünden getan.

„Aber ihr seid reingewaschen, ihr seid geheiligt, ihr seid gerecht geworden durch den Namen des Herrn Jesus Christus und durch den Geist unseres Gottes.“ Das ist das Wort, das Gott Ihnen sagt. Obwohl Sie solche Sünden getan haben, sind Sie durch den Namen des Herrn Jesus Christus und durch den Geist unseres Gottes reingewaschen, geheiligt, gerecht geworden. Glauben Sie einfach daran! Fügen Sie weder etwas hinzu noch lassen Sie etwas weg.

„Er sagt, dass ich reingewaschen bin! Er sagt, dass ich heilig bin! Er sagt, dass ich gerecht geworden bin!“

Darum habe ich auch gesagt, dass ich heilig bin. Da haben die Menschen mich deswegen verspottet:

„Schau dir diese Sekte an! Er sagt, er sei heilig.“

„Ja, ich bin heilig.“

„Was? Sündigst du nicht? Sündigst du gar nicht? Du, bist du heilig? Heilig? Heilig?“

„Sind Sie nicht heilig?“

„Ich bin nicht heilig. Ich bin ein Sünder.“

„Ich bin heilig.“

Gott sagt, dass wir heilig sind, wie kann ich da etwas anderes sagen? Wenn Gott sagt, dass wir heilig sind, sind wir heilig.

Die Menschen vertrauen auf ihre Gedanken. Ich weiß nicht, was für Gedanken, welche Sünde Sie heute Abend haben, aber werfen Sie nun alle Ihre Gedanken weg. Tun Sie Buße von Ihren Gedanken. Werfen Sie alles weg. Und glauben Sie an Gottes Wort. Glauben Sie daran, dass Sie heilig sind, wenn er sagt, dass Sie heilig sind. Wenn er sagt, dass Sie gerecht sind, sind Sie gerecht. Wenn er sagt, dass Sie weißer als Schnee sind, sind Sie weißer als Schnee geworden. Wer daran glaubt, muss gesegnet, und wer nicht daran glaubt, verflucht werden. Glauben Sie daran? Hallelujah! Wer daran glaubt, dass Jesus Christus ihn gereinigt hat, hebe bitte die Hand. Vielen Dank.

Meine Sünden sind reingewaschen! Ich war ein schmutziger Mensch, aber jetzt bin ich gerecht! Ich bin heilig! Ich bin Gottes Kind! Ich kann in den Himmel gehen! Amen, hallelujah! Ich preise den Herrn.

Meine Lieben, die Rettung geschieht nicht durch unsere Bemühungen. Ich nehme in meinem Herzen an, was Gott getan hat. Ich habe vor 43 Jahren diese Wahrheit angenommen. Von da an ist Jesus immer mit mir gewesen. Ich glaube daran, dass er auch mit Ihnen, die Sie diese Wahrheit angenommen haben, sein wird und Ihr Leben segnet und wunderbar führt.

6.

Der Glaube des obersten Mundschenken

6.
Der Glaube des obersten Mundschenken

Guten Tag, meine Lieben! Heute lesen wir das Wort in 1. Mose Kapitel 40. Ich werde ab Vers 1 lesen.

„Und es begab sich danach, dass sich der Mundschenk des Königs von Ägypten und der Bäcker versündigten an ihrem Herrn, dem König von Ägypten. Und der Pharao wurde zornig über seine beiden Kämmerer, gegen den Obersten über die Schenken und gegen den Obersten über die Bäcker, und ließ sie setzen in des Amtmanns Haus ins Gefängnis, wo Josef gefangen lag. Und der Amtmann gab ihnen Josef bei, dass er ihnen diente. Und sie saßen etliche Zeit im Gefängnis. Und es träumte ihnen beiden, dem Schenken und dem Bäcker des Königs von Ägypten, in einer Nacht einem jeden ein eigener Traum, und eines jeden Traum hatte seine Bedeutung. Als nun

am Morgen Josef zu ihnen hineinkam und sah, dass sie traurig waren, fragte er sie und sprach: Warum seid ihr heute so traurig? Sie antworteten: Es hat uns geträumt, und wir haben niemand, der es uns auslege. Josef sprach: Auslegen gehört Gott zu; doch erzählt mir's. Da erzählte der oberste Schenk seinen Traum und sprach zu Josef: Mir hat geträumt, dass ein Weinstock vor mir wäre, der hatte drei Reben, und er grünte, wuchs und blühte, und seine Trauben wurden reif. Und ich hatte den Becher des Pharao in meiner Hand und nahm die Beeren und zerdrückte sie in den Becher und gab den Becher dem Pharao in die Hand. Josef sprach zu ihm: Das ist seine Deutung: Drei Reben sind drei Tage. Nach drei Tagen wird der Pharao dein Haupt erheben und dich wieder in dein Amt setzen, dass du ihm den Becher in die Hand gibst wie vormals, als du sein Schenk warst. Aber gedenke meiner, wenn dir's wohlgeht, und tu Barmherzigkeit an mir, dass du dem Pharao von mir sagst und mich so aus diesem Hause bringst. Denn ich bin aus dem Lande der Hebräer heimlich gestohlen worden; und auch hier hab ich nichts getan, weswegen sie mich hätten ins Gefängnis setzen dürfen. Als der oberste Bäcker sah, dass die Deutung gut war, sprach er zu Josef: Mir hat auch geträumt, ich trüge drei Körbe mit feinem Backwerk auf meinem Haupt und im obersten Korbe allerlei Gebackenes für den Pharao, und die Vögel fraßen aus dem Korbe auf meinem Haupt. Josef antwortete und sprach: Das ist seine Deutung: Drei Körbe sind drei Tage. Und nach drei Tagen wird der Pharao dein Haupt erheben und dich an den Galgen hängen, und die Vögel werden dein Fleisch von dir fressen. Und es geschah am dritten Tage, da beging der Pharao seinen Geburtstag.

Und er machte ein Festmahl für alle seine Großen und erhob das Haupt des obersten Schenken und das Haupt des obersten Bäckers unter seinen Großen und setzte den obersten Schenken wieder in sein Amt, dass er den Becher reiche in des Pharao Hand, aber den obersten Bäcker ließ er aufhängen, wie ihnen Josef gedeutet hatte. Aber der oberste Schenk dachte nicht an Josef, sondern vergaß ihn.“

Bis Vers 23 habe ich gelesen.

Der Tag, den ich niemals vergessen kann: der 7. Oktober 1962

Wenn wir in der Bibel lesen, erscheinen uns die Geschichten und Ereignisse darin vielleicht nicht besonders spannend, aber interessanterweise zeigen sie sehr deutlich unseren Zustand und die Wege unseres Glaubenslebens. Wenn wir fragen: „Kannst du in den Himmel gehen?“, antworten die Leute sehr oft: „Das kann ich erst wissen, wenn es soweit ist, woher soll ich das jetzt schon wissen?“, „Nach dem Tod werde ich es erfahren; wie kann ich jetzt glauben, dass ich in den Himmel komme, obwohl ich noch nie dort gewesen bin?“ oder „Und wenn ich denke, dass ich in den Himmel komme, aber schließlich wird doch nichts draus, was soll ich dann machen?“

In der Bibel kann man nicht ungefähr, sondern ganz genau unterscheiden zwischen Menschen, die in den Himmel gehen und denen, die nicht in den Himmel gehen, zwischen Geretteten und nicht Geretteten. Es ist genau beschrieben, wessen Weg ins Himmelreich führt und wessen Weg nicht. Gestern habe ich frühmorgens bei einer Beerdigung den Gottesdienst geführt. Eine sehr alte Frau war gestorben. Sie sollte schon um fünf Uhr dreißig beerdigt werden, darum stand ich sehr früh auf, fuhr mit dem Auto zum Friedhof und predigte das Wort. Dabei erzählte ich, wie ich vor längerer Zeit an Darmverschluss erkrankt war.

Damals war meine Großmutter, die in meiner Heimat lebte, gestorben, und ich als Hauptleidtragender fuhr in die Heimat, um die Beerdigung zu führen. Drei Tage lang gab es so viele Gäste, dass ich nicht schlafen konnte. Nur Kaffee trinkend hielt ich drei Tage aus. Am Tag der Beerdigung fing abends ein Bibelseminar an. Nach der Beisetzung der Großmutter war es schon ein Uhr mittags. Ich erklärte den Gästen, dass ich etwas Dringendes zu erledigen hätte und bat sie um Verständnis dafür, dass ich früher ging. Eilends fuhr ich mit dem Auto los und begann am Abend das Bibelseminar.

Es gibt etwas, wofür ich sehr dankbar bin: Während ich Bibelseminare abhalte, werde ich immer vollkommen geheilt, wenn ich gerade krank bin. Ich habe das Gefühl, dass ich 150 Jahre alt werde, wenn ich nur immer weiter Bibelseminare führe. Ich habe die Arbeit für das Evangelium jetzt 43 Jahre lang getan und dabei fast jede Woche ein Bibelseminar veranstaltet. Auch diesmal werde ich, wenn dieses Seminar am Samstag beendet sein wird, nach dem Sonntagsgottesdienst am Abend nach Indien fliegen, um dort wieder ein Bibelseminar zu führen. Zurück in Korea, werde ich Sonntagsgottesdienst feiern und am Montag darauf nach Hawaii fliegen und zwei Wochen lang ein Bibelseminar führen usw. So lebe ich, aber in den 43 Jahren musste ich noch nie ein Bibelseminar wegen Krankheit ausfallen lassen. Neulich ist mir diese Tatsache aufgefallen, und ich war wirklich sehr erstaunt. „Das ist Gottes Gnade. Gott freut sich, wenn ich Bibelseminare halte. Ich werde nicht sterben, solange ich immer weiter Bibelseminare führe“, dachte ich.

Damals nach der Beerdigung meiner Großmutter war ich

körperlich sehr erschöpft. Aber während des Bibelseminars habe ich meine Schmerzen ganz vergessen, und am Freitag konnte ich es sehr gnadenvoll beenden. Am Samstagmorgen bekam ich Bauchschmerzen. Ich musste vormittags in der Missionarsschule predigen, aber mein Bauch tat so weh, dass ich zu meiner Frau sagte: „Schatz, heute kann ich wirklich nicht gehen", und an diesem Morgen fing mein Kampf mit meinem Bauch an. Es war sehr schmerzhaft; wenn ich kniend betete: „Herr!", ging es zwar eine Weile besser, doch etwas später fingen die Schmerzen wieder an ... Später erfuhr ich, dass der Darm sich verdreht hatte. Wenn der Darm sich verdreht, schmerzt es, und wenn er wieder die normale Position einnimmt, wird es etwas besser. Von 8 Uhr morgens bis 12 Uhr nachts gingen diese Symptome weiter. Nachts um 12 hatte ich sehr große Schmerzen, aber meine Frau schlief laut schnarchend. Sie ist zwar den Worten nach ein Herz und eine Seele mit mir, aber weil sie nicht ein Fleisch mit mir ist, tat ihr ja nichts weh. Ich mochte sie überhaupt nicht in diesem Moment. Darum weckte ich sie auf. „Schatz, mein Bauch schmerzt zu sehr. Bitte die Brüder, ein Auto zu schicken. Ich muss ins Krankenhaus."

Nachts um 12 fuhren sie mich ins Krankenhaus. Mein Bauch war so aufgebläht, dass ich aussah, als sei ich im neunten Monat schwanger. Als ich gegen 1 Uhr im Krankenhaus ankam, wurde ich gleich geröntgt. Der Arzt sagte mir dann, dass ich einen Darmverschluss hätte, weil der Darm verdreht war. Daraufhin schob der Arzt einen Schlauch in meine Nase und sogleich schoss bläuliches Wasser heraus, sodass der Kittel des Arztes ganz schmutzig wurde. Die Nacht verging, und es wurde Sonntag. Nach meiner Erinnerung habe ich seit meiner Wiedergeburt nur ein einziges Mal nicht am Sonntagsgottesdienst teilgenommen, und das war an diesem Tag. Die Ärzte sagten mir, dass ich wegen des

Darmverschlusses operiert werden müsse. Da meine Schwägerin in dieser Uniklinik arbeitete, erkundigte sie sich, wer im Moment in der Abteilung für Innere Medizin Dienst hatte. Sie erfuhr, dass nur ein paar Assistenzärzte da waren, deswegen verschoben wir die Operation. Am nächsten Tag würde der Facharzt kommen, sagte sie und meinte, dass es besser wäre, erst dann zu operieren.

Als ich am Sonntagvormittag im Bett lag, begegnete ich dem kummervollen Blick meiner Frau. Aber dann verschwamm ihr Gesicht vor meinen Augen und verschwand. Meine Gedanken waren noch klar, aber ihr Gesicht war verschwommen, und ich konnte es schließlich gar nicht mehr sehen. Als sich das mehrere Male wiederholte, dachte ich: „Ich bin nun kurz vor dem Tod. Ich sterbe jetzt!“ und: „Vor meinem Tod muss ich noch alles ordnen.“ Als Erstes fiel mir die Gemeinde ein. Meine Frau nannte mich immer „kleinherziger, pingeliger Opa“. Sie sagte, dass ich zu viel nörgelte. Aber als ich dachte, ich würde gleich sterben, brauchte ich nicht mehr zu sagen: „Tu dies, tu das!“ Die Pastoren würden ja alles gut erledigen, wozu sollte ich beim Sterben noch so etwas sagen. Vorher gab es sehr viele komplizierte Dinge, aber als ich dachte, dass ich jetzt sterben werde, wurde alles ganz einfach. Als ich leben wollte, hatte ich viele Sorgen, aber als ich dachte, dass ich sterbe, wurde alles sehr einfach. Das war sehr erstaunlich. Früher meinte ich, dass es vor meinem Tod einmal viele Dinge zu sagen geben würde: „Pastor Kim, erledige dies so und so. Erledige jenes so und so ...“, aber als ich wirklich vor dem Tod stand, gab es gar nichts mehr zu sagen. Mein Herz war sehr einfach geworden.

„Gut, die Gemeinde hat sich erledigt, aber meine Familie? Meine Frau wird allein mit den Kindern weiterleben. Und wenn sie nicht weiterlebt, wird sie sterben.“ Es war vollkommen sinnlos zu sagen: „Schatz, tu so und so.“ Eine Lebende wird besser Bescheid wissen als ein Verstorbener. Zuletzt dachte ich über meine Seele nach: „Was passiert, wenn ich sterbe?“ Was mir da einfiel, war der 7. Oktober 1962, der Tag, an dem ich glauben konnte, dass all meine Sünden so weiß wie Schnee gewaschen worden sind, dass durch Jesu Blut all meine Sünden so weiß wie Schnee geworden sind, der Tag, den ich nie vergessen kann! Für mich war dieser Tag der 7. Oktober 1962 frühmorgens. Von dieser Stunde an war Jesus, egal ob ich es merkte oder nicht, immer mit mir. Dieser liebe Jesus wird mich an der Hand fassen und mich über den Fluss des Todes führen, an das Ufer, wo der Baum des Lebens wächst. Als ich daran dachte, war es so herrlich, dass in mir neue Kraft entstand. Vielleicht habe ich deswegen überlebt.

Wenn ich früher an den Tod gedacht hatte, bedeutete er für mich Furcht und Leid, aber als ich glaubte, direkt vor dem Tod zu stehen, fürchtete ich mich gar nicht, sondern der Tod war mir eine sehr große Freude: „Jetzt ziehe ich meinen Körper aus! Ich werde für ewig mit dem Herrn leben! Ich gehe nun zum Tempel des Herrn!“ Eilends wollte ich dorthin gehen, den Herrn treffen und sein Gesicht sehen. Solche Gedanken kamen in meinem Herzen hoch.

Auf jeden Fall - weil ich sonntags nicht in die Gemeinde gekommen bin, haben die Brüder und Schwestern viel gebetet. Vielleicht weil sie während des Gottesdienstes viel gebetet haben, kam gegen zwei Uhr nachmittags Gas aus meinem Körper heraus. Ich pupste! Der Arzt hatte vorher gesagt, dass das etwas sehr Wertvolles wäre, darum sollte ich ihm unbedingt gleich Bescheid sagen. Es war wirklich wertvoll. Denn dadurch konnte ich ohne eine Darmoperation überleben.

Gestern wurde eine sehr alte Frau namens Joo-Ok Lee, die die Sündenvergebung empfangen hat und entschlafen ist, beerdigt. Als ich auf der Beerdigung predigte, war ich dem Herrn sehr dankbar. „Diese alte Frau - wenn Jesus nicht am Kreuz gestorben wäre und unsere Sünden nicht reingewaschen hätte, wo wäre sie jetzt? In Furcht und Entsetzen wäre sie in die Vernichtung gegangen. Aber diese Frau hat Jesus getroffen, und von ihren Sünden befreit ruht sie nun im Himmelreich." Die Tatsache, dass sie gerettet ist, ließ meine Rettung noch größer erscheinen. Ich empfand diese Gnade noch viel intensiver.

Können aus gerösteten Samen Sprossen und Blumen hervorkommen?

Vor vielen Jahren, als ich noch in die Sonntagsschule ging, erzählte uns unser Lehrer folgende Geschichte: Vor langer Zeit versammelte der König eines Landes all sein Volk und sagte:

„Mein geliebtes Volk, heute werde ich jedem von euch einen „Samen des Herzens" geben. Dieser Same sprießt und blüht, wenn gute Menschen ihn säen, aber wenn böse Menschen ihn säen, sprießt er zwar, blüht aber nicht. Und wenn noch bösere Menschen ihn säen, sprießt er noch nicht einmal. Darum sät diesen Samen und lasst wunderschöne Blumen erblühen, dann werde ich mir diese Blumen ansehen und denjenigen, der seine Blume am besten zum Erblühen gebracht hat, belohnen!"

Der König verteilte nun die Blumensamen an seine Untertanen, sodass jeder einen bekam. Von diesem Tag an nahmen die Bürger dieses Landes hübsche Blumentöpfe, füllten sie mit weicher Blumenerde, legten den Blumensamen hinein, gaben ihm Dünger und Wasser und bemühten sich mit ganzem Herzen, eine Blume erblühen zu lassen. Immer wenn die Leute sich trafen, sprachen sie nur über die Blumensamen.

„Herr Kim, wie groß ist Ihr Spross?"

„Meine Blume hat schon zwei Blattknospen."

„Wirklich? Meine hat schon drei."

Die Menschen säten ihre Blumensamen und versuchten ihre Blumen zum Erblühen zu bringen. Eine Weile später hörte man, dass in diesem Haus die Blüte schon aufgegangen sei und in jenem Haus zwei Knospen aufgebrochen seien und wieder in einem anderen Haus seien sogar drei Blumen erblüht. So gaben sie gegenseitig mit ihren erblühten Blumen an.

Als schließlich die Zeit kam, dass alle Blumen erblüht sein müssten, verkündete der König: „Morgen werde ich die Blumen besichtigen. Ich werde die Straße entlanggehen. Jeder nehme seine Blume und stelle sich an der Straße auf, hinter seinem Blumentopf." Und am nächsten Tag, als es Zeit wurde, kam der König. Die Menschen standen entlang der Straße. Jeder hatte wunderschöne Blumen zum Erblühen gebracht. Sie verglichen die Blumen untereinander: „Seine Blume ist hübscher als meine. Wird er belohnt oder ich?", aber der König schaute sich die Blumen nicht einmal an und ging vorbei. Aber nach einer Weile blieb er plötzlich stehen. Dort stand Hans, aber er hatte nicht einmal einen Blumentopf. Weinend stand er hinter einer zerbrochenen Schüssel, die mit Erde gefüllt war. Der König fragte ihn:

„Junge, warum weinst du?"

„Eure Majestät, tötet mich! Mein Herz ist so böse, dass der Blumensame nicht einmal Sprossen hervorgebracht hat!", schluchzte Hans.

„Hm, wie hast du denn den Samen gesät, dass er nicht sprießen konnte?"

„Ich habe dem Samen Wasser gegeben und mich mit ganzem Herzen um ihn gekümmert. Aber es kam kein Spross aus diesem Samen. Ich weiß, dass es so ist, weil ich ein böses Herz habe. Bitte, bestraft mich!"

Der König lächelte verschmitzt und nahm Hans an der Hand und sagte: „Folge mir!" Hans nahm seine zerbrochene, mit Erde gefüllte Schüssel und folgte dem König. Von einem erhöhten Platz aus fing der König an zu sprechen:

„Mein geliebtes Volk!“

Alle wurden ganz still.

„Ich wollte euer Herz erfahren. Die Blumensamen, die ich an euch ausgeteilt habe, habe ich in der Nacht zuvor heimlich in einer Pfanne gebraten. Aber wie konnten geröstete Samen Blumen hervorbringen?“

Die Untertanen hatten die vom König ausgeteilten Blumensamen gesät, aber als keine Sprossen herauskamen, hatten sie aus Furcht, dass man sie einen bösen Menschen nennen würde, andere Blumensamen gesät und so Blumen zum Erblühen gebracht. Nur Hans hatte den Erdklumpen ohne Spross gebracht. Wer ist gut? Hans ist gut. Ich weiß nicht, warum unser Sonntagsschullehrer diese Geschichte erzählte, aber ich kann mich noch genau an sie erinnern.

Meine Lieben, in dem Moment, wo Adam und Eva sündigten, wurden wir Samen der Sünde! Samen der Sünde. Gott sagt über uns Menschen: **„Es ist das Herz ein trotzig und verzagt Ding; wer kann es ergründen?“** (Jeremia 17, 9). Gott sagt, dass nirgendwo im Herzen des Menschen Gutes zu finden ist. Darum können wir nichts Gutes vollbringen. Wie kann aus einem gerösteten Samen eine Blume kommen? Gott hat gesagt, dass im Herzen des Menschen nichts Gutes ist. Aber die Menschen basteln sich etwas „Gutes“, obwohl sie nichts Gutes haben. Nachdem sie andere Blumensamen gesät und sie zum Erblühen gebracht haben, tun sie so, als ob die Blume aus dem ersten Samen gekommen wäre.

Da in uns nichts Gutes ist, egal wie viele „gute Dinge“ wir vor Gott tun wie z. B. den Sonntag heiligen, anderen helfen oder freiwillig Arbeiten verrichten, hat Gott gar kein Interesse daran, genau wie an den Blumen, die aus gerösteten Samen kommen. Weil wir Menschen böse Samen sind, können wir nur böse Früchte hervorbringen. Aber heutzutage kennen viele Kirchen die Bibel nicht mehr genau und sagen deshalb den Kirchgängern, dass sie Gutes tun sollen. Und die Menschen lassen sich täuschen, so dass sie sich für gut halten, nur weil sie sich eifrig bemühen, Gutes zu tun. Darum gab Gott ihnen das Gesetz, um sie noch mehr sündigen zu lassen.

In Römer 5, 20 steht: **„Das Gesetz aber ist dazwischen hineingekommen, damit die Sünde mächtiger würde. Wo aber die Sünde mächtig geworden ist, da ist doch die Gnade noch viel mächtiger geworden.“** Durch das Sündigen muss ich erkennen, dass ich ein Sünder bin, dass ich böse und schmutzig bin; dann werde ich es aufgeben, selbst etwas zu tun, und den Herrn wirken lassen. Nur der Herr allein ist ein gerechter Same auf dieser Welt, nur Jesus ist ein guter Same und nur Jesus ist ein heiliger Same. Die Menschen sind alle beschmutzt. Böse und erbärmlich, das sind wir Menschen! Meine Lieben, lassen Sie uns ehrlich sein. Wenn Sie alles, was in Ihrem Herzen hochkommt, in die Tat umsetzen würden, wären Sie alle Hunde und Schweine. Obwohl in Ihnen solche Dinge hochkommen, versuchen Sie eifrig Gutes zu tun; deshalb sind Sie vor Gott Heuchler! Meinen Sie, dass Gott sich täuschen lässt und sagt: „Das hast du aber gut gemacht. Geh in den Himmel“? Von wegen, niemals wird er so etwas sagen!

Wenn ich ab und zu im Radio Predigten höre, fällt mir oft auf, wie die Pastoren angeben. Das ist äußerst lächerlich. Was für gute Dinge sie getan haben, wie sie 40 Tage lang gefastet und gebetet haben, was sie alles vollbracht haben ... Im Matthäusevangelium sagt Jesus, dass am Tag des Gerichts viele Menschen sagen werden: „Herr, Herr, ich habe in deinem Namen viele Dinge getan. In deinem Namen habe ich böse Geister ausgetrieben, in deinem Namen viele Wunder getan“, aber Jesus antwortet, dass er sie nicht kennt. Wenn ich sagen würde, dass ich etwas getan hätte, hätte ich Gottes Fluch verdient. Denn ich bin von Grund auf ein böser Mensch, der verflucht werden muss. Das Einzige, was ich tun kann, ist, mich wegzuwerfen. Mit anderen Worten: Ich muss mich verleugnen. Mich zu verleugnen ist das Beste, was ich für mich tun kann.

Die Kirchen heutzutage lehren das Glaubensleben verkehrt. „Tut Gutes vor dem Herrn, seid treu ergeben, führt ein rechtschaffenes Leben“ usw. Gott freut sich überhaupt nicht über diese „guten“ Dinge. Es ist vielmehr so: „Weil ich aus mir selbst Gutes tun möchte, kann ich Gottes Güte nicht empfangen; weil ich selbst rein werden möchte, kann ich Jesus’ Gerechtigkeit nicht empfangen. Weil ich damit beschäftigt bin, meine Gerechtigkeit aufzurichten, vergesse ich Gottes Gerechtigkeit.“ So steht es in Römer Kapitel 10:

„Denn ich bezeuge ihnen, dass sie Eifer für Gott haben, aber ohne Einsicht. Denn sie erkennen die Gerechtigkeit nicht, die vor Gott gilt, und suchen ihre eigene Gerechtigkeit aufzurichten und sind so der Gerechtigkeit Gottes nicht untertan“ (Römer 10, 2-3).

Wenn ich viel spende und dem Herrn treu ergeben bin, sage ich selbstsicher: „Vater, Gott!“, aber wenn ich gestritten, Schlechtes getan oder Böses gedacht habe, schäme ich mich vor Gott. Dann bin ich ein Mensch, der durch seine Taten vor Gott bestehen will.

Als ich einem Kind einen Apfel gegeben habe, hat es ihn mit einer Hand genommen. Als ich ihm noch einen Apfel gegeben habe, hat es ihn mit der anderen Hand genommen. Als ich ihm wieder einen Apfel gegeben habe, hat es die Äpfel in seinen beiden Händen und den Apfel, den ich ihm angeboten habe, angeschaut und den kleinen Apfel weggelegt und den großen Apfel angenommen. Meine Lieben, wie kann ein Kind zwei Äpfel in einer

Hand tragen? Es muss einen loslassen, um den anderen nehmen zu können. Auch wir müssen unsere guten Dinge wegwerfen, damit wir das Gute von Jesus empfangen können. Ich muss meine Gerechtigkeit wegwerfen, damit Gottes Gerechtigkeit zu meiner Gerechtigkeit werden kann. Die Menschen, die Menschen! Sie halten ihre eigene Gerechtigkeit fest.

Das verdorbene Christentum, abgewichen von der Bibel

Einmal habe ich mich mit einem Pastor unterhalten.

„Pastor, haben Sie die Bibel gelesen?"

„Ja, als ich in Deutschland studiert habe ..."

Er hat über sich erzählt und dabei nur angegeben. Dieser Mann war zwar Pastor, aber ein Betrüger, der gar nichts mit Gott zu tun hatte. Wenn es in mir noch etwas anzugeben gibt, wieso muss ich dann auf Jesus vertrauen? Der Pastor Ock-Soo Park, der vor Ihnen steht - wenn es in ihm etwas gibt, womit er angeben kann, dann nur erbärmliche, schmutzige, böse, verlogene, jämmerliche und schwache Dinge. Und wenn es etwas gibt, was ich gut gemacht habe, habe nicht ich das getan, sondern Jesus. In mir gibt es nichts Gutes.

Während des letzten Bibelseminars in Incheon habe ich einen Pastor getroffen, der vieles empfangen hatte. Er hat in Zungen geredet, den heiligen Geist empfangen usw. Das ist lächerlich. Heutzutage soll es viele Orte geben, wo man die Zungenrede lernen kann. Wenn man in Gebetshäuser geht, bringen sie einem dort das Zungenreden bei: „A~allelujah, allelujah ..." Man sagt, dass die meisten Mitglieder der Full Gospel Church in Zungen reden. Das Merkwürdige daran ist, dass die Leute der Full Gospel Church anscheinend gar nicht in der Bibel lesen. Denn in der Bibel steht in 1. Korinther Kapitel 14, dass in einer Gemeinde zwei, höchstens drei Personen in Zungen reden sollen. Es dürfen also nicht mehr als drei Personen in Zungen reden. Und das auch nur, wenn ein Ausleger da ist. Einer redet in Zungen und ein anderer legt es aus. Ein anderer redet in Zungen, und einer legt es aus. Das sollen nicht mehr als drei Personen tun.

„Wie ist es denn nun, liebe Brüder? Wenn ihr zusammenkommt, so hat ein jeder einen Psalm, er hat eine Lehre, er hat eine Offenbarung, er hat eine Zungenrede, er hat eine Auslegung. Lasst es alles geschehen zur Erbauung! Wenn jemand in Zungen redet, so seien es zwei oder höchstens drei, und einer nach dem andern; und einer lege es aus. Ist aber kein Ausleger da, so schweige er in der Gemeinde und rede für sich selber und für Gott“ (1. Korinther 14, 26-28).

Ich weiß nicht, ob die Mitglieder der Full Gospel Church diese Bibelstelle nicht gelesen haben, jedenfalls sagt die Bibel, dass in einer Gemeinde zwei, höchstens drei Personen in Zungen reden sollen. Und dies auch nur, wenn es jemanden gibt, der es auslegen kann. Wenn niemand da ist, der es auslegen kann, soll man schweigen und es zu Hause tun. In manchen Kirchen reden hunderte von Menschen in einer Gemeinde in Zungen, deswegen ist es sehr laut. Wie sollte aber der heilige Geist Gottes nicht der Bibel gemäß arbeiten, sondern von der Bibel abweichen? Wenn es Gott ist, der die Bibel geschrieben hat, und wenn die Zungenrede von Gott gegeben ist, arbeitet der heilige Geist gemäß der Bibel, niemals davon abweichend.

In unserer Gemeinde gibt es einen Ältesten, Ki-Kwon Doh. Sein Vater hatte früher viele Schwierigkeiten wegen seines Geschäfts. Damals kam sein Pastor und sagte zu ihm: „Sie müssen in Zungen reden!“ Darum hat die ganze Familie in Zungen geredet, aber der Vater, Ältester Yeong-Dae Doh, konnte nicht in

Zungen reden. Deswegen sagten die Familienmitglieder: „Ach, Vater, du bist das Problem!“ Er war sehr bekümmert: „Aber es funktioniert nicht. Was soll ich denn machen?“ In Korea besteht ein Christentum, das absolut nichts mit der Bibel zu tun hat. Die großen Kirchen haben sich sehr von der Bibel entfernt.

Ich habe ab und zu solche Gedanken: „Der Pastor der Full Gospel Church - lehrt er so, weil er die Bibel nicht kennt? Soviel sollte er doch wissen! Deckt ein Pastor von solcher Größe 1. Korinther zu und lässt alle seine Kirchenmitglieder in Zungen reden? 1. Korinther ist das Lexikon der Zungenrede. Ich kann das nicht verstehen!“ Aber die Menschen lassen sich alle täuschen. So wie es am Körper eines Menschen Augen, Nase, Ohren und Mund gibt, gibt es auch verschiedene Gaben, und die Zungenrede ist nur eine davon. In der Gemeinde übernehmen manche das Amt der Nase und manche das Amt des Mundes. Es dürfen nicht alle in Zungen reden.

„Haben alle die Gabe, gesund zu machen? Reden alle in Zungen? Können alle auslegen?“ (1. Korinther 12, 30).

Sie unterscheiden sich also von der Bibel. Die Bibel sagt, dass die Wiedergeborenen verschiedene Gaben bekommen haben. Einer hat die Gabe der Augen, einer die Gabe der Nase usw. Ist das ein Mensch, wenn es an seinem Körper weder Beine noch Augen gibt, sondern nur einen Mund? Das ist ein Monster! Meine Lieben, ich möchte keine bestimmte Kirche niedermachen, aber die koreanischen Kirchen sind allesamt sehr von der Bibel abgewichen. Die Pastoren lesen nicht in der Bibel. Da es viele menschliche Methoden und Wege gibt, versuchen sie auch ihr Glaubensleben nach menschlichen Methoden zu führen.

Für alles, was ich nach menschlichen Methoden mache, brauche ich meine eigene Kraft. Aber um an Gott glauben zu können, muss es mir an meiner Kraft mangeln. Ein Soldat muss, wenn er in den Krieg zieht, sein Gewehr putzen, es mit Munition laden und es tragen, aber um sich zu ergeben, muss er sein Gewehr wegwerfen. Wenn er „Ich ergebe mich!“ ruft und dabei ein voll geladenes Maschinengewehr in den Händen hält, kann er leicht erschossen werden. Wer mit dem Gewehr zielt und „Ich ergebe mich!“ ruft, wird getötet. Um sich zu ergeben, muss er sein Gewehr wegwerfen. „Ich ergebe mich! Es liegt an dir, ob du mich tötest oder leben lässt. Ich überlasse es dir.“ Das ist Kapitulation. Glauben heißt nicht, dass wir vor Gott kämpfen, sondern uns vor Gott ergeben. „Gott, alles, was ich getan habe, ist nur schmutzig, erbärmlich und böse. Weil ich nicht mehr kann, übergebe ich dir mein Leben. Egal ob ich sterbe oder lebe, ich gebe es in deine Hand. Wasche du meine Sünden, heile mich, mach du alles!“ Das ist der Anfang des Glaubenslebens. Amen? Aber die Menschen führen ihr Glaubensleben verkehrt. Sie versuchen eifrig, selbst etwas zu tun. Viele Pastoren sagen, dass man sich anstrengen soll.

Vor zehn Jahren wurde ich zu dem Bibelseminar „Move On“ nach Kenia, Afrika, eingeladen, um dort zwei Stunden zu predigen. Sehr viele Pastoren waren zu diesem Bibelseminar gekommen, das in einem großen Stadion stattfand, und als der Moderator sagte, dass für Aidskranke gebetet wird, hoben ca. 700 Personen die Hand und kamen nach vorne. Die Pastoren sagten „Pokeya!“ und schlugen ihnen auf den Kopf. Dann fielen die Menschen um, und das sollte bedeuten, dass sie den heiligen Geist empfangen hätten. Die Veranstalter des Bibelseminars baten auch mich, für die Leute zu beten. Darum ging ich von der Kanzel hinunter auf den Platz und betete für eine Person. Auch diese Person fiel um. Sie nahmen sich von vornherein vor, umzukippen. Ich befürchtete, dass sie eine Gehirnerschütterung bekämen, wenn sie umkippten, darum hielt ich sie fest. Später sah ich, dass es beim Beten Leute gab, die die Personen von hinten auffingen. Am Ende des Gebetes lagen mehrere Hundert auf dem Boden des Stadions. Das sollte heißen, dass sie alle den heiligen Geist empfangen hätten.

Ein Pastor sagte zu einem jungen Mann, der nach vorne gekommen war: „Pokeya!" und schubste ihn am Kopf. Aber als er einfach stehen blieb, sagte er wieder „Pokeya!" und drückte mit aller Kraft. Als er immer noch so dastand, ging er beim dritten Mal ein bisschen nach hinten, sagte „Pokeya!" und drückte mit Schwung. Und als er immer noch stand, ging er einfach weiter. Ich sagte zu den Veranstaltern:

„Das ist etwas seltsam. In der Bibel hat Jesus die Gelähmten aufgerichtet, die Toten aufgerichtet und alle aufgerichtet, aber warum lasst ihr alle umfallen? Ist das nicht komisch?"

Niemand antwortete mir. Trotzdem sagten sie weiterhin „Pokeya!" und ließen die Leute umfallen. Das nannten sie „den heiligen Geist empfangen".

Da die Menschen in Afrika einfach denken, betrügen viele Pastoren sie. Wenn ich darüber erzähle, gibt es wirklich viele herzzerreißende Dinge. Die meisten der Menschen, die auf dem Platz versammelt waren, hatten keine Schuhe an und konnten es sich nicht leisten zu essen, aber ich wurde zu einem Essen eingeladen, über das ich sehr erstaunt war. In einem Stadion gibt es normalerweise VIP-Sitze hinter der Loge. Dort saßen die Pastoren und aßen die herrlichsten Gerichte, die sogar in Amerika schwer zu finden sind. Ich esse auch ab und zu herrliche Gerichte, aber das Problem war hier, dass diese Pastoren auf der Kanzel vom Anfang bis zum Ende nur über das Thema Geld gesprochen haben. Während der Predigt sammelten sie Spenden ein. Danach sagten sie den Leuten, sie sollten sich eine bestimmte Summe vornehmen, und diese sammelten sie später auch noch ein. Während eines Gottesdienstes sammelten sie zwei- bis dreimal Geld ein. Das Christentum in der ganzen Welt ist wirklich verdorben.

Einmal wurde ich in eine Gemeinde in Afrika eingeladen, um dort zu predigen. Die Menschen haben getanzt und gesungen. Ich habe zwar mitgemacht, aber mein Körper machte, was er wollte. Jemand hat das auf Video aufgenommen und es meiner Frau gezeigt, und sie sagte: „Schatz, du hast keinen einzigen Tanzschritt richtig gemacht." In dieser Gemeinde kamen alle einzeln tanzend nach vorne, warfen etwas in den Spendenkasten und gingen wieder zurück. Die ganze Gemeinde musste zum Tanzen nach vorne kommen. So werden sie gezwungen zu spenden. Sie machen das dreimal während eines Gottesdienstes.

Das Christentum dieser Welt ist total verdorben. Über die koreanischen Kirchen werde ich nichts sagen, weil Sie das schon wissen. Wenn Menschen von anderen Kirchen in unsere Gemeinde kommen, werden wir Sekte genannt, weil sie ihre Kirchenmitglieder verlieren. Es gibt viele Menschen, die in ihrer vorigen Kirche sehr verletzt worden sind und in unsere Gemeinde kommen. Bis dahin kann ich es noch akzeptieren. Aber was ich nicht aushalten kann, ist, dass sie das Glaubensleben verkehrt lehren.

Wie muss man ein Glaubensleben führen? Wer wird für sein Essen betteln? Nur wer hungert, geht betteln. Wenn er noch etwas zu essen hat, sagt er nicht: „Bitte geben Sie mir etwas zu essen!" Wer in seinem Glaubensleben keine eigenen Methoden hat, vertraut auf Jesus. Dass ich nichts Gutes tun kann, dass ich keine Gerechtigkeit habe, dass ich nicht anders kann als sündigen, dass ich verdammt werden muss - das muss ich erkennen. Wer selbst noch etwas tun kann, kann nicht auf Jesus vertrauen; selbst wenn er das behauptet, ist es kein wahres Vertrauen. Damit ich auf Gott vertrauen kann, muss ich all meine eigenen Methoden wegwerfen. Wie kann da Glauben an Gott entstehen, wenn ich selbst versuche, treu ergeben zu sein, zu beten, mich eifrig zu bemühen? Nein, das geht nicht! Ich wünsche mir, dass Sie mit dem richtigen Glauben Seoul verändern. Wenn Sie im wahren Glauben stehen, kann Ihr Mund nicht mehr ruhig bleiben: „Nein, das ist nicht richtig. Das ist falsch!“

Vorgestern ist mein Freund zum Bibelseminar gekommen. Ich habe ihn beim Militär kennen gelernt. Er war Polizeichef und ist nun in Rente gegangen. Bei der Polizei soll es mehrere Pastoren geben. Wenn mein Freund ihnen sagt, dass er mit Pastor Ock-Soo Park befreundet ist, sagen sie „Ach, diese Gemeinde!“ und reden schlecht über mich und sagen, dass ich ein Geschäft führen würde. Dann erklärt mein Freund:

„Ich weiß genau Bescheid, es ist nicht so! Ich habe mit Pastor Park ein Zimmer geteilt und bin mit ihm zum Australia Camp gefahren, aber Pastor Park führt kein Geschäft. Erkundigen Sie sich mal genau. Und ich weiß auch, dass Pastor Park das Predigtbuch „Das Geheimnis der Sündenvergebung und der Wiedergeburt“ herausgegeben hat, das viel verkauft wurde, aber er hat keinen Cent davon genommen. Er war gar nicht an Geld interessiert.“

Viele Pastoren sagen: „Die Gute-Nachricht-Mission ist eine Sekte. Wenn man dorthin geht, wird man zugrunde gehen“, und verbreiten alle möglichen Geschichten. Ich möchte nicht wie solche Pastoren werden. Da ist es mir lieber, als Sekte bezeichnet zu werden. Ich möchte nicht hören müssen, dass ich wie diese Pastoren bin. Es ist alles nicht so wichtig, aber man muss fähig sein, seinen Gemeindemitgliedern das wahre Glaubensleben vorzuleben.

Der Mundschenk, der nur den Weinstock gesehen hat

Die Reformation des Christentums begann, als das Wort **„Der**

Gerechte wird aus Glauben leben" (Römer 1, 17) in das Herz von Martin Luther kam. Glauben bedeutet, nicht auf mich zu vertrauen, sondern dem Herrn zu glauben und somit seine Gerechtigkeit, seine Heiligkeit anzunehmen. Das Wort in 1. Mose Kapitel 40 handelt genau davon. Oberflächlich gesehen ist das der Inhalt: „Der Oberste der Bäcker und der Oberste der Mundschenken sündigten und kamen ins Gefängnis. Jeder von ihnen träumte einen Traum, den Josef auslegte. Gemäß Josefs Voraussage überlebte der Mundschenk, und der Bäcker starb."

In Kapitel 40 Vers 1 steht: **„Und es begab sich danach, dass sich der Mundschenk des Königs von Ägypten und der Bäcker versündigten an ihrem Herrn, dem König von Ägypten."** Die beiden haben gesündigt. Aber am Ende von Kapitel 40 steht: **„und setzte den obersten Schenken wieder in sein Amt, dass er den Becher reiche in des Pharao Hand, aber den obersten Bäcker ließ er aufhängen, wie ihnen Josef gedeutet hatte."** In Kapitel 40 Vers 1 haben beide gleichermaßen vor dem Pharao gesündigt, aber am Ende wurde einer gerettet und einer vernichtet. Diese Geschichte ist nicht nur irgendeine Geschichte, sondern die Geschichte der ganzen Menschheit. Wir, die Menschen, haben alle gleichermaßen gesündigt, aber es gibt die, die gerettet sind, und andere, die verdammt werden. Was für Menschen sind dann die, die gerettet werden? Menschen wie der Mundschenk werden gerettet. Und Menschen wie der Bäcker werden vernichtet.

Wenn wir nun schauen, was für ein Herz der Mundschenk hatte, sodass er die Rettung empfangen konnte, und warum der Bäcker vernichtet wurde, dann können wir ganz genau den Weg herausbekommen, wie man ein Glaubensleben führen muss. Es ist sehr einfach. Was hat der Mundschenk getan? Lassen Sie uns zusammen Vers 9 lesen.

„Da erzählte der oberste Schenk seinen Traum und sprach

zu Josef: Mir hat geträumt, dass ein Weinstock vor mir wäre.“

Dies erzählt von der Welt des Herzens. Als ich Vers 9 gelesen habe, war ich sehr erstaunt. Warum? Als der Oberste der Schenken des Königs hatte er einen hohen Posten inne mit einem guten Gehalt. Er muss gut gelebt haben. Aber eines Tages, als er etwas falsch gemacht hatte, wurde er ins Gefängnis gesteckt. Wie frustriert muss er wohl gewesen sein! „Wie lange werde ich wohl im Gefängnis bleiben müssen? Wird der König mich vergessen und mein ganzes Leben lang im Gefängnis lassen? Oder nach wie vielen Jahren wird er mich herausholen? Wie werden meine Söhne leben, solange ich hier im Gefängnis bin? Wie wird meine Frau überleben?“ Er hatte bestimmt viele solche Gedanken, aber in dem Traum des Obersten der Schenken ist dies gar nicht zu sehen, sondern nur ein Weinstock.

„… dass ein Weinstock vor mir wäre …“

Meine Lieben, schauen Sie einmal. Nehmen wir an, dass es hier einen Weinstock gibt. Wenn man sich dahinter versteckt, ist man dann zu sehen oder nicht? Man ist nicht zu sehen! Der Weinstock verdeckt alle Probleme. Wie viele Probleme hatte der Oberste der Schenken: „Meine Frau kränkelt, sie hat bestimmt kein Geld. Um mich zu sehen und um den Rechtsanwalt zu bezahlen, hat sie das Haus verkauft, wie soll das weitergehen? Werden sie nicht in diesem kalten Winter auf der Straße landen? Wie geht es meinen Söhnen? Was werden sie wohl essen? Wann werde ich aus dem Gefängnis herauskommen?“ Er hatte zwar viele Probleme, aber weil vor ihm der Weinstock war, wurden all diese Probleme verdeckt.

Es ist nicht so, dass ein Gläubiger deswegen keine Probleme hat, weil er tatsächlich keine Probleme hat, sondern Tausende, Zehntausende Probleme werden alle von Jesus verdeckt. Wenn

Jesus in einem Gläubigen ist, werden Tausende, Zehntausende von Problemen gelöst. Das ist sehr erstaunlich.

Am Weinstock sind die Reben erblüht und die Früchte gereift. Das wirklich Interessante in dieser Geschichte ist, dass der Oberste der Schenken nirgendwohin schaut als auf den Weinstock. Er schaute nur den Weinstock an. Er sah, wie die Blätter sprossen, wie der Weinstock erblühte, wie die Früchte reiften. Der Weinstock symbolisiert Jesus Christus.

In Johannes Kapitel 8 wurde eine Frau, die Ehebruch begangen hatte, auf frischer Tat ertappt. Die Schriftgelehrten und Pharisäer nahmen diese Frau, brachten sie vor Jesus und sagten:

„Meister! Diese Frau wurde beim Ehebruch auf frischer Tat ertappt. Mose hat uns geboten, so eine Frau zu steinigen. Was sagst du?"

Denken Sie einmal an die Ehebrecherin. Wovon hängt nun ihr Schicksal ab? Von Jesu Lippen hängt es ab. Hoffnung auf Leben konnte sie nur durch die Worte aus seinem Mund bekommen. Es gab keinen anderen Weg. Es nützt nichts, wenn sie ein hübsches Gesicht hat. Es nützt nichts, wenn sie viel Geld hat. Auch wenn ihr Bruder ein Abgeordneter ist, nützt es nichts. Nur von dem, was der Herr sagt, hängt alles ab. Außer diesem gibt es keinen Weg. So jemand wie sie wird gerettet. Amen? Amen!

Der Oberste der Schenken hatte zwar zu Hause viele komplizierte Dinge zu regeln, aber das war kein Problem für ihn. Denn er hat deutlich erfahren, dass es außer Jesus niemanden gab, der ihn retten konnte. Darum schaute er nur den Weinstock an. „Am Weinstock gibt es neue Sprossen. Die Knospen sind erblüht. Die Trauben sind reif geworden." Dass unser Glaubensleben nicht funktioniert, hat einen Grund: Wir vertrauen nicht allein auf Jesus, sondern haben solche Dinge in unserem Herzen: „Weil ich 40 Tage gefastet und gebetet habe, wird der Herr mich annehmen.

Ich habe soviel für Gott gespendet. Ich habe sogar eine Hypothek für Gott aufgenommen.“ Solche Menschen sehen außer Jesus noch andere Wege.

Jeden Morgen gehe ich gleich nach dem Aufstehen joggen. Als ich in Ulsan ein Bibelseminar führte, bin ich jeden Morgen zum Joggen in die Grundschule gegangen, die sich direkt vor der Ulsangemeinde befindet. Bis mir die Puste ausging, bin ich gejoggt, und dann habe ich mich ans Reck gehängt. Ich war sehr erschrocken, denn früher konnte ich gut Klimmzüge machen, aber jetzt gelang mir kein einziger mehr. „Hm, bin ich alt geworden?“ Es ist wahr, dass ich einen Bauch bekommen habe und mein Körper sich schwerer anfühlt, aber trotzdem - obwohl ich mich mit ganzer Kraft versucht habe hochzuziehen, bewegte ich mich kein bisschen.

Vor langer Zeit brach im Astoria Hotel in Seoul ein Feuer aus. Um dem Feuer zu entkommen, liefen alle auf das Dach. Das Astoria Hotel war nur ungefähr 100 Meter von der Ilsan-Grundschule entfernt, darum wollte man die Menschen dorthin evakuieren. Ein Hubschrauber kam angeflogen und ließ ein Seil auf das Dach hinunter. Ein Mann erfasste dieses Seil. Ich habe im Fernsehen gesehen, wie dieser Mann sich am Seil festgehalten hat, aber nach einer Weile losließ, hinunterfiel und starb. Meinen Sie, dass er das Seil loslassen wollte? Wenn er es loslässt, stirbt er. Mir fiel das Rangertraining ein, das ich beim Militär absolviert habe, und ich dachte: „Ach, diese Leute, wenn sie wenigstens das Seil als Schlinge um den Fuß herum geknotet hätten, hätte er sich darauf stellen können und nur mit einer Hand festzuhalten brauchen ...!“ Es tat mir sehr Leid. Dieser Mann ist abgestürzt, weil er sich nur mit der Muskelkraft seiner Arme festgehalten hat. Ich denke, dass auch ich das Seil loslassen würde, wenn ich es eine Weile festhalten müsste. Es mangelt mir einfach an Kraft. Früher, wenn die anderen Klimmzüge machten, konnte ich auch mehrere Klimmzüge schaffen, aber vor ein paar Tagen habe ich es probiert, aber nicht mehr geschafft.

Wenn man keine Kraft hat, lässt man los. Können wir in unserem Glaubensleben den Herrn festhalten, wenn wir ihn festhalten wollen? Wir haben unsere Grenzen. Wir können bis zu einem gewissen Grad gut wirken, aber das ist ein großes Problem! Es ist ein Problem, wenn ein Ochse mit dem Hinterlauf eine Maus fängt. Warum? Wenn der Ochse intelligent wäre und erkennen würde: „Ich habe zwar mit meinem Hinterlauf eine Maus gefangen, aber das war nur Zufall. Wie kann ich mit meiner Fähigkeit eine Maus fangen?“, wäre alles in Ordnung, aber wenn er es nicht erkennt und denkt, dass er wirklich fähig ist, mit seinem Hinterlauf Mäuse zu fangen, wird er sich von dem Tag an nur unnötig abrackern. Wo gibt es schon eine Maus, die sich vom Hinterlauf eines Ochsen fangen lässt?

Das Glaubensleben ist exakt das Gleiche. Im Glaubensleben darf es keinen anderen Weg geben als Jesus, der mich retten kann. Dies war bei der Ehebrecherin und bei dem Obersten der Schenken der Fall. Im Traum des Obersten der Schenken spiegelt sich sein Herz. Der Weinstock grünte, Knospen erblühten, Früchte sind gereift, und er hat die Trauben ausgepresst und ist mit dem Saft hingegangen. Für ihn gibt es gar keinen anderen Weg als Jesus, der für ihn am Kreuz gestorben ist.

Der Oberste der Bäcker, der auf das feine Backwerk allerlei Gebackenes gelegt hat

Der Traum des obersten Bäckers war anders. Von Vers 16 an können wir darüber lesen.

„Als der oberste Bäcker sah, dass die Deutung gut war,

sprach er zu Josef: Mir hat auch geträumt, ich trüge drei Körbe mit feinem Backwerk auf meinem Haupt und im obersten Korbe allerlei Gebackenes für den Pharao, und die Vögel fraßen aus dem Korbe auf meinem Haupt.“

Das feine Backwerk, das in dem Traum des Bäckers vorkommt, symbolisiert Jesus, und der Traubensaft, der in dem Traum des Mundschenken vorkommt, symbolisiert auch Jesus. Beim Abendmahl essen wir Brot und trinken Wein, um uns an das Fleisch und das Blut des Herrn zu erinnern. Der oberste Bäcker hätte nur die drei Körbe mit feinem Backwerk mitnehmen sollen, aber darauf hat er allerlei Gebackenes für den Pharao gelegt. Was bedeutet das? Das bedeutet, dass er nicht Jesus allein zu ihm brachte.

Heutzutage sagen viele Menschen, dass sie an Jesus glauben, aber in Wirklichkeit glauben sie nicht an Jesus. Sie sagen, dass Jesus für ihre Sünden am Kreuz gestorben ist, aber sie meinen, dass das allein nicht ausreicht. Was zeigt uns das Verhalten des obersten Schenken, der nur mit dem herausgepressten Traubensaft allein vor den Pharao gegangen ist? „Gott, alles was ich getan habe, ist nur böse, schmutzige und jämmerliche Sünde, aber bitte schau nicht auf mein schmutziges Ich. Das Blut Jesu, der für mich am Kreuz gestorben ist, hat mich von all meinen Sünden reingewaschen. Bitte, schau auf dieses Blut und nimm mich deswegen an!“ Das ist das Glaubensleben des obersten Schenken. Im Gegensatz dazu hat der oberste Bäcker zwar an Jesus geglaubt, aber so ein Glaubensleben geführt: „Ich kann nicht mit offenem Mund darauf warten, dass der Apfel vom Baum fällt. Wie kann ich einfach nur auf Jesus warten? Ich muss tun, was ich tun muss. Ich vertraue auf Jesus, aber ich kann doch meine Hände nicht in den Schoß legen und einfach warten!“ Darum tat der Oberste der Bäcker allerlei gute Dinge. „Gott, ich habe den Zehnten gegeben. Ich habe gefastet und gebetet. Ich habe mich um Waisen gekümmert. Ich habe ein Bibelseminar geführt.“ Er sagte, dass er etwas getan hat und legte diese Taten, die er selbst vollbracht hat, obendrauf.

Wer auch immer den wahren Glauben in seinem Herzen empfangen möchte, muss erkennen, dass alles, was er auch tut, vollkommen sinnlos ist und dass dies niemals der Weg zur Rettung werden kann. Aber Satan täuscht uns und lässt uns damit angeben, was wir gut gemacht haben und wie gut wir sind.

Als ich klein war, sagte unser Sonntagsschullehrer: „Lasst die linke Hand nicht wissen, was die rechte tut“, und erzählte uns dazu folgende Geschichte: Eines Tages, als dieser Sonntagsschullehrer im Mantel die Straße entlangging, sah er einen Bettler, der in der Kälte fror. Deshalb zog er seinen Mantel aus, legte ihn dem Bettler um die Schultern und lief so schnell wie möglich weg. Diese Geschichte imponierte mir sehr. „Ich möchte das auch einmal machen“, dachte ich. Aber dazu brauchte ich ja einen Mantel. Ich hatte jedoch nur meine Kleider, die ich anhatte, und die konnte ich ja nicht ausziehen. Damals besaß ich einen ganz neuen, festen Geldschein, den ich als Notgroschen aufbewahrt hatte. Ich sah einen Bettler auf der Straße und warf ihm das Geld hin und lief fort. Ich hätte nicht wegzulaufen brauchen. Das Lustige ist, dass diese Sache passierte, als ich 17 Jahre alt war und ich mich jetzt, mit über 60 Jahren, immer noch deutlich daran erinnern kann. „Ich habe einem Bettler Geld gegeben und bin weggelaufen.“ Meine Gerechtigkeit, meine Güte, diese Dinge sind in meinem Herzen und erscheinen mir als etwas Wunderschönes. Durch diese wunderschönen Dinge wird die Schönheit Jesu verdeckt. Darum kann Jesus in Ihrem Herzen nicht Ihr Heiland werden.

In der Geschichte über die Rettung der Ehebrecherin fragten die Schriftgelehrten und Pharisäer Jesus: „Meister, diese Frau wurde beim Ehebruch auf frischer Tat ertappt. Mose sagt uns, dass solch eine Frau gesteinigt werden muss. Was sagst du?“ Nun wird über das Leben dieser Frau mit dem einen Wort, das aus Jesus' Mund herauskommt, entschieden. Sie konzentriert sich auf nichts anderes als nur auf die Stimme Jesu. Für sie gab es keinen anderen Weg der Rettung als Jesus allein. Nur so kann die Rettung gelingen. Wer die wahre Rettung empfangen möchte, muss wie die Ehebrecherin alles fortwerfen - die eigenen Methoden, die eigenen Wege, die guten Taten, die schlechten Taten - und nur auf das Blut Jesu Christi vertrauen, das er am Kreuz vergoss. Aber weil die Menschen nicht nur an sein Blut glauben können, fügen sie etwas hinzu wie den Gedanken, dass sie etwas gut machen müssen, dass sie besser sein müssen. In den Herzen solcher Menschen kann der feste Glaube an Jesus nicht aufgerichtet werden. Er kann niemals aufgerichtet werden!

Meine Lieben, ich hoffe, dass Sie dies genau erkennen. Früher versuchten die Menschen, Gold herzustellen. Wenn man Kupfer und Zinn miteinander mischt, entsteht etwas Goldähnliches. Darum dachten sie, wenn man es nur gut mischt, wird es zu Gold. Unzählige Male haben sie sich bemüht, Gold herzustellen. Es schien auch so, als ob es gelingen würde. Deshalb haben viele Alchemisten im Mittelalter all ihr Hab und Gut verkauft und einmal dies und einmal jenes gemischt, um Gold herzustellen, da Gold sehr teuer war. Aber es gelang ihnen nicht. Später hat man die Tatsache erkannt, dass Gold ein Element ist und es deswegen unmöglich ist, es herzustellen. Heutzutage versucht niemand mehr, Gold herzustellen.

Zur Zeit des Präsidenten Jeong-Hee Park wurde überall in Korea gebohrt, um Erdöl zu gewinnen. Im Ostmeer, im Gelben Meer wurden fünf Bohrinseln, sechs Bohrinseln, sieben Bohrinseln, acht Bohrinseln usw. gebaut, und einmal hieß es, in der Nähe von Pohang sei Erdöl gefunden worden. Da der

Präsident so verzweifelt auf Erdöl hoffte, hatte man gebohrt und gebohrt, aber dabei eine Stelle getroffen, wo früher eine Tankstelle gewesen war, sodass etwas Schwarzes herausgekommen ist. Das in den Händen haltend, ist man zum Blauen Haus hinaufgelaufen. Der Präsident hat das gesehen und gesagt: „Erdöl, warum bist du so lange ausgeblieben? Wärst du doch früher gekommen!", und hat sich sehr gefreut. Wurde von da an Erdöl gefördert und fahren wir seitdem mit diesem Öl unsere Autos? Nein, es kam kein Erdöl. Gleich darauf kam kein Erdöl mehr. Nun sucht niemand mehr in Korea nach Erdöl. Denn man weiß, dass es keins gibt. Um Erdöl zu finden, hat man bis jetzt viel Geld investiert, aber da man jetzt weiß, dass es in unserem Land kein Erdöl gibt, bohrt man in anderen Ländern danach.

In uns gibt es absolut nichts, was wertvoll ist, sodass wir damit ins Himmelreich gehen könnten. Aber wir scheinen gut zu sein, weil wir z. B. von Zeit zu Zeit den Armen helfen, und haben das Gefühl, etwas Gutes getan zu haben, über das Gott sich freuen wird. Wir meinen, dass Gott sich freut, wenn wir fasten, wenn wir die ganze Nacht durch beten. Satan täuscht uns und lässt uns glauben, dass wir in den Himmel gehen könnten, wenn wir nur solche Dinge gut machen würden. Aber! Aber! Solche Menschen müssen alle in die Hölle gehen. Wenn wir in den Himmel gehen wollen, müssen wir etwas genau wissen, nämlich dass es durch meine Bemühungen, egal was ich tue, unmöglich ist.

Wenn einer schwimmen lernt und fleißig übt, um von Pohang durch den Pazifik nach Amerika zu schwimmen, so wird er doch nicht in Amerika ankommen, auch wenn er sein Leben lang schwimmt. Wenn diese Person nach Amerika gehen möchte, muss sie das Schwimmen aufgeben. „Ich kann nicht nach Amerika schwimmen. Schwimmen ist aussichtslos." Dies muss man erkennen und die Methode ändern und sich bemühen, ein Flugticket zu kaufen. Als die Indianer in Brasilien fragten, wo Korea sei, erklärte man ihnen, dass Korea auf der anderen Seite der Erdkugel liege. Daraufhin meinten sie, wozu man denn nach Korea mit dem Flugzeug fliege, ob es denn nicht irgendwann hervorkommen würde, wenn man immer weiter in der Erde grabe. Wenn man in der Erde graben würde, wollten sie das Wasser wegtrinken und weitergraben. Sie wissen nicht, wie groß die Erde ist. Da sie keine Maßeinheiten haben, wissen sie nicht, wie lang ein Meter ist, wie lang 40 000 Kilometer sind, darum sagen sie so etwas. Wenn man es weiß, kann man so etwas nicht sagen.

Menschen, die genau Bescheid wissen, werfen ihren Gedanken, dass sie durch ihre guten Taten in den Himmel kommen möchten, weg. Wenn Sie Gutes getan haben und in Ihrem Herzen dieses Gute Ihren Kopf wie eine Krone schmückt, können Sie nicht in den Himmel kommen. Heute Morgen müssen Sie Ihre guten Taten und Dinge, die Sie meinen gut gemacht zu haben, alle wegwerfen und nur das, was Jesus getan hat, festhalten, damit Sie in den Himmel gehen können. Glauben Sie daran? Amen? Amen!

Geben Sie mit Jesus an oder geben Sie mit Ihren guten Taten an?

In der Geschichte des obersten Mundschenken und des obersten Bäckers in 1. Mose Kapitel 40 setzte der oberste Mundschenk seine Erwartungen nur auf den Weinstock. Er presste den Traubensaft heraus und kam damit zum Pharao. Dieser Traubensaft symbolisiert das Blut Jesu.

„Gott, alles, was ich getan habe, sind nur schmutzige Dinge, wofür ich verflucht und verdammt werden muss. Aber als Jesus für meine Sünden am Kreuz starb, hat er da nicht den Fluch auf sich genommen? Darum ist dieses Blut der Beweis, dass meine Sünden getilgt sind."

Meine Lieben, in der Gemeinde gibt es ab und zu das Abendmahl, nicht wahr? Man nimmt vom Brot und trinkt Wein, nicht wahr? Warum hält man das Abendmahl? Man nimmt vom Brot und glaubt: „Für meine Sünden wurde Jesu Körper zerrissen, genauso wie dieses Brot zerrissen wird; dadurch wurden meine Sünden reingewaschen", und beim Weintrinken glaubt man: „Um die Strafe für meine Sünde auf sich zu nehmen, hat Jesus sein Blut vergossen; dadurch wurden meine Sünden reingewaschen." So nehmen wir teil an Brot und Kelch.

Meine Lieben, wenn es heute Morgen unter Ihnen Personen gibt, die bis jetzt wie der oberste Bäcker auf das feine Backwerk ihre vielen guten Taten draufgelegt haben - diese Leute müssen in die Hölle gehen! Sie müssen das jetzt wegwerfen! Meine Lieben, werfen Sie vor Gott alle Dinge, die Sie gut gemacht haben, weg. Denn diese sehen nur gut aus, weil Satan, der mich in die Hölle führen will, mich täuscht und sie nur gut erscheinen lässt, aber das wirklich Gute ist nur Jesus, und der wahre Gerechte ist einzig und allein Jesus. Darum muss ich alles, was ich gut gemacht habe, wegwerfen und nur auf das Blut Jesu Christi vertrauen, der für mich ans Kreuz genagelt wurde und gestorben ist. Nur so kann ich ins Himmelreich kommen. Amen?

Meine Lieben, was für ein Glaubensleben führen Sie? Geben Sie sich immer noch wie der oberste Bäcker mit Ihren guten Taten zufrieden? „Ich habe dies und das getan." Muss das Ihr Stolz und Ihre Freude werden? Nein. Es gibt nichts, worauf ich stolz sein kann. Einzig und allein das Kreuz Jesu Christi und sein vergossenes Blut muss unser Stolz und unsere Krone sein. Sicher haben Sie einmal armen Leuten geholfen. Es gibt bestimmt Ihre Arbeit und Dinge, die Sie gut gemacht haben. Aber diese Dinge dürfen nicht in Ihrem Herzen bleiben, und mit diesen Dingen können Sie nicht in den Himmel kommen. Deswegen müssen wir auf das Blut des Sohnes Gottes, Jesus, vertrauen.

An was müssen wir glauben? Genauso wie der oberste Mundschenk nur den Weinstock vor seinen Augen gesehen hat, müssen wir nur Jesus sehen. Alles wegwerfen, was ich getan habe, und erkennen: „Jesus, was ich getan habe, ist nur Sünde. Es gibt nur Schlechtes in mir. Nur erbärmliche Dinge! Aber, Jesus, du hast für diese Sünden dein Blut vergossen. Herr, du hast all die Strafe für die Sünde auf dich genommen. Nichts von meiner Sünde ist übriggeblieben, sodass ich vollkommen rein bin. Auf dieses Blut vertrauend gehe ich vor Gott." Dann glaube ich daran, dass Sie mit so einem Glauben, wie ihn der oberste Mundschenk hatte, das herrliche Himmelreich erlangen werden.

7.

Deine Sünden sind dir vergeben

7.
Deine Sünden sind dir vergeben

Guten Abend, meine Lieben! Ich freue mich, Sie zu sehen. Heute Abend lesen wir das Wort im Markusevangelium. Ich werde Kapitel 2 ab Vers 2 lesen.

> **„Und es versammelten sich viele, so dass sie nicht Raum hatten, auch nicht draußen vor der Tür; und er sagte ihnen das Wort. Und es kamen einige zu ihm, die brachten einen Gelähmten, von vieren getragen. Und da sie ihn nicht zu ihm bringen konnten wegen der Menge, deckten sie das Dach auf, wo er war, machten ein Loch und ließen das Bett herunter, auf dem der Gelähmte lag. Als nun Jesus ihren Glauben sah, sprach er zu dem Gelähmten: Mein Sohn, deine Sünden sind dir vergeben. Es saßen da aber einige Schriftgelehrte und dachten in ihren Herzen: Wie redet der so? Er lästert Gott! Wer kann Sünden vergeben als**

Gott allein? Und Jesus erkannte sogleich in seinem Geist, dass sie so bei sich selbst dachten, und sprach zu ihnen: Was denkt ihr solches in euren Herzen? Was ist leichter, zu dem Gelähmten zu sagen: Dir sind deine Sünden vergeben, oder zu sagen: Steh auf, nimm dein Bett und geh umher? Damit ihr aber wisst, dass der Menschensohn Vollmacht hat, Sünden zu vergeben auf Erden - sprach er zu dem Gelähmten: Ich sage dir, steh auf, nimm dein Bett und geh heim! Und er stand auf, nahm sein Bett und ging alsbald hinaus vor aller Augen, so dass sie sich alle entsetzten und Gott priesen und sprachen: Wir haben so etwas noch nie gesehen."

Ich habe bis Vers 12 gelesen.

Haut für Haut!
... und taste sein Gebein und Fleisch an

Heute Vormittag haben wir über den obersten Mundschenken und den obersten Bäcker gesprochen. Die Bibel ist sehr erstaunlich. Der oberste Mundschenk war im Gefängnis. Vor kurzem noch war er der oberste Mundschenk des Königs gewesen mit Macht und Reichtum, aber weil er sündigte, wurde er eines Morgens plötzlich ins Gefängnis gebracht. Dort kamen ihm bestimmt viele Gedanken. Ob es seiner Frau gut geht, ob es seinen Kindern gut geht, was sie zu essen haben, ob er selbst je wieder aus dem Gefängnis entlassen würde und wie der König wohl über ihn denkt. Viele solche komplizierten Gedanken können in ihm hochkommen. Aber in dem Traum des obersten Mundschenken kann man nicht sehen, ob es seiner Frau gut geht oder ob seine Kinder unter Schwierigkeiten leiden, sondern man sieht nur den

Weinstock. Der Weinstock spross, erblühte und brachte Früchte.

Bei mir funktioniert das nicht so gut. Wenn ich Schwierigkeiten habe, versinke ich in diesen Schwierigkeiten. Wenn ich traurig bin, versinke ich in dieser Trauer. Wenn ich leide, versinke ich im Leid. Doch der oberste Mundschenk hatte zwar sehr viele Schwierigkeiten, aber in seinem Herzen spiegelte sich das gar nicht wider, sondern nur der Weinstock, Jesus Christus, war darin zu sehen. Jesus Christus verdeckte alle Schwierigkeiten, die ihn umgaben.

Letzten Dezember habe ich in Los Angeles ein Bibelseminar geführt. Der Älteste Ki-Kwon Doh von unserer Gemeinde ist mitgekommen, aber seine Tochter lag im Krankenhaus. Das ist die Schwester, die heute Abend im Gracias Chor die Klarinette gespielt hat. Wenn ich in meinem Leben solche Dinge sehe, bewegt es mich sehr, und wenn ich nur daran denke, füllen sich meine Augen mit Tränen. Eunshil hatte eine Krankheit namens „Lupus". Unser Körper hat eine Funktion, die gegen alles Fremde kämpft, das in unseren Körper eindringt. Aber bei dieser Krankheit ist diese Abwehr nicht in Ordnung, sodass sie nicht unterscheiden kann, was ein Fremdkörper ist und was nicht. Darum bekämpfen die Zellen, die gegen den Feind kämpfen müssten, den eigenen Körper. Eines Tages greifen sie das Herz an, das Gehirn, den Darm, die Nieren usw. So werden die Organe zerstört. Damals lag seine liebe Tochter Eunshil mit dieser Krankheit im Samsungkrankenhaus.

Als wir in Los Angeles waren, bekam der Älteste, der mit mir im selben Zimmer schlief, gegen zwei Uhr morgens einen Anruf und weckte mich: „Pastor! Pastor!" Ich war wegen der Zeitumstellung in Amerika gerade mit Mühe eingeschlafen. Er hatte einen Anruf aus Korea bekommen, dass Eunshils Herz und Nieren in einem bedrohlichen Zustand wären und es mit weiteren fünf oder sechs ihrer Organe Probleme gäbe. Aber das Schlimmste war, dass der Lupus das Gehirn angegriffen und einen Hirninfarkt ausgelöst hatte. Dadurch funktionierte ihr Gehirn nicht mehr normal, sodass sie nicht gut sehen konnte und keine Informationen zum Gehirn gesendet wurden, was zum Verlust ihres Urteilsvermögens geführt hatte. Sie lag in einem tiefen Koma. Der Arzt sagte, der Druck im Gehirn sei stark gestiegen, sodass die Gefahr bestände, dass sie daran sterben würde. Darum wollte er sie so schnell wie möglich operieren, und um die Erlaubnis dafür zu bekommen, hatte er den Vater angerufen.

Bei der Operation sollte der Schädel geöffnet werden, um den Druck, der zu stark war, zu mindern. Schon in der Vorstellung allein ist das eine schreckliche Operation. Aber der Älteste konnte sich nicht entscheiden und übergab mir den Hörer, und ich sprach zehn Minuten lang mit dem Arzt. Er sagte, dass wir uns so schnell wie möglich entscheiden müssten, da es sonst schwer sei, einen Operationssaal zu bekommen, aber vor allem bestehe die große Gefahr, dass die Tochter sterbe. Ich wusste auch nicht, wie wir das entscheiden sollten. Damals war auch Ältester Chang-Won Moon aus New York mit uns im Zimmer. Da er ein Allgemeinmediziner und Facharzt ist, übergab ich ihm den Hörer. Nachdem er eine ganze Weile mit dem Arzt des Samsungkrankenhauses gesprochen hatte, sagte er, er werde gleich wieder anrufen, und legte auf. Für jeden von uns war es schwer, eine Entscheidung zu treffen. Erst einmal beschlossen wir, die Operation zu verschieben, und legten uns wieder hin. Als ich aufwachte, war Ältester Doh, der neben mir gelegen hatte, irgendwohin verschwunden.

„Das ist der Unterschied zwischen einem Vater und einem Pastor! Der Pastor schläft vor Erschöpfung ein, aber der Vater kann nicht schlafen und geht beten!“

Ich habe große Gewissensbisse bekommen und wurde auch

hellwach. Deshalb ging ich zum Gottesdienstsaal und kniete vor der Kanzel und betete. Als ich eine Weile gebetet hatte, konnte ich spüren, dass mein Herz vom Herzen Gottes geführt wurde. Gott erinnerte mich an eine Bibelstelle, nämlich Hiob Kapitel 2: „Haut für Haut!" und „Taste sein Gebein und Fleisch an." Ich hörte deutlich diese Worte in meinem Herzen.

„Was ist das für ein Wort?" Ich dachte in Ruhe über das Buch Hiob nach. Satan verlangte von Gott, ihm Hiob zu geben. Daraufhin überließ Gott ihm Hiob, aber er gebot ihm, ihn selbst nicht anzutasten. Deshalb tötete Satan Hiobs Kinder, Schafe, Esel und Vieh, sodass Hiobs Frau am Ende sagte: „Hältst du noch fest an deiner Frömmigkeit? Sage Gott ab und stirb!" Aber Hiob verfluchte Gott nicht, sondern sagte: „Du redest, wie die törichten Weiber reden", und die Geschichte geht weiter. Danach sagte Gott zu Satan: „Hast du Acht auf meinen Knecht Hiob gehabt? Du hast ihn grundlos verdorben, aber er murrt nicht gegen mich", und Satan entgegnete ihm: „Haut für Haut! Taste sein Gebein und Fleisch an!" Als ich an diese Stelle dachte, kam mir etwas in den Sinn.

„Satan hat Gott gebeten, ihn Hiobs Gebein und Fleisch schlagen zu lassen. Darum hat Gott ihm Hiob überlassen. Aber er hat gesagt, dass er sein Leben nicht antasten soll. Dann - ja, Satan hat um Eunshil gebeten! Taste ihr Gebein und Fleisch an! Aber Gott hat verhindert, dass er ihr Leben antastet!"

Jetzt war mein Herz ganz friedlich. „Eunshil wird leben. Ihr Gebein und ihr Fleisch werden angetastet, darum wird sie Schwierigkeiten erleiden, aber Gott wird dieses Mädchen am Leben erhalten, denn er hat gesagt, dass ihr Leben verschont werden soll", dachte ich und schlief ein.

Später, als wir nach dem Bibelseminar in Amerika nach Korea zurückkehrten, wachte Eunshil aus dem Koma auf, das vier oder fünf Tage gedauert hatte. Sie hatte wegen des Hirninfarktes weder sprechen noch sehen können, aber Gott wirkte wunderbar, sodass sie ihre Augen öffnete und wieder sehen und sprechen konnte. Als sie zum ersten Mal aufgewacht war, hatte sie ihr Gedächtnis verloren gehabt und erkannte niemanden wieder. Normalerweise ist es so: Wenn ein Gehirn 30 Minuten lang nicht mit Sauerstoff versorgt wird, sterben die Gehirnzellen ab und können nicht erneuert werden. Aber ihr Gehirn funktionierte wieder vollkommen normal. Innerhalb weniger Tage erholte sie sich, und heute besucht sie die Ewha Frauenuniversität und kann ganz normal studieren.

Angefangen von ihrem Gehirn wurden alle Funktionen in ihrem Körper wiederhergestellt, nur ihre Nieren waren noch in schlechtem Zustand. Die Nieren filtern unser Blut und produzieren Urin, aber Eunshil konnte keinen Urin lassen. Die Ärzte sagten, dass sich die Nieren niemals wieder erholen könnten. Wenn sie einmal kaputt seien, gebe es keine Heilung. Aber durch Gottes wunderbare Gnade erholten sich Eunshils Nieren nach und nach. Etwas später hat sie am Tag 80 ml Urin gelassen, und neulich habe ich gehört, dass sie am Tag schon 750 ml Urin lässt.

Ich spreche nicht theoretisch über Gott, sondern eines Tages habe ich Gottes Herz, Gottes Wort in meinem Herzen angenommen. Von dem Punkt an war der liebe Gott in mir und hat die großen und kleinen Probleme, auf die ich traf, gelöst, ohne sie auch nur ein einziges Mal zu ignorieren. Apostel Paulus sagte:

> **„Ich lebe, doch nun nicht ich, sondern Christus lebt in mir. Denn was ich jetzt lebe im Fleisch, das lebe ich im Glauben an den Sohn Gottes, der mich geliebt hat und sich selbst für mich dahingegeben“** (Galater 2, 20).

Von dem Tag an, als meine Sünden so rein wie Schnee gewaschen wurden und das Wort Gottes in mein Herz kam, lebte ich nicht mehr das Leben des Menschen Ock-Soo Park, sondern ich wurde ein Gefäß Gottes, das Jesus in sich bewahrt. In den 43 Jahren, seit ich die Sündenvergebung empfangen habe, habe ich wirklich viele Probleme erfahren, es gab auch Kummer und Leid, aber Jesus hat mich nicht ein einziges Mal allein gelassen. Wenn ich Schwierigkeiten, Leid und Kummer hatte, waren die Schwierigkeiten, die Qual oder das Leid nicht mehr meine Probleme, sondern sie gehörten Jesus Christus. Darum - auch wenn hundert zu meiner linken Seite fallen und tausend zu meiner rechten, kann ich durch den Herrn stehen bleiben. Das ist wirklich erstaunlich.

Pastor, in St. Petersburg gibt es keine Schmetterlinge

Obwohl Koreaner im Allgemeinen taktvoll sind, sind sie manchmal doch im internationalen Vergleich zu ungeduldig. Im IYF-World-Camp 2004 wollte ich unsere Studenten, deren Nerven ständig gereizt sind und die unablässig miteinander konkurrieren, viel Musik hören lassen. Denn Musik besänftigt das Herz der Menschen. Wir luden eine berühmte Opernsängerin aus Russland ein. Sie heißt Larissa.

„Es wäre großartig, wenn Sie einen Monat lang nach Korea kommen könnten und während des IYF-World-Camps die Studenten von Zeit zu Zeit Ihre Musik hören lassen würden."

Ich habe damals nicht gewusst, dass es in ihrer Familie ein großes Problem gab. Acht Jahre zuvor war ihr Sohn, Alan, geschieden worden. Nach der Scheidung war er tief in großes Leid versunken. Eines Tages kam sein Freund mit einem Revolver.

„Hey, Alan. Weil du so leidest, bin ich gekommen, um dich von dieser Qual zu erlösen."

Er hielt den Revolver an Alans Kopf.

„Ich möchte dich von deinem Leid erlösen. Wenn ich am Abzug ziehe, wirst du davon befreit sein. Aber du bist mein Freund. Ich brauche dich. Darum darfst du nicht sterben!"

Er steckte den Revolver wieder weg und holte einen Beutel aus seiner rechten Hosentasche heraus. Er gab ihm Drogen.

„Dies kann dich von deinem Jammer befreien."

Von dem Tag an nahm Alan Drogen. Er spritzte sie sich. Nicht lange danach war er drogenabhängig. Nun konnte er, wenn er sich keine Drogen spritzte, die Qual gar nicht mehr aushalten. Darum verkaufte er alles, was er zu Hause fand. In dieser Wohnung blieben schließlich nur noch die Wände übrig. Er hatte restlos alles verkauft.

Die Mutter weinte jeden Tag.

„Alan! Alan!"

Da er Geld brauchte, bestahl er Nachbarn und Verwandte. Die Mutter litt sehr seinetwegen. Sie sang auf der Bühne und bekam einen Arm voller Blumensträuße, aber wenn sie beim Hinuntersteigen an Alan dachte, fiel sie zu Boden und weinte. Jede Nacht stritt und weinte sie und hatte keine Ruhe.

Eines Tages dachte Larissa:

„Der Frieden in unserer Familie ist wegen Alan zerbrochen. Am besten wäre es, Alan zu töten. Aber wenn ich meinen Sohn umbringen würde, könnte ich auch nicht mehr leben. Lass uns zusammen sterben!"

Das war ihr Entschluss. Aber vor dem Tod suchte sie noch den berühmtesten Wahrsager von St. Petersburg auf. Sie wollte ein bisschen über ihren Sohn erfahren. Der Wahrsager sagte folgendes:

„Im Kopf deines Sohnes gibt es einen dichten Nebel. Das ist ein böser Geist. Seinetwegen leidet dein Sohn sehr."

„Wie kann ich den bösen Geist verjagen?"

„Es gibt einen Mann, der diesen bösen Geist verjagen kann. Er hat weiße Haare. Diesen Mann musst du treffen."

„Wo finde ich den Mann mit den weißen Haaren?"

„Er ist an einem Ort, wo es viele Tannenbäume gibt."

„In Finnland gibt es viele Tannenbäume. Ist er dort?"

„Das weiß ich nicht. Auf jeden Fall irgendwo, wo es viele Tannenbäume gibt."

Und diese Mutter, Larissa, wurde von uns eingeladen und reiste Ende Juni nach Korea. Als sie in unserer Gangnam-Gemeinde ankam, war sie sehr erstaunt. Denn auf dem Gelände der Gemeinde gibt es viele Tannenbäume. In Young-Yang, in der Provinz Gangwon, waren diese Tannenbäume in den Bergen ausgegraben worden, weil da eine Straße gebaut wurde. Diese hohen schönen Bäume waren einzeln in einem Anhänger hergefahren und vor unserer Gemeinde gepflanzt worden. Das Verwunderliche ist, dass wir sie einfach irgendwie gepflanzt haben und dass die Tannenbäume, die eigentlich sehr empfindlich sind, alle überlebten. Larissa sah die vielen Tannenbäume vor der Gangnam-Gemeinde und war sehr aufgeregt, aber als sie in unsere Wohnung kam und mich sah, war sie regelrecht schockiert. Denn meine Haare sind ja weiß.

An diesem Abend, als ich nach der Predigt herunterkam, sprach Larissa mich an: „Pastor Park, es gibt etwas, worüber ich mit Ihnen sprechen möchte." An diesem Tag war ich sehr beschäftigt und sagte: „Es tut mir Leid, aber ich bin jetzt ziemlich beschäftigt, lassen Sie uns doch in ein paar Tagen miteinander reden." Einige Tage später verkündigte ich Larissa mit Übersetzung durch Pastor Jong-Ki Woo aus Russland das Evangelium, und an dem Tag empfing sie die Rettung. Ihr Herz war voll Kummer gewesen, aber jetzt freute sie sich, und ihr Gesicht hellte sich auf. Während des IYF-World-Camps brachte sie ihren Sohn Alan zu mir und bat mich, für ihn zu beten. Ich betete für Alan, und er hatte dann mit jemand anderem Gemeinschaft und nahm die Rettung an. Das kann ich nie vergessen. Nach seiner Rettung erzählte Alan folgende Geschichte:

„Pastor, in St. Petersburg, wo ich lebe, gibt es keine Schmetterlinge. Ich habe zwar Schmetterlinge in einem Herbarium gesehen, aber frei fliegende Schmetterlinge sehe ich zum ersten Mal. Es ist so wunderschön, die Schmetterlinge fliegen zu sehen. Pastor, ich sehe zum ersten Mal eine Libelle fliegen. In unserem Land gibt es keine Libellen. Korea ist so wunderschön!"

Das rührte mich zu Tränen. Warum? Ein Drogenabhängiger fühlt nicht die Schönheit einer Blume. Er hat nicht die Ruhe in seinem Herzen, Schönheit zu empfinden. Er hat auch keinen Raum in seinem Herzen, die Schönheit zu schmecken. Ein Drogenabhängiger denkt nur an Drogen, Drogen, Drogen. Er denkt an nichts anderes. Man konnte merken, dass Alan von den Drogen befreit war. Ich kann den Anblick nicht vergessen, wie sie sich an den Händen haltend weinten, als sie nach Russland zurückkehrten.

Meine Lieben, die Menschen führen ihr Glaubensleben verkehrt. „Ich muss fleißig beten, ich muss mich bemühen, ich muss Vorsätze fassen, ich muss mit dem Trinken aufhören, ich muss mit den Drogen aufhören und ein gutes Glaubensleben führen." Was bleibt da noch für Jesus zu tun? Im Glaubensleben mache nicht ich etwas, sondern ich überlasse alles Jesus. Ich nehme nur seine Worte an.

Wissen Sie, was das Beste ist, was ich als Pastor der Gangnam-Gemeinde tun kann? Ich muss nicht den frühen Morgengottesdienst führen und eifrig Hausbesuche machen, sondern Jesus die Gelegenheit geben, in unserer Gemeinde zu wirken. Ich muss beiseite treten. In meinem Leben war es immer so: Wenn ich in schwierigen Situationen mit meinen eigenen, hervorragenden Methoden gegen die Schwierigkeiten kämpfte, bin ich zehn von zehn Mal, hundert von hundert Mal gescheitert. Aber wenn ich in den Hintergrund trete und Jesus vorangeht, gibt es nichts, was nicht gelingt. Es ist nicht so, dass Pastor Park gut ist oder klug ist oder seine Arbeit gut macht, sondern die Geschwister unserer Gemeinde können sehr deutlich sehen, dass Gott in unserer Gemeinde arbeitet.

Vor einigen Jahren habe ich in Tacoma, USA, gepredigt und erzählt: „Ich habe noch nie eine Spaltung in unserer Gemeinde erlebt." Nach der Predigt suchte mich eine Frau mittleren Alters auf.

„Pastor, ich habe eine Frage."

„Ja, bitte!"

„Pastor, sagen Sie mir ehrlich, gab es in Ihrer Gemeinde noch nie eine Spaltung oder einen Streit?"

Ich überlegte eine Weile. „Gab es in unserer Gemeinde je eine Spaltung oder einen Streit?" Ich konnte mich nicht an ein einziges Mal erinnern.

„Ja, gab es nicht."

„Pastor, ist das wirklich wahr?"

„Ja."

„Pastor, gibt es auf dieser Erde so eine Gemeinde?"

„Kommen Sie zu uns und schauen Sie selbst."

Meine Lieben, wenn nicht ich, sondern Jesus in mir arbeitet, kann ich mich ausruhen. Das Glaubensleben ist nicht schwer und kompliziert. Wenn es schwer und kompliziert ist, heißt das, dass ich es selbst führe. Mein Glaubensleben kann ich aber nicht selbst führen, sondern Jesus muss es machen. Da an Jesus zu glauben das Glaubensleben ist, heißt das, dass an Ihrem Glauben etwas falsch ist, wenn Ihr Glaubensleben schwer, kompliziert und verwirrend ist. Ein wahres Glaubensleben ist sehr friedlich. Darin gibt es Freude. Darin gibt es Erholung und Ruhe.

Kirschbaum, wie konntest du solche weißen, reinen Blüten hervorbringen?

Wir haben heute Abend Markus Kapitel 2 gelesen. Immer wenn ich diese Stelle lese, wundere ich mich sehr. Niemand außer Gott kann so etwas schreiben. Obwohl er dieselben Wörter, die auch wir kennen, aneinander reiht ...

„Und nach einigen Tagen ging er wieder nach Kapernaum; und es wurde bekannt, dass er im Hause war. Und es versammelten sich viele, sodass sie nicht Raum hatten, auch nicht draußen vor der Tür; und er sagte ihnen das Wort. Und es kamen einige zu ihm, die brachten einen Gelähmten, von vieren getragen. Und da sie ihn nicht zu ihm bringen konnten wegen der Menge, deckten sie das Dach auf, wo er war, machten ein Loch und ließen das Bett herunter, auf dem der Gelähmte lag."

Dies ist eine sehr bekannte Geschichte. Was hat Jesus zu dem Gelähmten gesagt, als er ihn sah?

„Als nun Jesus ihren Glauben sah, sprach er zu dem Gelähmten: Mein Sohn, deine Sünden sind dir vergeben."

Wer ist dieser Jesus? Das ist Gott. Er sprach: „Es werde Licht", und es entstand Licht, und als er sprach: „Es werde eine Feste zwischen den Wassern, die da scheide zwischen den Wassern", teilte sich das Wasser.

„Und Gott sprach: Es lasse die Erde aufgehen Gras und Kraut, das Samen bringe, und fruchtbare Bäume auf Erden, die ein jeder nach seiner Art Früchte tragen, in denen ihr Same ist. Und es geschah so" (1. Mose 1, 11).

Gottes Wort ist anders als unser Wort, denn in Gottes Wort ist die Macht enthalten, dieses Wort zu erfüllen. Als Gott sprach: „Die Erde lasse aufgehen Gras, Kraut und fruchtbare Bäume auf Erden, die ein jeder nach seiner Art Früchte tragen, in denen ihr Same ist", erfüllte die Erde keinerlei Bedingung hierfür. Das Wort selbst war die Voraussetzung für die Vollbringung dieses Werkes, sodass es aus der Erde spross, blühte und Früchte trug. Darum ist Gott Gott. Wenn nicht - was für ein Gott wäre das?

Auf dem Weg nach Namhae fuhr ich einmal mit dem Auto über die Namhaebrücke. Da es Frühling war, waren die Kirschbäume alle erblüht, und es war wunderschön anzusehen. Als ich das sah, habe ich einen Kirschbaum gefragt:

„Du, Kirschbaum! Wie hast du nur diese herrlich weißen, reinen Blüten gemacht? Woher hast du die weiße Farbe genommen?"

Das ist so wunderbar. Fragen Sie einmal eine rote Rose.

„Rose, woher hast du die rote Farbe? In welchem Farbengeschäft hast du diese rote Farbe gekauft und deine Blüten gefärbt?"

„Ich weiß es nicht."

Graben Sie einmal in der Erde. Wo auch immer Sie graben, werden Sie keine rote Farbe finden. Woher hat dann die Rose die rote Farbe bekommen? Woher hat die Kirschblüte die weiße Farbe bekommen und damit den Baum so wundervoll geschmückt?

Um Autos zu produzieren, müssen wir den Bauplatz für die Fabrik auswählen, die Fabrik bauen, elektrische Energie herholen, die Materialien besorgen, den Motor anfertigen, die Autoteile zusammenfügen und auf diese Weise ein Auto herstellen. Wie gut eine Fabrik auch sein mag - wenn es kein Material darin gibt, kann man kein Auto produzieren. Wenn es kein Eisen gibt, kann man keinen Nagel herstellen. Aber wo hat Gott die weiße Farbe der Kirschblüte hergestellt?

Unsere Gangnam-Gemeinde befindet sich am Fuß des Berges Uh-myeon. Entschuldigen Sie, dass ich über so etwas spreche, aber in unserer Toilette gibt es ein kleines Fenster. Aus diesem Fenster kann man links die Autobahn sehen und rechts den Wald. Wenn man aus diesem Fenster den Wald betrachtet, kann man feststellen, dass es im ganzen Jahr, 52 Wochen lang, keine einzige Woche gibt, in der keine Veränderung stattfindet. Im Winter sind nur die schwarzen, kahlen Äste zu sehen, aber im Frühling wachsen von Woche zu Woche die grünen Blätter. Letzte Woche habe ich in der Ulsan-KBS-Halle ein Bibelseminar geführt und bin spätnachts nach Hause gekommen. Als ich morgens auf die Toilette ging, war ich sehr erstaunt. Innerhalb dieser einen Woche hatten sich die Blätter wirklich sehr verfärbt. Das ist sehr interessant.

„Hey, du! Wie kannst du die gelbe Farbe nur so gleichmäßig herstellen?"

Ich habe eine Schwester, Mi-Kyeong Lee, die gut Spanisch spricht, aus Paraguay in unsere Gemeinde gerufen, damit sie meine Predigt ins Spanische übersetzt. Jetzt ist sie zwar verheiratet, aber sie war damals für zwei, drei Jahre bei uns. Sie hatte noch nie die Herbstverfärbung gesehen. Eines Tages war die Schwester sehr verwundert. Eine Woche zuvor war der Ginkobaum noch grün gewesen, aber jetzt war er ganz gelb.

„Oh! Dieser Ginkobaum! Wer hat den Ginkobaum angemalt?"

Sie wusste vor Staunen weder ein noch aus. Aber das war noch gar nichts. An dem Tag, als es schneite, wusste die Schwester vor lauter Freude nicht, was sie tun sollte. Sie hatte noch nie Schnee gesehen.

Woher nimmt man solch wunderschöne Farben? Wenn wir etwas herstellen wollen, brauchen wir Materialien, und egal was es ist, müssen gewisse Bedingungen erfüllt sein. Aber in Gottes

Wort ist auch die Macht, alles zu erfüllen, enthalten. Darum erfüllt sich das Wort ganz genau nach dem Wort.

In 1. Mose Kapitel 1 steht: **„Am Anfang schuf Gott Himmel und Erde. Und die Erde war wüst und leer, und es war finster auf der Tiefe; und der Geist Gottes schwebte auf dem Wasser.“** Man weiß nicht, wie viele Tausende und Abertausende Jahre in dieser Wüstenei, Leere und tiefen Finsternis vergangen waren. Nirgendwo auf dieser Erde gab es Leben, nirgendwo auf dieser Erde gab es Hoffnung, nirgendwo auf dieser Erde gab es Blumen und Früchte, nirgendwo auf dieser Erde gab es Schönheit. Aber als Gottes Wort zu ihr kam, erstrahlte das Licht, Samen sprossen, Blumen erblühten, Früchte wuchsen, die Hoffnung floss über, und es entstand ein wunderschöner Garten. Die Liebe, die in Gottes Wort enthalten war, veränderte diese Erde in eine wundervolle Welt der Liebe.

Eines Tages, als ich in 1. Mose las, war ich sehr erstaunt.

„Ach herrje! Das zeigt ja mein Herz!“

Bevor ich herangewachsen war, ging ich schon in die Kirche. Ich besuchte zwar die Kirche, bevor ich mit 19 Jahren wiedergeboren wurde, aber die ganzen Jahre bis dahin war mein Herz immer düster. Obwohl ich in die Kirche ging, hatte ich keine Hoffnung in meinem Herzen. Obwohl ich in die Kirche ging, hatte ich kein Licht in meinem Herzen. Obwohl ich in die Kirche ging, hatte ich in meinem Herzen überhaupt keinen Glauben, sondern nur Wüste und Leere. Darum wollte ich meinem Leben ein Ende setzen. Aber eines Tages kam ein Wort Gottes in mein Herz:

„Es werde Licht!“

Meine Lieben, jetzt kann ich fühlen, dass in mir Blumen blühen. In mir gibt es Früchte der Liebe. Ich erfahre, dass es in meinem Herzen Frieden, Hoffnung und Freude gibt. Gottes Wort hat dieses Werk vollbracht.

Die Gespräche zwischen Gott und den Menschen

Jesus sprach zu dem Gelähmten: „Mein Sohn, deine Sünden sind dir vergeben.“ Das war das Wort Gottes, aber das Furchtbare ist, dass die Menschen Gottes Wort verurteilen: **„Es saßen da aber einige Schriftgelehrte und dachten in ihren Herzen: Wie redet der so? Er lästert Gott! Wer kann Sünden vergeben als Gott allein?“** Die Menschen wagten es, Gott zu verurteilen.

Die Menschen - denken Sie nicht an andere, sondern an sich selbst - werden unwissend in diese Welt geboren, und von diesem Tag an sehen sie mit ihren Augen, hören mit ihren Ohren, fühlen mit ihren Händen, lernen und bilden sich ihre eigene Philosophie und Meinung, und es entstehen die Gedanken einer Person. Von diesem Moment an nehme ich nur noch an, was mit meiner festverankerten Meinung, meiner Erfahrung und meinem Wissen übereinstimmt, alles andere lehne ich ab. Satan beherrscht die Menschen schon seit Adam und Eva und hat ihr Herz unablässig so beeinflusst, dass sie das Wort Gottes ablehnen. Sie folgen ihren eigenen Gedanken und lehnen das Wort Gottes, das sie hören, ab. Das beweist die Geschichte der Menschheit.

Vor der Sintflut sagte Gott zu Noah: „Da der Menschen Bosheit groß ist auf Erden, will ich sie mit Wasser vertilgen. Darum baue dir eine Arche.“ Viele Menschen haben diese Warnung gehört. Aber außer den acht Personen aus Noahs Familie ist niemand in die Arche gegangen. Warum? Gewisse Gedanken in ihrem Herzen haben sie Gottes Wort ignorieren lassen.

„Was für eine Sintflut? Es wird nur etwas regnen und wieder aufhören. Gott liebt uns, er wird uns nicht töten. Er wird uns nicht verdammen.“

Solche Gedanken haben sie daran gehindert, das Wort Gottes, das eine Sintflut angekündigt hat, anzunehmen. Infolgedessen wurden die Menschen zur Zeit der Sintflut nicht deswegen verdammt, weil sie gestohlen, Ehebruch begangen oder gemordet hatten, sondern weil sie das Wort Gottes missachtet haben. Egal in welcher Zeit - Gott hat immer diejenigen, die sein Wort verachtet haben, vernichtet. Wir gehen nicht deshalb in die Hölle, weil wir gestohlen, gemordet oder Ehebruch begangen haben. Nein, sondern weil wir Gottes Wort ablehnen, gehen wir in die Hölle.

Am Ende des Matthäusevangeliums steht etwas über die Menschen, die das Wort Gottes ablehnten. Sie haben es wegen ihrer Gedanken abgelehnt. Auch heute ist es so: Sie sagen zwar, dass Sie an Gott glauben, aber Satan arbeitet in Ihren Gedanken mit den vielen Erfahrungen, die Sie bis jetzt gemacht haben, sodass Sie nicht anders können als das Wort Gottes abzulehnen, obwohl Sie es annehmen wollen. Darum können Sie Gott niemals erfreuen und ihm folgen, solange Sie Ihre bisherigen Gedanken nicht wegwerfen.

Jesus sagte: „Wer mir folgen möchte, muss sich verleugnen." In Jesaja Kapitel 55 steht geschrieben: **„Suchet den Herrn, solange er zu finden ist; ruft ihn an, solange er nahe ist. Der Gottlose lasse von seinem Wege und der Übeltäter von seinen Gedanken und bekehre sich zum Herrn."** Ihre Gedanken können in Ihren Augen richtig, gut und vollkommen aussehen, und es kann den Anschein haben, dass Sie Gottes Wort folgen, aber letztendlich hat Satan schon so in Ihrem Herzen gearbeitet, dass Sie nicht anders können, als Gottes Wort abzulehnen. Wenn Sie mit diesem Herzen Ihr Glaubensleben führen, können Sie vielleicht manche Teile der Bibel verstehen, aber es gibt zu viele andere Teile, die Sie nicht verstehen können, und das ist ausschlaggebend dafür, dass Sie Gottes Wort nicht annehmen und verflucht werden. So hat es Satan schon in die Wege geleitet.

Folgende Geschichte habe ich schon mehrmals erzählt. Ein

Vater und sein Sohn reisten durch die Wüste und verliefen sich dabei. Das Wasser ging ihnen aus, der Vater war erschöpft und der Sohn ebenfalls. Das Problem war, dass es im Herzen des Vaters sehr wohl noch Hoffnung gab, aber im Herzen des Sohnes war sie schon erloschen. Sie gingen zwar miteinander durch die Wüste, aber ihre Gedanken waren vollkommen verschieden. Der Sohn jammerte unaufhörlich:

„Vater, du bist doch schon so viele Male durch die Wüste gereist, warum haben wir uns diesmal verlaufen? Wir werden sterben! Ich kann keinen einzigen Schritt mehr weitergehen. Mein Hals ist vollkommen ausgetrocknet. Vater!"

Aber der Vater war ganz anders als der Sohn.

„Mein Sohn, warum sollten wir sterben? Wir sterben nicht. Du weißt es vielleicht nicht, aber diese Sandhügel bewegen sich ständig in der Wüste. Darum habe ich schon mehrmals den Weg verloren. Das ist nicht nur dieses Mal so. Aber es ist sicher, dass wir im Moment nach Osten gehen. Das können wir am Sonnenaufgang erkennen. Wir sind nun fast am östlichen Ende der Wüste angelangt. Wenn wir nur noch ein bisschen weitergehen, werden wir auf ein Dorf treffen. Da können wir dann Wasser trinken. Wir werden nicht sterben!"

„Vater, hast du das nicht vorgestern und gestern auch schon gesagt? Aber sind wir am Ende der Wüste angelangt? Vater, du täuschst mich doch! Warum sollten wir nicht sterben? Natürlich werden wir sterben! Ich kann jedenfalls nicht mehr laufen."

„Mein Sohn, das stimmt nicht. Ich bin mehrere Male durch diese Wüste gegangen. Wir werden nicht sterben. Wir sind fast am Ende dieser Wüste."

Sie gehen zwar denselben Weg, aber der Vater, mit Hoffnung, und der Sohn, ohne Hoffnung, sind so verschieden. Da der Sohn in seinem Herzen schon tot ist, fällt ihm alles schwer.

„Mein Sohn, lass uns weitergehen!"

„Vater, was bringt es, wenn wir weitergehen? Wir werden sowieso sterben. Ich kann nicht mehr weitergehen. Vater ...! Wir werden sterben."

„Nein, steh auf und geh weiter. Wir sind fast am Ende angelangt. Wir werden nicht sterben. Warum sollten wir sterben?"

„Vater, denk einmal nach! Wie lange ist es denn her, seit wir Wasser getrunken haben? Denkst du wirklich, dass ich noch weitergehen kann? Ich kann nicht mehr. Ich bin erschöpft. Ich muss jetzt sterben. Und ich werde sterben!"

„Mein Sohn, du stirbst nicht, lass uns weitergehen!"

Der Vater hatte zwar Hoffnung, aber der Sohn nicht. Darum möchte der Vater die Hoffnung, die in seinem Herzen ist, an das Herz seines Sohnes weitergeben. Denn wenn der Sohn Hoffnung bekommt, wird in ihm neue Kraft entstehen und er kann weitergehen. Aber der Sohn vertraute seinen Gedanken, er nahm die Worte seines Vaters nicht an.

„Mein Sohn, wir gehen nach Osten. Das östliche Ende dieser Wüste ist nicht mehr weit. Ich weiß zwar nicht ganz genau wo wir sind, aber ich bin ganz sicher, dass wir fast am Ende angelangt sind."

„Vater, wir konnten mehrere Tage kein Wasser trinken. Glaubst du, dass ich noch laufen kann? Und es nützt ja sowieso nichts. Wir werden ja doch sterben. Du sagst nun schon seit mehreren Tagen immer dasselbe."

Da der Sohn seine Gedanken für richtig hielt, lehnte er die Worte des Vaters ab. Der Vater erzählte ihm, wie er sich früher einmal in der Wüste verlaufen, aber überlebt hatte. Er erzählte immer weiter, um dem Sohn Hoffnung zu geben.

„Kind, lass uns ein bisschen weitergehen."

„Dann geh doch alleine. Ich werde hier sterben!"

„Wie kannst du nur so etwas sagen? Steh auf, gehen wir weiter!"

Der Vater tröstete seinen Sohn, und sie liefen ein bisschen weiter. Nach einer Weile stöhnte der Sohn plötzlich voller Verzweiflung auf.

„Vater, schau mal dort! Nun sind wir verloren!"

Der Vater blickte auf die Stelle, wo der Sohn hinzeigte, und entdeckte dort ein Grab.

„Vater, schau dir dieses Grab an. Dieser Mensch hat sich wie wir in der Wüste verlaufen und ist verdurstet. Wir werden sterben wie er. Er ist auch gestorben, weil er die Oase nicht finden konnte. Uns wird es genauso gehen!"

Aber der Vater sagte lächelnd:

„Mein Sohn, nun sind wir gerettet! Das ist das Ende der Wüste!"

„Vater, wovon redest du? Du sagst immer nur, dass wir am Ende der Wüste sind."

„Mein Sohn, hör mir einmal zu. Nehmen wir an, dass der Mensch, der in diesem Grab liegt, sich verlaufen hat und verdurstet ist, wie du gesagt hast. Aber hat er dann selbst dieses Grab geschaufelt und sich hineingelegt? Jemand muss ihn begraben haben. Dass es hier ein Grab gibt, heißt, dass ein Dorf in der Nähe ist. Wir sind gleich dort. Nun sind wir gerettet!"

Sie haben dasselbe Grab gesehen, aber die Gedanken des Sohnes und die des Vaters waren vollkommen verschieden. Jetzt erst kam das Herz des Vaters in das Herz des Sohnes.

„Stimmt. Auch wenn er sich in der Wüste verlaufen hat und verdurstet ist, kann er nicht selbst das Grab gegraben und sich hineingelegt haben. Irgendjemand muss ihn begraben haben. Ja, wenn es hier ein Grab gibt, dann ... Stimmt, Vater! Vater, du hast Recht! Die Zivilisation ist in der Nähe! Vater, lass uns schneller gehen!"

Nicht lange nachdem sie weitergegangen waren, trafen sie auf das Dorf.

In der Bibel gibt es in den 66 Büchern des Alten und Neuen Testaments eine Gemeinsamkeit. Es gibt viele Stellen, wo Gott mit dem Menschen redet: Die Gespräche zwischen Gott und Abraham, zwischen Gott und Mose und zwischen Jesus und den Menschen. In diesen Gesprächen waren Gottes Gedanken und die Gedanken der Menschen immer verschieden. Man kann sehen, wie Gott bekümmert versucht, den Menschen sein Herz zu geben und wie die Menschen Gottes Herz ablehnen und verraten, weil es mit ihrem Herzen nicht übereinstimmt. Wo auch immer man in der Bibel liest, kann man das finden.

Da der Vater die Wüste gut kannte und wusste, dass sie bald zu Ende war, hatte er kein einziges Mal in seinem Herzen befürchtet, dass er sterben würde. So war das Herz des Vaters, aber das Herz des Sohnes hatten Verzweiflung und Tod erobert, sodass er keine Hoffnung mehr hatte. Der Vater wollte ihm die Hoffnung, die in ihm war, das Herz, dass sie überleben werden, übermitteln. Aber der Sohn hat das nicht angenommen, da er seine eigenen Gedanken hatte:

„Vater sagt das bestimmt nur, um mich zu ermutigen. Dabei sind wir so gut wie tot. Schon seit ein paar Tagen sagt er, dass wir am Ende der Wüste angelangt wären, aber das stimmt ja gar nicht. Jetzt habe ich keine Kraft mehr. Wie kann ich da noch weitergehen. Vater will mich beruhigen, aber wir werden sterben."

Der Sohn hatte seine eigenen Gedanken.

Gott sprach zu Noah: „Ich will eine Sintflut kommen lassen, um mit Wasser alles von der Erde zu vertilgen." Alle Menschen, die zu dieser Zeit lebten, hörten diese Worte. Aber sie vertrauten lieber ihren Gedanken, als Gottes Wort zu glauben.

„Gott wird keine Sintflut kommen lassen. Was für eine Sintflut soll schon kommen? Weil wir so viel gesündigt haben, will Gott bloß, dass wir uns bessern. Wir brauchen von nun an nur gut zu sein. Es wird ein bisschen regnen und wieder aufhören."

Ihren Gedanken folgend, sind sie nicht in die Arche gegangen. Von Anfang bis zum Ende der Menschheitsgeschichte gibt es immer solche Herzen in den Menschen, die sie ihren Gedanken folgen lassen und sie in die Vernichtung führen.

Sie alle, die Sie heute Abend hier sind, glauben an Gott. Aber wenn ich mich mit Ihnen persönlich unterhalten würde, käme zutage, dass Ihre Erfahrungen, Ihre Meinungen und Gedanken viel stärker in Ihnen sind als Gottes Wort. Diese Dinge bringen Sie dazu, das Wort Gottes abzulehnen, sodass es nicht einfach und lebendig in Sie hineinkommen kann.

Das Wort Gottes ist gleich Gott. In Johannes Kapitel 1 steht: **„Im Anfang war das Wort, und das Wort war bei Gott, und Gott war das Wort. Dasselbe war im Anfang bei Gott. Alle Dinge sind durch dasselbe gemacht, und ohne dasselbe ist nichts gemacht, was gemacht ist. In ihm war das Leben, und das Leben war das Licht der Menschen"** (Johannes 1, 1-4). Das Wort ist gleich Gott. Aber Satan hat uns Gedanken gegeben, die anders sind als das Wort, sodass wir das Wort nicht annehmen. Er hat unser Herz auf andere Gedanken fixiert. Aus diesem Grund nehmen Sie von Gottes Wort nur das an, was zu Ihrem Herzen passt, aber Worte, die Ihnen nicht gefallen, nehmen Sie nicht an. Darum kann Gott in Ihnen nicht arbeiten. Wenn Sie alle Gott und sein Wort achten, gibt es heute Abend keine einzige Person, die sich nicht ändern wird. Damit das nicht geschieht, hat Satan unsere Herzen mit seinen Gedanken blockiert, sodass das Wort nicht hineinkommen kann.

In Markus Kapitel 2 wird sehr detailliert darüber berichtet. Jesus sprach: „Mein Sohn, deine Sünden sind dir vergeben." Meine

Lieben, dies ist das Wort Gottes. Muss man es dann nicht so annehmen? „Ah, Jesus, wirklich? Sind meine Sünden vergeben?" Aber die Juden lehnten mit ihrer Erfahrung und ihren Gedanken das Wort Jesu ab. „Gotteslästerung! Wer ist er denn, dass er Sünden vergibt?"

Überall in den 66 Büchern der Bibel wurden die Menschen nicht deshalb verflucht und vernichtet, weil sie gestohlen, Ehebruch begangen oder gemordet haben, sondern weil sie Gottes Wort missachtet haben. Was Sie vor allem wissen müssen, ist, dass es in der Geschichte des Christentums in jedem Zeitalter die breite Masse gab, die behauptete, an Gott zu glauben, aber sie haben alle Gottes Wort verachtet. Zur Zeit der Sintflut haben die Leute nicht gesagt, dass sie nicht an Gott glauben. Sie haben gesagt, dass sie an Gott glauben - und gleichzeitig das Wort Gottes abgelehnt. Dies war in jedem Zeitalter der Fall. Zur Zeit Jesu sagten alle Juden, dass sie an Gott glaubten, aber sie haben Jesus abgelehnt.

In der heutigen Zeit ist das nicht anders. Satan, der so in den Herzen der Menschen arbeitet, wie wir es an der Menschheitsgeschichte erkennen können, hat auch die Herzen von Ihnen, die Sie als Nachkommen Adams geboren sind, gefangen und darin Gedanken festgemacht, die anders sind als die Wahrheit Gottes. So hat er es fertiggebracht, dass Sie das Wort Gottes nicht annehmen können. Darum schauen die Menschen nicht tief in die Bibel, sondern denken einfach: „Ich brauche nur gute Dinge zu tun und die Gebote zu halten." Auf diese Weise leben sie einfach nach ihren Gedanken und nehmen letztlich das Wort Gottes in ihren Herzen nicht an. Das ist Bosheit. Das sind die Gedanken Satans. Wen verflucht Gott? Diejenigen, die das Wort Gottes nicht annehmen, verflucht und vernichtet Gott alle.

Wenn ich sage, dass du keine Sünde hast, hast du keine Sünde

Jesus sprach zu dem Gelähmten:

„Mein Sohn, deine Sünden sind dir vergeben."

Wenn Jesus das sagt, sind die Sünden dann vergeben oder nicht?

Als Präsident Seung-Man Lee lebte, traf er einen einfachen Soldaten in seiner Villa. Er sah, wie der Soldat fleißig putzte und fragte ihn:

„Hast du hier geputzt?"

„Ja, Sir. Ich habe den ehrenvollen Auftrag bekommen, für Sie, Herr Präsident, zu putzen!"

„Und - ist das nicht sehr anstrengend?"

„Ja, Sir. Aber wenn es für Sie ist, Herr Präsident, dann ist mir keine Aufgabe zu anstrengend!"

Der Präsident war zutiefst bewegt.

„Was ist das für ein Rangabzeichen, das du an dir hast?"

„Ja, Sir, ich bin ein einfacher Soldat!"

„Was gibt es darüber?"

„Ja, Sir, Gefreiter."

„Und was gibt es darüber?"

„Ja, Sir, Obergefreiter."

„Und darüber?"

„Ja, Sir, Hauptgefreiter."

„Und darüber?"

„Ja, Sir, Unteroffizier."

„Und darüber?"

„Ja, Sir, Stabsunteroffizier."

„Und darüber?"

„Ja, Sir, Feldwebel."

„Und darüber?"

Der Soldat erstarrte und sagte:

„Ja, Sir, darüber gibt es nichts."

„Ab sofort bist du das!"

Der Präsident sagte, dass er ab jetzt ein Feldwebel ist. Der Sekretär, der daneben stand, fragte gleich: „Abteilung, Nummer, Rang?", und rief im Hauptquartier an.

„Hier spricht der Sekretär des Präsidenten. Dies ist ein Sonderbefehl des Herrn Präsidenten. Soldat Soundso wird zum Feldwebel befördert."

Ist dieser Soldat von da an ein Feldwebel oder ein einfacher Soldat? Er ist ein Feldwebel.

„Was? Ich soll ein Feldwebel sein? Ich bin erst seit ein paar Monaten hier beim Militär."

„Aber du bist trotzdem ein Feldwebel. Dieses Abzeichen ist kein Spielzeug."

Der inzwischen verstorbene Vorstandschef Ju-Young Jeong (Gründer von Hyundai) hat einmal die Hyundai-Autoindustrieanlage in Ulsan besucht. Ein Mann fegte mit einem Besen eifrig den Hof, weil er gehört hatte, dass der Vorstandschef kommen würde. Vorstandschef Jeong sah das und las sein Namensschild: „Ja, der Abteilungsleiter Kim hat viel Mühe." Daraufhin antwortete der Mann: „Vorstandschef, ich bin noch kein Abteilungsleiter." Aber der Vorstandschef Jeong sagte: „Mann, wenn ich sage, dass du ein Abteilungsleiter bist, dann bist du ein Abteilungsleiter!" An diesem Tag ist der Mann ein Abteilungsleiter geworden. Ist er nun Abteilungsleiter? Ja, er ist Abteilungsleiter. Wenn der Vorstandschef der Hyundai-Werke sagt, dass er Abteilungsleiter ist, ist er doch Abteilungsleiter.

Wenn schon die Worte des Präsidenten oder des Vorstandschefs einer Firma so eine Macht haben, wieviel mehr die Worte Gottes? Aber der Mensch lehnt sich mit seinen Gedanken gegen Gottes Wort auf.

„Wenn ich sage, dass du keine Sünde hast, hast du keine Sünde."

„Nein, ich bin ein Sünder."

„Wenn ich sage, dass du keine Sünde hast, hast du keine Sünde."

„Nein, Herr, ich bin ein Sünder. Bitte, vergib mir."

Eines Tages war ich sehr erstaunt, als ich im Römerbrief Kapitel 3 las: „Da ist keiner, der gerecht ist. Da ist keiner, der nach Gott fragt und da ist keiner, der Gutes tut. Ihre Rachen sind ein offenes Grab, mit ihren Zungen betrügen sie. Ihre Füße eilen, Blut zu vergießen." So setzt sich der Inhalt fort, aber in Vers 23 steht: **„sie sind allesamt Sünder und ermangeln des Ruhmes, den sie bei Gott haben sollten."** Als ich dieses Wort las, fiel mir der verlorene Sohn im Lukasevangelium ein.

Das Resultat der eifrigen Arbeit des verlorenen Sohnes war, dass er im Schweinestall wie die Schweine gegessen und gelebt hat und eigentlich nur noch sterben konnte. Aber als sein Vater arbeitete, konnte er das beste Kleid anziehen, einen Ring am Finger tragen, Schuhe an den Füßen haben und ein gemästetes Kalb essen, obwohl er selbst gar nichts dafür getan hatte. Er hat sich enorm verändert. Was auch immer er selbst tut - das Ergebnis seiner Arbeit ist der Schweinestall. Er kann da nicht herauskommen. In Römer Kapitel 3 steht: „Was wir Menschen getan haben, ist alles schmutzig, erbärmlich und böse. Mit den Werken des Gesetzes kann kein Mensch gerecht werden." So geht es weiter bis Römer Kapitel 3 Vers 23: **„sie sind allesamt Sünder und ermangeln des Ruhmes, den sie bei Gott haben sollten."** Das ist das Resultat dessen, was der Mensch getan hat.

Und in Vers 24 geht es dann nicht um die Anstrengungen der Menschen, sondern um Gottes Werke. Das Resultat der Arbeit der Menschen war: **„sie sind allesamt Sünder und ermangeln des Ruhmes, den sie bei Gott haben sollten“**, aber wenn Gott etwas tut, hört sich das so an: **„und werden ohne Verdienst gerecht aus seiner Gnade durch die Erlösung, die durch Christus Jesus geschehen ist.“** Die Arbeit des Sohnes war so, dass er im Schweinestall mit den Schweinen zusammen gegessen und geschlafen hat, so dass er nach Schweinen gestunken hat und auch wie ein Schwein geworden ist, aber als der Vater arbeitete, wurde alles wunderschön.

Auch heute Abend ist es so: Was wir getan haben, ist böse und schmutzig. Wir können dafür nur verflucht und vernichtet werden. Aber was hat Gott getan? Er hat uns gerecht, rein und herrlich gemacht und uns gesegnet. Meine Lieben, wir müssen zwar an das glauben, was wir tun, nämlich sündigen, aber wir müssen auch daran glauben, dass Gott uns rein gemacht hat. Amen? Glauben Sie daran?

> **„sie sind allesamt Sünder und ermangeln des Ruhmes, den sie bei Gott haben sollten und werden ohne Verdienst gerecht aus seiner Gnade durch die Erlösung, die durch Christus Jesus geschehen ist.“**

Die Menschen sind tief in ihren Gedanken versunken und glauben nicht daran.

„Herr, ich bin ein Sünder. Vergib mir.“

„Du bist schon gerecht!“

„Aber ich bin trotzdem ein Sünder.“

„Du bist schon rein. Ich habe deine Sünden weißer als Schnee gewaschen!“

„Nein, ich bin ein Sünder.“

Mit den eigenen Gedanken nimmt man Gottes Wort nicht an.

Gott, lass mich deine Stimme hören

In Markus Kapitel 2 spricht Jesus zu dem Gelähmten:
„Mein Sohn, deine Sünden sind dir vergeben."

Meine Lieben, wie heißt der Gelähmte? Wenn jemand den Namen des Gelähmten weiß, soll er bitte die Hand heben! Niemand? Dann möchte ich Sie fragen: Wir wissen zwar nicht, wie der Gelähmte hieß, aber hatte er einen Namen oder nicht? Er hatte sicher einen Namen. Wo gibt es einen Menschen ohne Namen? Wenn er keinen Namen hätte, würde man ihm einfach einen Namen geben wie Hans, Kasper oder Sepp. Weil ihnen das zu kompliziert ist, nennen sie in Afrika die Kinder nach dem Wochentag, an dem sie geboren wurden. Mein Enkel wurde am Mittwoch geboren. Alle Jungen, die an einem Mittwoch geboren wurden, nennt man „Kwaku". Die afrikanischen Leute sagten immer zu meinem Enkel: „Kwaku, Kwaku." Ich fragte sie nach dem Grund, und sie erzählten es mir: Weil es kompliziert ist, den Kindern Namen zu geben und sie komplizierte Dinge nicht mögen, machen sie es einfach so. Auf diese Weise kann man in Afrika am Namen erkennen, an welchem Wochentag jemand geboren wurde.

Meine Lieben, wenn man keine Namen erfinden möchte, kann man es wenigstens auf diese Weise tun, aber warum hatte dieser Gelähmte keinen Namen? Er hatte einen Namen. Aber warum steht da „ein Gelähmter" und nicht sein Name? Warum? Jesus sprach zu dem Gelähmten: „Mein Sohn, deine Sünden sind dir vergeben." Als er das sagte, betraf es nicht nur den Gelähmten, sondern die ganze Menschheit. Wenn er den Namen des Gelähmten geschrieben hätte, hätte er die Namen aller Menschen aufschreiben müssen.

„Ock-Soo Park, deine Sünden sind dir vergeben."

„Sung-Hwa Jo, deine Sünden sind dir vergeben."

„Sung-Hun Kim, deine Sünden sind dir vergeben."

Dann müsste man für das Markusevangelium allein schon mehrere Laster zum Transportieren benutzen, und es würde trotzdem nicht reichen. Dieses Wort sagte Gott der ganzen Menschheit, und als ihr Vertreter wurde der Gelähmte von Gott angesprochen. Jesus, der zu dem Gelähmten sprach: „Mein Sohn, deine Sünden sind dir vergeben" - warum sollte er nicht auch zu mir sagen können: „Deine Sünden sind dir vergeben"? Jesus, der die Sünden des Gelähmten vergeben hat, warum sollte er meine Sünden nicht vergeben können? Als Jesus zu dem Gelähmten sagte: „Deine Sünden sind dir vergeben", nahm der es mit „Amen!" an, aber die Schriftgelehrten und Pharisäer sagten: „Gotteslästerung!" und lehnten die Worte Jesu mit ihrer eigenen Erfahrung und ihrem Wissen ab.

Auch Sie - heute Abend lehnen Sie mit Ihrem Wissen, Ihrer Erziehung und allem, was Sie bis jetzt in der Welt gelernt und erfahren haben, Gottes Wort ab. Sie lehnen das Wort in entscheidenden Momenten ab. Obwohl Jesus sagt: „Deine Sünden sind dir vergeben", nehmen Sie es nicht an, sondern sagen: „Herr! Ich bin ein Sünder. Bitte vergib mir." Solche Menschen glauben nicht an Gott.

Eines Tages habe ich in Johannes Kapitel 8 über die Ehebrecherin gelesen, und mir fiel sofort auf, dass es zwischen dem Zustand dieser Frau und mir gar keinen Unterschied gibt. Entschuldigung, dass ich so etwas sage, aber auch ich hätte jederzeit Ehebruch begehen können, wenn es nur eine Möglichkeit gäbe, dass der Ehebruch unentdeckt bliebe. Ich habe nur aus Angst dabei ertappt zu werden nie Ehebruch begangen. Aber in mir gab es viele solche Gedanken. Es gibt keinen Unterschied zwischen dieser Frau und mir. Sie hatte nur etwas mehr Mut als ich. Das ist der einzige Unterschied.

Als ich an diesem Tag in Johannes 8 las, dachte ich: „Diese Frau ähnelt mir sehr. Sie ist wie ich“, aber interessanterweise sagte Jesus zu dieser Frau: „Und ich verdamme dich auch nicht.“

„Genau! Diese Frau und ich, wir sind gleich. Die Worte, die Jesus zu ihr gesagt hat, hat er auch zu mir gesagt. Dieses Wort, dass er sie nicht verdammen wird, betrifft auch mich. Amen!“

So habe ich es angenommen.

Meine Lieben, ich möchte Sie etwas fragen: Muss Gott erst in der Bibel Ihren Namen genau schreiben: „Soundso, deine Sünden sind dir vergeben“, damit Sie daran glauben, dass dieses Wort Sie betrifft? Das darf nicht sein. Nein, so darf das nicht sein. Meine Lieben, dieses Wort betrifft nicht nur die Frau, die Ehebruch beging, oder den Gelähmten, sondern ich glaube daran, dass dieses Wort die ganze Menschheit betrifft. Amen? Wenn es so ist, meine Lieben, dass Jesus zu dem Gelähmten gesagt hat: „Mein Sohn, deine Sünden sind dir vergeben“, warum sollte er das zu mir nicht sagen können? Ist es so, oder ist es nicht so? Hat Jesus am Kreuz nur die Sünden des Gelähmten vergeben? Hat er meine Sünden nicht vergeben? Wenn er meine Sünden vergeben hat und sagt: „Ock-Soo Park, deine Sünden sind dir vergeben“, dann sind meine Sünden vergeben.

Früher - weil ich die Bibel nicht kannte - wollte ich gerne Gottes Stimme hören. Nachdem ich meine Sünden bekannt und den Herrn um Vergebung gebeten und Buße getan hatte, war ich mir nicht sicher, ob meine Sünden vergeben waren oder nicht. Darum betete ich: „Gott, bitte lass mich deine Stimme hören, ob meine Sünden weggewaschen wurden. Lass sie mich nur einmal hören!“ Ich hörte gar keine Stimme. Alleine im Gottesdienstsaal sitzend, wartete ich auf Gottes Stimme. Vielleicht weil Gott nicht geantwortet hat, dachte die Maus auf dem Dachboden, dass sie wenigstens antworten müsste, und ich konnte sie rennen hören. Dieses Wort ist Gottes Wort. Aber ich wollte nicht daran glauben, sondern Gottes Stimme hören.

Nach meiner Wiedergeburt nahm ich Gottes Wort in der Bibel eins nach dem anderen als das an, was Gott zu mir sagt. Deshalb brauche ich dafür nicht die Verantwortung zu tragen. Gott übernimmt die Verantwortung. Weil Gott gesagt hat, dass meine Sünden reingewaschen sind, gehe ich eines Tages sorglos in den Himmel. Und wenn er dann plötzlich sagt: „Du darfst nicht hinein“, dann muss er sich dafür verantworten. Aber bei Gott wird so etwas nie der Fall sein. Wir glauben an dieses Wort der Verheißung.

Meine Gedanken oder das Wort Gottes: Was sollen wir glauben?

Es ist zwar schon viel Zeit vergangen, aber ich möchte noch ein bisschen weitererzählen. Als der Gelähmte das Wort „Deine Sünden sind dir vergeben“ annahm, sagte Jesus weiter: „Mein Sohn, steh auf, nimm dein Bett und geh heim.“ Der Gelähmte war auch nur ein Mensch, warum sollte er also keine Gedanken bekommen haben? Kann dieser Mensch laufen oder nicht?

„Er weiß doch ganz genau, dass ich nicht laufen kann. Jesus, ich kann nicht laufen. Wenn ich laufen könnte, wäre ich zu Fuß hierher gekommen, wozu hätten sie mich dann mit dem Bett tragen müssen? Als meine Freunde das Dach aufgebrochen haben, weißt du, wie sehr da mein Herz wehgetan hat? Wenn ich laufen könnte, wozu hätten sie ein Loch in das Dach machen und das Bett herunterlassen müssen? Ich wäre einfach durch die Tür gekommen. Ich kann aber nicht laufen. Jesus, du scheinst es nicht zu wissen, aber ich kann es nicht. Auch wenn ich mich noch so abmühe, es geht nicht. Meine Beine sind hart wie zwei Holzklötze. Sie sind ganz vertrocknet und steif, so dass ich sie nicht bewegen kann!"

Solche Worte müssen aus dem Herzen des Gelähmten gekommen sein, und vielleicht dachte er für einen kurzen Moment:

„Die Stimme meines Herzens sagt mir, dass ich nicht laufen kann, aber Jesus sagt, dass ich aufstehen soll. Soll ich auf mein Herz hören oder auf die Worte Jesu?"

Der Gelähmte hat eine Entscheidung getroffen: Er hatte bis dahin stets auf die Stimme seines Herzens gehört: „Ich kann nicht laufen! Meine Erfahrung, mein Wissen sagen mir, dass ich nicht laufen kann. Und ich habe ja auch schon versucht zu laufen, aber es ist mir nie gelungen!" Doch der Gelähmte hat sich entschlossen, nicht mehr auf die Stimme seines Herzens zu hören.

„Genau, das Resultat davon, dass ich immer auf mein Herz gehört habe, ist nichts weiter, als dass ich ein Gelähmter geworden bin. Ich werde nun nicht mehr auf meine Gedanken hören. Ich werde nicht mehr meinem Herzen glauben. Ich werde nicht mehr auf mich vertrauen. Ich werde auf Jesus vertrauen. Auch wenn meine innere Stimme mir sagt, dass ich nicht laufen kann, werde ich nicht mehr darauf hören, sondern auf Jesus, der mir sagt, dass ich heimgehen soll. Ich werde jetzt einfach aufstehen!!"

Der Gelähmte stand auf und nahm sein Bett.

Wir sind genauso. Wenn ich auf meine innere Stimme höre, denke ich: „Wie kann ich es wagen zu sagen, dass ich keine Sünde habe? Wie kann ich es wagen zu sagen, dass ich gerecht bin? Wo gibt es noch solch eine jämmerliche und schmutzige Person wie ich es bin? Ich bin ein böser Mensch, da kann ich doch nicht so etwas sagen? Ich kann nur sagen, dass ich ein Sünder bin. Ich bin ein Sünder! Ich bin ein schmutziger Mensch! Ich bin böse! Wie kann ich sagen, dass ich gerecht bin? Nein, nicht ich!" Das ist Ihre Stimme. Jesus' Stimme sagt: „Mein Sohn, deine Sünden sind dir vergeben."

Meine Lieben, wessen Stimme möchten Sie hören? Wir haben törichterweise bis jetzt auf unsere Gedanken gehört. Wir sind törichterweise unseren Gedanken gefolgt. Darum konnte unser Glaubensleben nicht funktionieren. Heute Abend gibt es etwas, wofür Sie wirklich Buße tun müssen. Sie müssen nicht Buße tun für den Diebstahl, Ehebruch oder Mord, den Sie begangen haben, sondern dafür, dass Sie sich selbst geglaubt haben, dass Sie Ihrer inneren Stimme gefolgt sind, dass Sie Ihren Gedanken geglaubt haben, dafür müssen Sie Buße tun. „Ich werde ab jetzt nicht mehr mit meinen Gedanken, sondern nach Jesus' Gedanken leben. Wenn du sagst, dass ich gerecht bin, bin ich gerecht! Wenn du sagst, dass ich die Sündenvergebung empfangen habe, habe ich die Sündenvergebung empfangen! Wenn du sagst, dass ich gehen soll, werde ich gehen, auch wenn meine Beine vollkommen versteift sind!" Ich glaube daran, dass dies ein wahres Glaubensleben ist. Glauben Sie auch daran? Amen?

Meine Lieben, wer daran glaubt, dass die Worte, die Gott zu dem Gelähmten gesagt hat, auch ihn betreffen, der sage einmal laut „Amen!" und hebe die Hand. Meine Lieben, wie sehr wird Gott sich freuen! Wir haben bis jetzt nicht nach Gottes Wort, sondern nach unseren Gedanken gelebt, aber nun lassen Sie uns unsere Gedanken beiseite legen, fortwerfen und an Gottes Wort glauben. Ich bin mir sicher, dass Gott sich freuen wird.

Meine Lieben, wenn Sie nun daran glauben, dass die Worte „Deine Sünden sind dir vergeben", die Jesus zu dem Gelähmten gesagt hat, auch die Worte sind, die Jesus zu Ihnen sagt, sind Ihre Sünden auch reingewaschen, so weiß wie Schnee, wie die Sünden des Gelähmten. Durch das Blut am Kreuz wurden alle meine Sünden reingewaschen! Ich bin reingewaschen und habe keine Sünde mehr! Ich bin gerecht! Wer daran glaubt, hebe bitte die rechte Hand. Amen! Hallelujah! Ich preise den Herrn.

Satan hat uns sehr lange Zeit getäuscht und uns an unsere Gedanken glauben lassen, aber heute Abend werfen Sie Ihre Gedanken fort und nehmen Sie ein simples Wort an. Glauben Sie einfach daran, dass Gott Ihnen dieses Wort gesagt hat. Ein Pastor hat mein Buch „Das Geheimnis der Sündenvergebung und der Wiedergeburt“ kritisiert und einen Artikel geschrieben, indem er verkündete: „Ich erkläre hiermit, dass ich bis zu meinem Tod ein Sünder bin.“ Dieser Mann hat seine eigenen Gedanken kundgetan, er hat Gottes Wort absolut nicht angenommen. Gott hat mit dem Blut seines Sohnes Jesus unsere Sünden reingewaschen.

Er vergibt dir deine Sünden
und denkt nicht mehr an sie,
er vergibt dir deine Sünden
und denkt nicht mehr an sie.
Kommt zurück, ihr Völker,
sagt der Herr, dein Gott.
Er vergibt dir deine Sünden,
er vergibt dir deine Sünden
und denkt nicht mehr an sie
und denkt nicht mehr an sie.

In Gottes Wort steht, dass Gott all Ihre Sünden aus seinem Gedächtnis gelöscht hat! Im Himmel wurden alle Eintragungen über Ihre Sünden vernichtet! Nun sind im Himmelreich nirgends mehr unsere Sünden aufgeschrieben, und auch in Gottes Herzen gibt es keine Einträge mehr darüber. Nur in Ihrem Herzen können Sie sich an Ihre begangenen Sünden noch erinnern. Aber Sie wurden schon längst reingewaschen. Wenn man gemäß Gottes Wort daran glaubt, dass seine Sünden reingewaschen sind, dann ist man ein Mensch, der wirklich an Gott glaubt.

Heutzutage glauben viele Menschen verkehrt an das Christentum. Sie glauben nicht daran, dass Jesus ihre Sünden vergeben hat, sondern versuchen mit ihren eifrigen Taten, sie reinzuwaschen. Mit welcher Kunst wollen Sie die Sünden reinwaschen, die Jesus nicht tilgen konnte? Ich kann sie nicht beseitigen. Da nur Jesus die Sünden reinwaschen kann, muss ich mit Glauben annehmen, dass er sie reingewaschen hat. Was auch immer ich mache - durch meine Bemühungen werden die Sünden nicht getilgt. Es gibt keinen anderen Weg - nur das Blut am Kreuz kann unsere Sünden auslöschen. Wenn das Blut am Kreuz unsere Sünden nicht reingewaschen hat, müssen Sie erkennen, dass wir Menschen sind, die nur noch vernichtet werden können. Aber wir glauben daran, dass Jesus mit seinem Blut die Vergebung unserer Sünden vollbracht hat. Weißer als Schnee, noch weißer als Schnee! Lassen Sie uns alle zusammen nur die erste Strophe des Lobliedes „Zweifel, der mein Herz ausfüllte, wurde zerstört“ singen.

Zweifel, der mein Herz ausfüllte, wurde zerstört,
und mit dem tiefsten Frieden
preise ich den Herrn, unser Lamm Jesus.
Durch sein Blut wurde ich erlöst.
Bin erlöst, bin erlöst! Von der Sünde erlöste mich der Herr.
Hallelujah, stimmet ein in das Lied, ja, preist mit uns.
Bin erlöst durch das Blut meines Herrn.

8.
Abrahams Glaube

8.
Abrahams Glaube

Guten Tag, meine Lieben! Schlagen Sie heute bitte im Alten Testament 1. Mose Kapitel 17 auf. Ich werde die Verse 15 - 22 lesen.

„Und Gott sprach abermals zu Abraham: Du sollst Sarai, deine Frau, nicht mehr Sarai nennen, sondern Sara soll ihr Name sein. Denn ich will sie segnen, und auch von ihr will ich dir einen Sohn geben; ich will sie segnen, und Völker sollen aus ihr werden und Könige über viele Völker. Da fiel Abraham auf sein Angesicht und lachte und sprach in seinem Herzen: Soll mir mit hundert Jahren ein Kind geboren werden, und soll Sara, neunzig Jahre alt, gebären? Und Abraham sprach zu Gott: Ach dass Ismael möchte leben bleiben vor dir! Da sprach Gott: Nein, Sara, deine Frau, wird dir einen Sohn gebären, den sollst du Isaak nennen,

und mit ihm will ich meinen ewigen Bund aufrichten und mit seinem Geschlecht nach ihm. Und für Ismael habe ich dich auch erhört. Siehe, ich habe ihn gesegnet und will ihn fruchtbar machen und über alle Maßen mehren. Zwölf Fürsten wird er zeugen, und ich will ihn zum großen Volk machen. Aber meinen Bund will ich aufrichten mit Isaak, den dir Sara gebären soll um diese Zeit im nächsten Jahr. Und er hörte auf, mit ihm zu reden. Und Gott fuhr auf von Abraham.“

Ich habe bis Vers 22 gelesen.

Man muss das Herz Gottes entdecken, das in der Bibel versteckt ist

Es war einmal ein Ehepaar. Eines Tages musste die Frau bei ihren Eltern etwas erledigen. Damit ihr Mann sich während ihrer Abwesenheit ein paar Tage selbst etwas zu essen machen konnte, bereitete sie Kimchi und Doenjang vor. Und für den Fall, dass die Beilagen ausgingen, schrieb sie ihm genau das Rezept auf, wie man sie zubereitet. Der Mann las in dem Notizbuch, das seine Frau für ihn gemacht hatte, wie man Kimchi einlegen und Doenjang-Suppe, Kimchi-Suppe usw. machen konnte. Er war seiner Frau sehr dankbar. Als sie fort war, aß er einige Tage lang das, was sie für ihn vorbereitet hatte. Und eines Tages, als die Beilagen ausgegangen waren, öffnete er das Notizbuch, um Doenjang-Suppe zu kochen, so wie seine Frau es beschrieben hatte. Er schaute in das Notizbuch und kochte exakt nach ihren Angaben. Aber als er die Suppe probierte, schmeckte sie seltsamerweise überhaupt nicht.

„Hm, warum hat sie mir nicht aufgeschrieben, wie man es so kocht, dass es lecker schmeckt. Sie kocht doch sonst so gut, aber warum hat sie das so falsch aufgeschrieben?“

Er blätterte weiter im Notizheft und kochte das nächste Gericht, ganz genau so wie es seine Frau aufgeschrieben hatte. Aber auch dieses Gericht schmeckte scheußlich. Er wurde wütend.

„Sie hat behauptet, dass sie mit ihrem ganzen Herzen alles vorbereitet hat, aber sie hat mir nur aufgeschrieben, wie man schlecht kocht!“

Später, als seine Frau wieder nach Hause kam, war er sauer.

„Du! Warum hast du nicht aufgeschrieben, wie man so kocht, dass es gut schmeckt, sondern nur, wie man etwas so kocht, dass es nicht schmeckt?“

„Schatz, was ist los? Du hast doch immer gesagt, dass dir mein Essen schmeckt!“

„Stimmt!“

„Ich habe alles so aufgeschrieben, wie ich es auch koche.“

„Wovon redest du? Ich habe alles genau so gemacht, wie du es aufgeschrieben hast, aber es schmeckte überhaupt nicht.“

„Soll ich es dann einmal probieren?“

„Okay, mach das!“

Die Frau schlug das Notizbuch auf und kochte ganz genau nach dem Notizbuch Doenjang-Suppe. Aber obwohl die Doenjang-Suppe ihres Mannes überhaupt nicht geschmeckt hatte, war ihre sehr köstlich. Der Mann hatte nichts mehr zu sagen.

Wenn ein Gericht immer gut gelingt, wenn man es nur genau nachkocht, braucht man nur ein Kochbuch - wozu gibt es dann Weltklasseköche? Wenn die Hausfrauen Doenjang-Suppe kochen, sind die Methoden immer anders. Ihr Know-How ist immer verschieden.

Meine Lieben, nur weil man die Bibel genau liest und ein dementsprechendes Glaubensleben führt, sind nicht alle Glaubensleben gleich. Wenn Sie sich vorm Bibellesen vollkommen von Ihren Gedanken frei gemacht haben, lesen Sie nicht einfach so in der Bibel, sondern Sie entdecken nach einer Weile das versteckte Herz Gottes darin. Wenn Sie sein verstecktes Herz entdecken, werden Sie eins mit ihm. Das ist sehr segensreich. Nach meiner Rettung habe ich mehrere zig Jahre lang in der Bibel Gottes Herz gefunden. Immer wenn ich eins mit seinem Herzen werde und denke: „Das ist Gottes Herz. Deswegen wird Gott es machen!“, gibt es nichts, was nicht gelingt. Meine Lieben, wenn wir Gottes Herz, das in der Bibel fließt, entdecken, brauchen wir uns nicht mehr um unser Leben zu sorgen. Denn Gott tut alles.

Vom kommenden Sonntagabend an werde ich in Orissa in Indien ein Bibelseminar halten. Ganz tief und abgelegen im Landesinnern verkündet dort Missionar Su-Yeon Kim von unserer Mission das Evangelium. Vor einiger Zeit wurde in dieser Gegend eine Missionarsfamilie im Auto des Missionars von Hinduisten umzingelt und verbrannt. Heute Morgen kam ein Anruf aus Orissa. Missionar Kim sagte mir, dass die Hinduisten Gruppen organisieren, um unser Bibelseminar zu verhindern. Er hat diese Information von der Polizei bekommen. Er bat mich: „Pastor, bitte bete für uns!“

Meine Lieben, ich weiß ganz genau, dass es Gott freut und es sein Wille ist, dass ich in Orissa eine Woche lang ein Bibelseminar führe. Darum glaube ich daran, dass Gott seinen Willen erfüllen wird. Während ich in Afrika, Südamerika oder Europa unterwegs war, habe ich Malaria und viele andere Krankheiten bekommen, aber weil ich im Willen des Herrn bin, sterbe ich nicht an Malaria oder an anderen Krankheiten. Nur wenn Gott mich zu sich ruft, dann werde ich sterben, egal ob an Malaria, an Typhus oder im Dschungel. Ich bin sehr dankbar für die Tatsache, dass ich im Willen des Herrn bin.

Abraham, der gesündigt hat, ist gerecht?

Heute möchte ich über Abraham erzählen. Er ist der Stammvater des Glaubens. Die Geschichten über Abraham sind sehr interessant. Zuerst schauen wir einmal in 1. Mose Kapitel 15, das noch vor dem Kapitel 17 kommt, das wir heute gelesen haben.

Vers 4:

„Und siehe, der Herr sprach zu ihm: Er soll nicht dein Erbe sein, sondern der von deinem Leibe kommen wird, der soll dein Erbe sein."

Vers 5:

„Und er hieß ihn hinausgehen und sprach: Sieh gen Himmel und zähle die Sterne; kannst du sie zählen? Und sprach zu ihm: So zahlreich sollen deine Nachkommen sein!"

Meine Lieben, wenn Sie eine Bibel haben, lassen Sie uns alle zusammen Kapitel 15 Vers 6 lesen:

„Abram glaubte dem Herrn, und das rechnete er ihm zur Gerechtigkeit."

Meine Lieben, was heißt gerecht? Was ist Gerechtigkeit? Da die Gerechtigkeit das Gegenteil der Sünde ist, so ist man Sünder, wenn man Sünde hat, und wenn man gar keine Sünde hat, so ist man ein Gerechter. Nach unserer Vorstellung muss man, um gerecht zu werden, gut sein, nicht sündigen, die Zehn Gebote halten und nach Gottes Wort leben. Deshalb bemühen Sie sich, nicht zu sündigen, nicht wahr? Sie bemühen sich, gut zu sein, nicht wahr? Sie strengen sich an, nicht wahr? Nach unserer Auffassung müssen wir, weil wir Sünder sind, vor Gott Buße tun, um die Sünden wegzuwaschen, und danach nicht mehr sündigen und aufrichtig leben, damit wir gerecht werden können. Nur - es gibt keinen solchen Gerechten, der so aufrichtig gelebt hat.

Wie war Abraham? Eines Tages sprach Gott zu Abraham: „Abraham, lass uns einmal hinausgehen“, und nahm Abraham mit nach draußen. Damals gab es keine Elektrizität und keine Stadt - wie schwarz muss der Nachthimmel da gewesen sein? Der pechschwarze Himmel war vollgetüpfelt mit Sternen. Gott sprach zu Abraham:

„Abraham, schau dir die Sterne am Himmel an.“

„Ja, Herr. Sie sind wunderschön.“

„Ja, sie sind schön, nicht wahr? Kannst du sie zählen?“

„Nein, Herr, ich kann es nicht.“

Als ich klein war, haben wir auf dem Lande in unserem Hof eine Matte ausgelegt und liegend die Sterne gezählt. „Ein Stern und einmal ich, zwei Sterne und zweimal ich, drei Sterne und dreimal ich, vier Sterne und viermal ich, fünf Sterne und fünfmal ich, sechs Sterne und sechsmal ich, sieben Sterne und siebenmal ich, acht Sterne und achtmal ich, neun Sterne und neunmal ich, zehn Sterne und zehnmal ich“, und wenn ich diese Zahl erreichte, wusste ich nicht mehr, bis wohin ich gezählt hatte. Weil es zu viele Sterne am Himmel gab, konnte ich sie nicht zählen. Ich fing wieder von vorne an. „Ein Stern und einmal ich, zwei Sterne und zweimal ich, ...“ Ich weiß nicht, warum man die Sterne nicht einfach: „Eins, zwei, drei, vier, ...“ zählt, sondern „Ein Stern und einmal ich“, aber weil die Erwachsenen so zählten, fing ich wieder von vorne an: „Drei Sterne und dreimal ich, vier Sterne und viermal ich, ...“, und schon wieder hatte ich vergessen, bis wohin ich gezählt hatte.

Gott ließ Abraham die Sterne am Himmel sehen und fragte ihn, ob er sie zählen könne.

„Ich kann sie nicht zählen.“

„Deine Nachkommen werden so zahlreich sein.“

Abraham glaubte einfach direkt dieses Wort. „Ah, meine

Nachkommen werden so zahlreich sein!" Er hatte niemals daran gedacht, dass seine Nachkommen so zahlreich wie die Sterne am Himmel sein könnten, aber er hörte von Gott, dass sie so zahlreich sein würden. Und er glaubte einfach daran. Dass er das Wort geglaubt hat, bedeutet, dass er es angenommen hat.

Das Wort Gottes ist anders als unser Wort. Gottes Wort ist lebendig. In Gottes Wort gibt es Macht. Gestern haben wir auch darüber gesprochen: Im Johannesevangelium Kapitel 1 steht:

„Im Anfang war das Wort, und das Wort war bei Gott", was war das, „das Wort"? „und Gott war das Wort. Dasselbe war im Anfang bei Gott. Alle Dinge sind durch dasselbe gemacht, und ohne dasselbe ist nichts gemacht, was gemacht ist. In ihm war das Leben, und das Leben war das Licht der Menschen."

Und in Vers 14 steht:

„Und das Wort ward Fleisch und wohnte unter uns, und wir sahen seine Herrlichkeit, eine Herrlichkeit als des eingeborenen Sohnes vom Vater, voller Gnade und Wahrheit."

Das Wort Gottes, das Fleisch wurde und auf diese Erde kam, nennen wir Jesus. Amen? Meine Lieben, da das Wort Gottes gleich Gott ist, ist „das Wort Gottes ablehnen" gleich „Gott ablehnen" und „das Wort Gottes annehmen" gleich „Gott annehmen". Wir können die Sünden nicht reinwaschen, indem wir weinend und flehend hundert Tage lang beten, laut „Herr!" rufen, weinen, in Zungen reden, prophezeien, Tränen vergießen und klagen. Wenn ich dagegen das Wort Gottes, dass meine Sünden reingewaschen sind, in meinem Herzen annehme, dann sind sie reingewaschen. Amen? Amen!

Gestern haben wir über das Wort gesprochen, das Jesus zu dem Gelähmten gesagt hat: „Mein Sohn, deine Sünden sind dir vergeben." Ich bin sehr bewegt, wenn ich daran denke, dass dieses

Wort der Bibel auch zu mir gesprochen wurde. Ja, in Wirklichkeit wurde dieses Wort auch zu mir gesprochen, aber früher habe ich das nicht gewusst und habe Gott immer wieder darum gebeten, mir nur ein Wort zu sagen, ob mir denn die Sünden vergeben sind oder nicht. Die Bibel ist das Wort Gottes. Wenn in dem Wort steht: „Deine Sünden sind dir vergeben" - wozu braucht man da noch eine extra Stimme? Man braucht keinen Beweis. Dieses Wort allein reicht vollkommen.

Angenommen, eines Tages käme mein Sohn und bäte mich:

„Vater, kauf mir bitte ein Auto!"

„Hm, du brauchst ein Auto? Ich werde dir eins kaufen."

„Vater, gib mir einen Beweis, dass du mir ein Auto kaufen wirst."

„Du Bengel, von wegen Beweis! Wenn ich sage, dass ich dir eins kaufe, dann meine ich das auch so."

„Aber trotzdem brauche ich einen Beweis."

„Mein Wort ist der Beweis. Ich werde dir ein Auto kaufen."

„Gib mir trotzdem einen glaubwürdigen Beweis."

Das ist „nicht an mich glauben". Wenn er mir glaubt, dann reicht ihm die Antwort völlig: „Ich werde dir eins kaufen."

„Mama, Vater hat gesagt, dass er mir ein Auto kauft. Ich habe jetzt ein Auto."

Das ist „an mich glauben". Man braucht keinen anderen Beweis. Wenn man keinen Glauben hat, braucht man Beweise.

Der sicherste und größte Beweis, dass unsere Sünden vergeben sind, ist das Wort in den 66 Büchern der Bibel. In dem Wort sagt Jesus, der niemals lügt: „Mein Sohn, deine Sünden sind dir vergeben." Glauben oder nicht glauben, das ist unsere freie Wahl. Es ist unsere Freiheit, nicht daran zu glauben und in die Hölle zu gehen oder daran zu glauben und in den Himmel zu gehen. Jesus hat die Sünden vergeben und hat uns gesagt, dass er die Sünden vergeben hat. Wenn man trotzdem nicht daran glaubt, kann man nichts machen.

Gott sah, dass Abraham an ihn glaubte und rechnete es ihm als Gerechtigkeit an. Das steht in Vers 6, nicht wahr? Lassen Sie uns alle zusammen lesen:

„Abram glaubte dem Herrn, und das rechnete er ihm zur Gerechtigkeit.“

Lassen Sie mich eine Frage stellen. Hat Abraham gesündigt oder nicht? Antworten Sie bitte mit lauter Stimme. Er hat gesündigt. Die Leute, die in Seoul unter vielen Menschen leben, bemühen sich sehr, keine Fehler zu machen. Darum geben die Kinder nie klare Antworten.

„Kind, in welcher Richtung liegt das Südtor?“

„Ich glaube, dass es richtig sein könnte, wenn Sie in diese Richtung gehen.“

Sie antworten nicht klipp und klar „Das Südtor liegt in dieser Richtung“, sondern sagen: „Ich glaube.“ Weil sie zu eng mit vielen Menschen zusammenleben, versuchen sie möglichst keine Fehler zu machen und sagen: „Es wird wohl so sein. Wird schon stimmen. Ich glaube, dass es eventuell so sein könnte“, aber die Leute von Seoul antworten nicht: „Das stimmt!“ Ich vermute, dass Sie auch so sind, weil Sie überlegen: „Was passiert, wenn ich mit lauter Stimme antworte und es ist falsch?“ Aber nun sind Sie nicht mehr Bürger von Seoul, sondern Menschen Gottes. Sie sind das Volk des Himmelreiches. Verstehen Sie?

Gott sagte zu Abraham: „Deine Nachkommen werden wie die Sterne am Himmel sein“, und Abraham glaubte daran. Abraham, der daran glaubte, und der Gelähmte, der an die Worte Jesu: „Mein Sohn, deine Sünden sind dir vergeben“ glaubte - beide glaubten an das Wort Gottes.

Aber, meine Lieben, hat Abraham gesündigt oder nicht? Hat

er gelogen oder nicht? Er konnte sogar gut lügen. Er betrog die Leute, indem er seine Frau als seine Schwester ausgab. Nicht nur das. Weil er einen Sohn haben wollte, nahm er sich eine andere Frau und bekam durch sie einen Sohn. Denken Sie einmal nach: Sie sehen Abraham nur in gutem Licht, weil er in der Bibel vorkommt, aber nehmen wir einmal an, dass Pastor Ock-Soo Park keinen Sohn bekommen konnte und sich deswegen eine andere Frau genommen hätte und mit einem Sohn wiedergekommen wäre. Würden Sie dann nicht sagen: „Die Welt ist verrückt geworden!“? Würden Sie nicht so denken?

Nehmen wir einmal an, der Co-Pastor unserer Gemeinde, Pastor Sung-Hun Kim, wäre eines Tages irgendwohin gegangen und mit einer Frau und einem Kind zurückgekommen.

„Wer ist das?“

„Pastor, das ist mein Sohn.“

Mir ist schwindlig!

„Was? Pastor Kim, du hast noch einen Sohn?“

„Ja, ich wollte noch einen Sohn haben, deshalb habe ich mir eine hübsche Frau genommen und eine Nacht mit ihr verbracht, und nun habe ich einen zweiten Sohn bekommen.“

Was sollen wir machen? Soll er nun mit ihnen leben?

„Oh nein, was soll daraus werden? Was sollen wir nur machen? Das geht nicht!“

Die Gemeindemitglieder erfahren es und - Geflüster, Geflüster, Geflüster ... Solche Dinge verbreiten sich heute besonders schnell, es gibt ja Handys und SMS. So wissen es bald alle Gemeindemitglieder.

„Pastor Sung-Hun Kim hat einen Sohn von einer anderen Frau bekommen. Er hat ihn mitgebracht. Er ist noch klein und hat schöne glänzende Augen.“

„Oje, unsere Gemeinde ist ruiniert. Ruiniert! Verdorben, verdorben!“

Aber bei Abraham drücken Sie sehr leicht beide Augen zu. Obwohl Abraham genau das getan hat - gehen Sie nicht milde darüber hinweg? Eigentlich ist das nicht gerecht. Wenn Sie gute Laune haben, gehen Sie einfach daran vorbei, und wenn Sie schlechte Laune haben, bohren Sie pingelig herum. Sicher - wenn nicht, wären Sie keine Menschen. Wenn Sie perfekt wären, wären Sie Maschinen.

Meine Lieben, hat Abraham gesündigt oder nicht? Er hat seine Frau als seine Schwester ausgegeben, er hat eine Magd genommen und durch sie einen Sohn bekommen ... Aber Abraham glaubte an das Wort Gottes: „Deine Nachkommen werden so zahlreich wie die Sterne am Himmel sein.“ Da sagte Gott unerwartet: „Du bist gerecht! Du bist gerecht!“ Weil Sie jetzt leben, sind Sie so nachsichtig, aber wenn Sie damals neben Abraham gelebt hätten, hätten Sie dann nicht so reagiert: „Aber wirklich, Gott, das ist doch absurd! Was ist an Abraham gerecht? Was ist daran gerecht, dass er sich eine Magd als Nebenfrau genommen und mit ihr einen Sohn gezeugt hat? Er hat auch gelogen. Ich kann nicht verstehen, warum du so bist!“? Wenn Sie dort gewesen wären, gäbe es bestimmt Klatsch und Tratsch.

Denn unser Maßstab für Gerechtigkeit und Gottes Maßstab sind verschieden. Sagen Sie mir nach:

„Denn meine Gedanken sind nicht eure Gedanken, (...) spricht der Herr.“

Bitte heben Sie die Hand, wenn einer von Ihnen die gleichen Gedanken hat wie Gott. Gott hat gesagt: „Meine Gedanken sind nicht eure Gedanken.“ Der Maßstab für Gerechtigkeit ist auch verschieden. In Gottes Augen gibt es genau einen Einzigen, der gerecht ist, und das ist Jesus, das ist Gott. Eines Tages kam ein Oberer zu Jesus und fragte: „Guter Meister, was muss ich tun, damit ich das ewige Leben ererbe?" Darauf sagte Jesus: „Was nennst du mich gut? Niemand ist gut als Gott allein."

Wir sind sehr schmutzige und erbärmliche Menschen, aber wir haben das Wort angenommen. Dieses Wort ist Gott und es ist Jesus. Abraham nahm das Wort an: „Deine Nachkommen werden so zahlreich wie Sterne am Himmel sein." Da das Wort gleich Gott ist, kam Gott in Abrahams Herz und wohnte darin. Wenn wir Gottes Wort annehmen, kommt Gott in unser Herz und wohnt darin. Da Gott gerecht ist, bin ich dann auch gerecht, oder nicht? Gott ist heilig. Bin ich dann auch heilig oder nicht? Ich bin heilig! Heilig!

Meine Lieben, wie bringt eine Frau ein Kind zur Welt? Formt sie es aus Lehm und sagt: „Werde ein hübsches Kind. Werde mein Kind!"? Bekommt sie auf diese Weise ein Kind? Es entsteht nicht dadurch, dass sie aus Lehm ein hübsches Kind formt. Sondern - auch wenn sie mit Lehm gar nicht umgehen kann - wenn sie den Samen des Mannes annimmt, wird ihr Bauch dicker, bis sie einen Sohn oder eine Tochter bekommt. Das ist genau dasselbe: Wir müssen in unserem Herzen das Wort Gottes als Samen annehmen.

Es gibt zweierlei Menschen. Die einen nehmen Gottes Wort als Samen an und werfen ihre Gedanken fort, wenn sie hören: „Mein Sohn, deine Sünden sind dir vergeben", und denken: „Ah, meine Sünden sind reingewaschen!" Derjenige, der es so annimmt, wird dadurch gerecht. Aber wer sagt: „Was? Meine Sünden sollen vergeben sein? Ich habe doch so viele Sünden! Ich bin immer noch ein Sünder. Herr, vergib mir meine Sünden!", der hat die Worte des Herrn nicht angenommen, und als ein Mensch, der seine eigenen Gedanken behält, ist er böse und schmutzig und wird verflucht und vernichtet.

Ein Mensch wird nicht vernichtet, weil er gemordet, Ehebruch begangen und gestohlen hat, sondern wenn er Gottes Wort ablehnt, wird er vernichtet. Die Menschen dagegen, die Gottes Wort annehmen, nehmen dabei nicht nur das Wort an, sondern auch Jesus Christus, der das Wort ist. Da er mit dem Wort zusammen in mich hineinkommt, werde ich ein Gerechter. Denn Jesus ist gerecht. Amen?

Der Stammvater des Glaubens, der keinen Glauben hatte

Nun lassen Sie uns weiter über die Bibel sprechen. Gott sprach in 1. Mose Kapitel 15, und es vergingen Jahre. Heute haben wir Kapitel 17 gelesen. Eines Tages erschien Gott Abraham und sprach:

> **„Du sollst Sarai, deine Frau, nicht mehr Sarai nennen, sondern Sara soll ihr Name sein. Denn ich will sie segnen, und auch von ihr will ich dir einen Sohn geben; ich will sie segnen, und Völker sollen aus ihr werden und Könige über viele Völker.“**

Abraham hörte dies, als er neunundneunzig Jahre alt war, und Sara, die zehn Jahre jünger war als Abraham, hörte es mit neunundachtzig. Nun war Abraham alt. Er war neunundneunzig, wie sehr muss er gealtert sein, ebenso auch Sara. Sie saßen zusammen und sprachen jeden Tag darüber, wie alt sie geworden waren.

„Ach herrje, Opa. Warum zieht es so in den Beinen? Oh, mein Kreuz. Oje, ich bin außer Atem. Wir sind sehr gealtert. Nicht wahr, alter Mann?“

„Ja, Oma. Du hast noch einen Zahn verloren, was?“

Sie sind nun alt. Aber Gott erschien ihnen und sagte: „Nenne deine Frau nicht mehr Sarai, sondern Sara. Sie wird dir einen Sohn gebären ...“ Nun, hier entsteht ein Konflikt, ein großer Konflikt!

Meine Lieben, wissen Sie, was Konflikt in chinesischen

Schriftzeichen bedeutet? Gal-Deung. Gal bedeutet Pfeilwurz. Wenn die Pfeilwurzranken sich um etwas winden, winden sie sich immer linksherum. Deung bedeutet Blauregen. Blauregenranken winden sich immer nach rechts. Darum winden sich die beiden Ranken, wenn sie sich treffen, kein einziges Mal in dieselbe Richtung, sondern immer entgegengesetzt. Genauso nennt man einen Zustand, wo etwas vollkommen entgegengesetzt ist, einen Konflikt.

Wenn Gottes Gedanken und Abrahams Gedanken genau übereinstimmen, ist es kein Konflikt. Wenn es ein Pfeilwurz ist, ist es ein Pfeilwurz, und wenn es Blauregen ist, ist es Blauregen. Aber wenn Gott sich rechtsherum dreht und Abraham linksherum, dann ist das ein Konflikt. Meine Lieben, wenn Gott zu Ihnen Dinge sagt wie: „Morgen wird die Sonne aufgehen", dann können Sie sagen: „Ja, Gott. Danke schön", und wenn Gott sagt: „Im Winter wird es kalt sein", dann können Sie antworten: „Ja!" Wer kann solche Dinge nicht annehmen? Aber was Gott macht, kann nicht dem gleich sein, was wir tun.

Nachdem ich das Manuskript des Buches „Das Geheimnis der Sündenvergebung und der Wiedergeburt" fertig hatte, gab ich es Pastor Han-Kyu Lee, der früher Koreanischlehrer und Literaturwissenschaftler war, zur letzten Korrektur. Dieser Pastor hat das Manuskript korrigiert und zurückgebracht, und er hatte mit einem roten Kugelschreiber so viel korrigiert, dass es ganz rot war. Als ich mir das genau ansah, war es nicht mehr mein Buch, sondern Pastor Han-Kyu Lees Buch. „Was soll ich tun?", dachte ich und hatte einen Konflikt. Am Ende meiner Überlegungen sagte ich: „Pastor Lee, dies ist weder ein Koreanisch-Wörterbuch noch ein Grammatikbuch. Es macht nichts, wenn es grammatisch nicht korrekt ist. Lass uns ein Buch machen, das meine Worte so ausdrückt, wie ich es gesagt habe." So wurde der Teil 1 des Buches

„Das Geheimnis der Sündenvergebung und der Wiedergeburt“ ohne Korrektur gedruckt. Nachdem das Buch erschienen war, sagte niemand, dass es Schreibfehler gebe oder dass es grammatisch falsch sei.

In Wirklichkeit gibt es in dem Buch viele Dinge, die grammatisch falsch sind. Auch meine Predigt stimmt nicht immer in der Grammatik. Da ich mit der Bibel predige, mangelt es mir an Grammatik. Darum bilde ich manchmal Sätze, die es grammatisch gar nicht gibt. Einmal habe ich gesagt: „Ein Glaubensleben zu führen ist sehr schwer, aber nicht schwer.“ Man sagt, dass es keinen Sinn ergibt, wenn man sagt, es ist sehr schwer, aber nicht schwer, aber so ist es exakt in der Realität. Das heißt, mit der Grammatik kann man nicht alles genau ausdrücken.

Das trifft auch auf Gottes Werke zu. Gottes Werke geschehen außerhalb unseres Verstehens. Darum gibt es vieles, was wir nicht verstehen können. Wir sollten deshalb gar nicht versuchen, es innerhalb unserer Gedanken zu verstehen. Früher brauchte man ein Telefonkabel, um zu telefonieren. Wenn man mit dem Telefon herumgelaufen ist, musste man das Kabel mitnehmen. Die Handys heutzutage brauchen kein Kabel mehr. Wenn jemand, der vor 50 Jahren gelebt hat, in unsere Zeit kommen und auf der Straße ein Kind sehen würde, das etwas Kleines in der Hand hält und kichernd und erzählend alleine herumläuft, würde er denken: „Ist es verrückt geworden?“ Da er es nicht verstehen könnte, würde er sich fragen: „Was macht dieses Kind da?“ Meine Lieben, die Menschen stellen jetzt Dinge her, die man sich damals noch nicht einmal vorstellen konnte. Vor längerer Zeit sagte man in Japan voraus, dass sie dort eine Kamera herstellen werden, die keinen Film braucht. Damals schüttelten wir den Kopf: „Wie ist sowas möglich? Das ist Unsinn“, aber nun gibt es die Digitalkamera ohne Film. Damals konnten wir es nicht verstehen, aber nun kennen wir sie alle. Weil Gott allmächtig ist, können wir nicht alles verstehen, was er tut. Deshalb nehmen die Menschen, die wissen, dass sie mangelhaft sind, das Wort Gottes als richtig an, auch wenn sie es nicht verstehen. Das ist das richtige Verhalten des Glaubenden! Wenn ich Dinge, die mit meinen Gedanken übereinstimmen, annehme und Dinge, die nicht damit übereinstimmen, nicht annehmen kann: „Mann, was soll das für einen Sinn haben? Das ist absoluter Unsinn!“, dann kann ich nicht Gottes Welt erfahren. Genauso wie wir gestern Abend gesagt haben: Wenn der Gelähmte, als Jesus zu ihm sagte: „Steh auf, nimm dein Bett und geh nach Hause“, geantwortet hätte: „Jesus, wenn ich mein Bett nehmen könnte - wäre ich dann so verrückt, hier liegend hereinzukommen? Sag nicht so sinnlose Dinge. Wie soll ich denn mein Bett nehmen? Ich kann nicht gehen!“, dann hätte dieser Mensch nie wieder laufen können. „Es geschehe nach deinem Glauben.“ Meine Lieben, wie konnte die Frau, die zwölf Jahre unter Blutfluss litt, geheilt werden, als sie nur den Saum von Jesu Gewand anfasste? Sie muss doch Medikamente nehmen, oder? Weil sie Glauben hatte, funktionierte es! Sie wurde geheilt.

Gott sagte zu Abraham: „Deine Frau Sara wird einen Sohn bekommen.“ Aber Abraham lachte: „Neunundneunzig Jahre, ein Mann mit hundert Jahren, wie kann er Kinder bekommen? Und Sara ist neunzig Jahre alt!“ Dies ist das Herz des Menschen. Auch Sie nehmen nur die Dinge an, die nach Ihrem Maßstab stimmen und die Sie als passend empfinden, aber was Sie als unpassend empfinden, können Sie nicht annehmen. „Wie kann ich Kinder bekommen? Das geht nicht!“

Schauen Sie in Vers 17:

„Da fiel Abraham auf sein Angesicht und lachte und sprach in seinem Herzen: Soll mir mit hundert Jahren ein Kind geboren werden, und soll Sara, neunzig Jahre alt, ge-

bären?“

Es stimmt. Wie kann ein hundert Jahre alter Mann ein Kind bekommen? Seine Frau ist neunzig Jahre alt! Es ist so, wie ich immer sage: Sogar eine blutjunge Frau ist erschöpft und meint zu sterben, wenn sie ein Kind zur Welt bringt, da denkt man doch mit Schrecken daran, dass eine neunzig Jahre alte Frau noch schwanger werden könnte. Ist es so, oder ist es nicht so? Es ist so.

Als ich in Daejeon war, hat eine Schwester mit vierzig geheiratet und ist schwanger geworden. Eines Sonntagmorgens habe ich die Schwester angerufen, um sie etwas zu fragen. Aber beim Telefonieren war ich dann zu beschäftigt, so dass ich ihr nur sagte: „Schwester, ich bin im Moment sehr beschäftigt. Du kommst doch später in die Gemeinde, nicht wahr? Lass uns in der Gemeinde weiter miteinander reden.“ Da sagte die Schwester: „Pastor, ich kann heute nicht in die Gemeinde kommen.“

„Warum?“

„Mir ist so schlecht, dass ich mich nicht bewegen kann.“

Ich habe sie angeschrien.

„Schwester, wie alt bist du dieses Jahr?“

„Ich bin 42.“

„Du bist über 40 Jahre alt und meinst, dass du das Kind ohne die Gnade Gottes bekommen kannst? Wenn du sie nicht bekommen willst, komm oder lass es bleiben, wie du willst. Aber wenn du sie bekommen möchtest, komm, wenn nötig kriechend! Was du brauchst ist Glauben!“

Die Schwester hat bestimmt gemurrt:

„Ach herrje, unser Pastor ist wirklich kaltherzig. Bei ihm kommt bestimmt kein einziger Tropfen Blut heraus, wenn man ihn sticht. Hat er je ein Kind geboren? Weiß er, was Morgenübelkeit ist? Wie kann er mich so anschreien, wenn er doch gar nicht wissen kann, wie es mir geht?“

Obwohl sie gar nichts gesagt hat, war es ganz offensichtlich. Ich habe sie murren lassen. Warum? Nach dem Murren muss sie entscheiden: „Soll ich gehen? Oder muss ich doch nicht gehen?“ Die Schwester entschloss sich: „Ich bin über 40 Jahre alt, und dies ist meine erste Geburt. Kann ich das Kind wirklich ohne die Gnade Gottes bekommen? Der Pastor hat Recht. Wenn ich die Gnade bekommen möchte, muss ich, auch wenn ich sterbe, kriechend in die Gemeinde gehen.“ Sie kam in die Gemeinde, und es ging ihr sehr gut! Die Schwester war sehr erstaunt: „Oh, was ist mit meinem Körper los!“ Nach dem Gottesdienst habe ich zu der Schwester gesagt:

„Du meintest doch, dass du wegen deiner Übelkeit nicht kommen könntest. Wie bist du nun doch in die Gemeinde gekommen?“

„Pastor, ich bin vollkommen in Ordnung! Ich habe etwas zu erledigen, deshalb will ich jetzt mit dem Auto nach Chung-Ju fahren.“

„Du konntest nicht einmal in die Gemeinde kommen, und jetzt fährst du nach Chung-Ju?“

„Pastor, ich bin vollkommen gesund.“

„Ja, Schwester, das ist Glauben.“

Glauben ist, nicht nur auf die Situation zu schauen, sondern einmal nachzudenken: „Ich bin in solch einer Situation. Wie wird es aber werden, wenn Gott mir hilft?“, und diesem Gedanken folgend zu leben. Als ich sah, wie diese Schwester einen Sohn bekam und vollkommen gesund mit dem Kind auf dem Arm umherlief, dachte ich: „Genau, so musst du weiter leben! Von wegen in die Situation versinken ...“

Meine Lieben! Wenn Sie Gott nicht haben, werden Sie bei jeder winzigkleinen Schwierigkeit stolpern. Wenn Sie eine Krankheit bekommen, sind Sie einfach krank, wenn Sie in Schwierigkeiten sind, versinken Sie darin, und wenn Sie Schulden haben, werden Sie von diesen Schulden gefesselt. Aber Gott lässt sich von nichts aufhalten. Er ist weder an die Ampel gebunden, noch lässt er sich von den Netzen im Meer fangen. Erleben Sie einmal mit diesem Gott, wie frei man ist! Um mit Gott zusammenzuleben, muss man sein Herz mit Gott vereinigen.

Abraham dachte auf menschliche Weise nach: „Aber wirklich, Gott ... Wie kann ein Hundertjähriger ein Kind bekommen? Sara ist 90. Was für ein Unsinn!“

„Und Abraham sprach zu Gott: Ach dass Ismael möchte leben bleiben vor dir!“ (1. Mose 17, 18).

„Da sprach Gott: Nein, Sara, deine Frau, wird dir einen Sohn gebären, den sollst du Isaak nennen, und mit ihm will ich meinen ewigen Bund aufrichten und mit seinem Geschlecht nach ihm“ (1. Mose 17, 19).

Als Abraham die Worte Gottes noch einmal hörte, änderte sich sein Herz.

„Stimmt. Wenn Gott sagt, dass sie gebären wird, wird sie gebären! Gott ist der, der Tote lebendig macht und aus Erde die Menschen geschaffen hat. Was ist schon dabei, wenn man hundert, tausend, zehntausend Jahre alt ist? Sie wird einen Sohn gebären!“

Die Bibel ist so wunderbar. Abraham war am Anfang ein Mensch ohne Glauben, aber hier wird der Prozess beschrieben, wie er Glauben bekommen hat. Wissen Sie, warum das in der Bibel steht? Der Prozess ist auch bei Ihnen der gleiche. Anfangs haben alle keinen Glauben. Wenn Gott spricht, denken Sie: „Ach was, das geht nicht. Wie soll das gehen?“, aber wenn man später wieder Gottes Stimme hört und darüber nachdenkt, entsteht Glauben! Amen? Wenn Sie nach einmaligem Hören sofort daran glauben könnten, hätte man die Bibel gar nicht so zu schreiben brauchen. Wozu sollte man das dann schreiben? „Abraham war auch so, darum sei nicht zu enttäuscht. Der Stammvater des Glaubens, Abraham, hatte anfangs auch keinen Glauben, sodass er auf menschliche Weise gedacht hat“, sagt Gott und schaut gnädig darüber hinweg, dass wir menschliche Gedanken haben. Aber wenn wir bis zum Ende nicht daran glauben, lässt er keine Gnade mehr walten. Verstehen Sie?

Dann werde ich einen Sohn bekommen!

Danach ist Gott Sara erschienen. Lassen Sie uns kurz lesen. Kapitel 18, Vers 10:

> **„Da sprach er: Ich will wieder zu dir kommen übers Jahr; siehe, dann soll Sara, deine Frau, einen Sohn haben. Das hörte Sara hinter ihm, hinter der Tür des Zeltes. Und sie waren beide, Abraham und Sara, alt und hochbetagt, so dass es Sara nicht mehr ging nach der Frauen Weise. Darum lachte sie bei sich selbst und sprach: Nun ich alt bin, soll ich noch der Liebe pflegen, und mein Herr ist auch alt!“** (1. Mose 18, 10-12).

Als Sara sich selbst betrachtete, empfand sie sich als zu alt. Hatte sie nicht schon vor 15 Jahren gedacht, dass sie kein Kind mehr bekommen kann, und deshalb Abraham ihre Magd als Nebenfrau gegeben, um durch sie einen Sohn zu bekommen? Wenn Sara selbst hätte Kinder bekommen können, wäre sie ja verrückt gewesen, wenn sie eine andere Frau in das Zimmer ihres Mannes gelassen hätte.

„Schon vor 15 Jahren habe ich so gehandelt, weil ich kein Kind bekommen konnte, wie soll ich jetzt, nach fünfzehn Jahren, mit neunzig einen Sohn bekommen!“

Meine Lieben, diese Geschichte ist nicht Saras Geschichte,

sondern Ihre. Sie sind genauso wie Abraham oder Sara. Wenn Sie in diesem Zustand bleiben, werden Sie jemand ohne Glauben, aber wenn Sie Glauben bekommen, werden Sie wie der Stammvater des Glaubens! Amen? Amen!

Meine Lieben, schauen Sie einmal. Als man Ihnen sagte, dass Ihre Sünden vergeben sind, hatten Sie Ihre eigenen Gedanken.

„Von wegen meine Sünden wurden vergeben! Ich sündige ja jeden Tag und habe keinen Glauben. Und um mein Geschäft zu führen, muss ich ja lügen. Später, wenn ich eine Schwiegertochter bekomme, alt werde und mit dem Geschäft aufhöre, dann kann ich vielleicht glauben. Aber jetzt lüge ich jeden Tag. Nein, nicht ich."

„Deine Sünden sind dir vergeben!"

„Tja, meine Sünden sind bestimmt schon vergeben. Aber ich habe, seit ich jung war, Geld verdient und deshalb sogar drei Kinder abgetrieben. Ich glaube nicht, dass diese Sünde auch reingewaschen wurde."

So denkt man seine eigenen Gedanken.

„Deine Sünden sind dir vergeben."

„Ja, sie wurden zwar alle vergeben, aber nicht die Sünde, dass ich die Hacke der Gemeinde gestohlen habe. Die ist bestimmt übriggeblieben."

Meine Lieben, sind das nicht alles die Gedanken der Menschen? Welcher Mensch hat keine Gedanken? Nach Abrahams Gedanken - konnte er einen Sohn bekommen oder nicht? Sie können nicht über Abraham schimpfen, denn versetzen Sie sich einmal in seine Lage! Hier, diese alte Dame, die hier vorne sitzt. In meinen Augen sieht sie nicht so aus, als ob sie die achtzig schon überschritten hat. Wenn Gott zu Ihnen sagt: „Bringe einen Sohn zur Welt", würden Sie nicht rufen: „Oh, mein Gott!"? Dies ist nicht die Geschichte von jemand anderem, sondern stellen Sie sich vor, dass Sie in dieser Situation sind. Nehmen wir den alten Großvater mit weißen Haaren, der dort hinten sitzt. „Du wirst einen Sohn zeugen." Werden Sie nicht denken: „Hahaha. Aber wirklich - Gott ist wirklich lustig, sehr lustig. Kann Gott auch lustig sein?"?

„Darum lachte sie bei sich selbst und sprach: Nun ich alt bin, soll ich noch der Liebe pflegen, und mein Herr ist auch alt! Da sprach der Herr zu Abraham: Warum lacht Sara und spricht: Meinst du, dass es wahr sei, dass ich noch gebären werde, die ich doch alt bin?" (1. Mose 18, 12-13).

Da erkannte Sara:

„Ah! Wenn Gott es macht, ist es wirklich möglich!"

Auch Sie sind so: Wenn Gott Ihnen sagt, dass Ihre Sünden so weiß wie Schnee gewaschen sind, kommen viele Gedanken in Ihnen hoch: „Ach was. Das glaube ich nicht!" „Das ist Unsinn. Wie können meine Sünden reingewaschen sein, obwohl ich gar nichts getan habe?" „Nein, nicht ich. Bei mir sind noch Sünden übrig. Dass ich die Hacke der Gemeinde gestohlen habe, diese Sünde ist, glaube ich, noch nicht vergeben. Dass ich gestohlen habe, diese Sünde wurde nicht vergeben." Da spricht Gott noch einmal:

„Sollte dem Herrn etwas unmöglich sein? Wenn ich die Sünden reinwasche, wasche ich sie vollkommen rein! Ich habe meinen Sohn Jesus Christus gesandt und eure Sünden vollkommen gewaschen."

„Amen! Stimmt, so ist es, wenn Gott die Sünden reinwäscht. Jesus hat all meine Sünden reingewaschen, kann da noch eine übrig sein?!"

Dieser Glaube ist der gleiche Glaube, den Abraham hatte. Amen?

Meine Lieben, sind Sie nun wie Abraham geworden? Abraham

ist der Stammvater des Glaubens, aber er hat den Glauben nicht dadurch bekommen, dass er auf Wolken umhergeflogen ist. Er war genauso wie wir. Er hat gelogen, er hat mit einer Nebenfrau einen Sohn bekommen ... Abraham und wir sind gleich. Aber er hatte Glauben.

„Du wirst einen Sohn bekommen!"

„Das ist Unsinn!"

„Sollte dem Herrn etwas unmöglich sein? Meinst du, dass ich das nicht schaffen kann?"

„Stimmt. Ich werde wirklich einen Sohn bekommen!"

Er hat es einfach geglaubt. Amen? So wurde er der Stammvater des Glaubens. Sie sind genauso.

„Ihre Sünden sind alle reingewaschen und Sie haben keine Sünden mehr."

„Ach, ich glaube, dass trotzdem noch eine Sünde übrig ist."

Kommen Ihre Gedanken hoch, oder kommen sie nicht hoch?

„Mein Sohn, deine Sünden sind dir vergeben."

„Wie schön wäre das! Aber nicht bei mir."

Die Gedanken der Menschen kommen hoch.

„Ich werde eurer Sünden nicht mehr gedenken."

„Warum sollte sich Gott nicht mehr erinnern können? Er erinnert sich bestimmt an alles."

Unsere Gedanken sind immer so. Sie sind ganz anders als Gottes Herz. Aber Gott fragt: „Sollte dem Herrn etwas unmöglich sein?" Meine Lieben, gibt es etwas, was der Herr nicht tun kann? Gibt es etwas? Sollte dem Herrn etwas unmöglich sein? Nein, so etwas gibt es nicht!

Also, nehmen wir einmal an, dass Sie alle, die Sie heute Morgen hier sitzen, unheimlich viele Sünden begangen haben. Von klein an haben Sie wie Nolbu, einer der schlimmsten und faulsten Bösewichte des koreanischen Märchens, viele furchtbare

Dinge getan: Pferde über die Pepperonifelder der anderen gejagt, Pflöcke in fremde Kürbisse geschlagen, Frauen, die mit Wasserkrügen auf ihren Köpfen vom Brunnen kommen, auf den Mund geküsst, Schwangeren in den Bauch getreten, Leute, die gerade ihr „großes Geschäft" verrichten, da hineingeschubst, usw. Nehmen wir an, dass Sie von klein an so gesündigt haben und deshalb der böseste Mensch auf dieser Welt sind. Nehmen wir an, dass wir die bösesten Menschen von Seoul alle hier versammelt haben. Die böseste Frau, der böseste Mann, alle sind hier versammelt. Nehmen wir an, dass Sie ein Schurke sind, von dem die Dorfleute sagen: „Wenn dieser Mensch nur nicht wäre. Wenn dieser Mensch nur veschwinden würde, dann könnten wir in Frieden leben." Verstehen Sie mich? Das ist nur ein Beispiel. Meine Lieben, Sie sind alle Gangster! Folgen Sie mir? Sie haben am allermeisten in der Welt gesündigt, gemordet als ob man Fliegen tötet, Sie haben neben Ihrer Frau noch 15 Frauen, die mit Ihnen leben, Sie nehmen Drogen, stehlen, rauben und haben alles gemacht, was man machen kann.

Nun, Ihre Sünde brodelt in Ihnen. Wenn aber Gott Ihre Sünden reinwaschen möchte, kann er sie reinwaschen oder nicht? „Ach was, wie kann er sie reinwaschen? Wenn es nicht so viele wären ... Aber es sind ja zu viele." Meinen Sie, dass Gott genauso denkt und sagt: „Oje, ich kann deine Sünden nicht alle reinwaschen. Geh in die Hölle!"? Auch wenn Sie ein Sündenklumpen sind, kann Gott Sie im Nu so weiß wie Schnee waschen. So ist Gott. Es gibt nichts, was Gott unmöglich ist. Nur weil man es mit eigenen Augen betrachtet, kann man nicht daran glauben.

Abraham hatte anfangs auch seine eigenen Gedanken:

„Wie kann ich einen Sohn bekommen? Das geht nicht. Ich bin zu alt. Und unsere Oma? Ihr Rücken ist schon so gekrümmt, sie hat viele Falten, ihre Haare sind weiß, und sie hat gar keine Kraft mehr. Auch wenn sie nur ein Stückchen geht, ist sie schon außer Atem und ringt nach Luft. Wie kann sie einen Sohn bekommen? Ist es denn so einfach, ein Kind zu gebären?“

Abraham und Sara haben genau wie wir solche Gedanken gehabt, aber:

„Sollte dem Herrn etwas unmöglich sein?“

„Stimmt! Wenn Gott es macht, wird es geschehen!“

Sie haben daran geglaubt. Darum ist er der Stammvater des Glaubens geworden. Und Sie werden alle Nachkommen Abrahams, die auf gleiche Weise glauben. Indem Sie woran glauben? Indem Sie daran glauben, dass Jesus Ihre Sünden vergeben hat. Ihre Gedanken sagen: „Ich bin ein Sünder. Es gibt viele Sünden, die ich gar nicht aussprechen kann. Ich bin schmutzig.“ Aber wenn Gott Sie rein macht, warum sollten Sie dann nicht rein sein? Sie können das Wort nicht annehmen, solange Sie Ihre Gedanken behalten, darum müssen Sie Ihre Gedanken fortwerfen und glauben: „Wenn der allmächtige Gott es macht, dann gelingt es!“ Das ist wahrer Glaube an Gott! Amen?

Sara, die Hochbetagte, die die Kraft zu gebären empfing

In Hebräer Kapitel 11 Vers 11 steht, dass Sara durch den Glauben die Kraft empfing, Nachkommen hervorzubringen trotz ihres Alters. Als Gott zu Sara sagte: „Du wirst einen Sohn gebären“, sprach sie ihre Gedanken aus: „Ich bin alt und mein Herr ist alt. Wie soll ich einen Sohn gebären?“ Aber als Gott sagte: „Warum lachst du? Sollte dem Herrn etwas unmöglich sein?“, war sie sehr erschrocken. „Oh ja, das stimmt! Wenn Gott arbeitet, werde ich einen Sohn bekommen, obwohl ich so alt bin!“, und sie glaubte daran. Anfangs hatte sie Gottes Wort, ihren Gedanken folgend, abgelehnt, aber dann kam das Wort als Glauben, dass sie einen Sohn gebären wird, in ihr Herz. Dieses Wort war gleich Gott. Weil Gott in sie hineinkam, bekam sie Kraft. **„... empfing Sara (...) Kraft, Nachkommen hervorzubringen."**

„Opa, wollen wir nicht eine Bergwanderung machen? Oder sollen wir einmal Tennis spielen?"

„Oma, bist du verrückt geworden?"

„Von wegen verrückt! Gott passt auf mich auf, deshalb bin ich so fit."

Meine Lieben, mein Körper war eine Zeit lang sehr schwach, vor allem auch mein Herz. Ich wusste nicht, wie lange ich noch fähig sein würde, Bibelseminare zu führen. Darum nehme ich seit drei Jahren fast alle Einladungen als Sprecher in Bibelseminaren an. Ein ganzes Jahr habe ich jetzt ohne Pause solche Bibelseminare geführt. Gott gab mir die Kraft. Er gab mir ein gesundes Herz und einen gesunden Körper. Nach diesem Seminar werde ich nach Indien gehen. Der Weg nach Indien ist weit. Der Ort, wo ich hin muss, liegt im Gebirge, sodass ich nach dem Flug noch mehrere Stunden mit dem Auto fahren muss. Dort sollen von Zeit zu Zeit sogar noch Tiger auftauchen!

Meine Lieben, es gibt wirklich nichts, was Gott nicht tun kann. Meinen Sie, dass Gott irgendeine Ihrer Sünden nicht reinwaschen kann? Er kann! Weil Gott Sie liebt, aus Sorge, dass ja keine Sünde übrig bleibt, hat er ohne Ausnahme all Ihre Sünden weggewaschen und die ewige Erlösung vollbracht, und er spricht zu Ihnen: „Mein Kind, deine Sünden sind dir vergeben." Glauben ist, dieses Wort einfach anzunehmen. Jemand, der 40 Tage lang in einer Höhle betet und fastet oder 100 Tage lang betet, das ist kein Mensch des Glaubens. Auch ein Mensch des Glaubens muss essen, sich anziehen und schlafen. Nur - auch wenn das Wort Gottes nicht zu seinen Gedanken passt, glaubt er dem Wort mehr als seinen

Gedanken. In den Augen Saras war es zwar sicher, dass sie kein Kind bekommen konnte, denn sie hatte ihre Tage nicht mehr, aber durch den Glauben an Gottes Wort gebar sie trotzdem ein Kind. Halleluja! Ich preise den Herrn.

Die Frau eines Pastors unserer Gemeinde hatte einen Tumor in ihrer Gebärmutter. Als sie operiert wurde, war der Tumor so groß, dass man die Gebärmutter entfernen musste. Der Arzt entfernte fast alles und ließ nur ein bisschen in einer Ecke übrig. Obwohl sie schon zwei Jahre verheiratet war, hatte sie noch kein Kind bekommen, und nach dieser Operation würde sie auch nach 10 Jahren kein Kind mehr haben können. Es gibt viele Frauen, die trotz gesunder Gebärmutter kein Kind bekommen können, aber wie sollte eine Frau, der fast die ganze Gebärmutter entfernt wurde, sodass nur noch ein bisschen übrig war, ein Kind bekommen? Doch eines Tages, als diese Frau das Baby einer Schwester in den Armen hielt, sagte die Schwester: „Wissen Sie überhaupt, wie man ein Baby richtig trägt? Sie haben ja noch nie ein Kind gehabt", und nahm ihr das Baby weg. Sie fühlte sich schlecht behandelt und ärgerte sich sehr.

„Wie kann sie nur so sein? Ich bin doch die Frau eines Pastors, wie kann sie mich so behandeln?"

Innerlich litt sie sehr darunter. Sie war sehr bekümmert. Wieder sagte eine Schwester: „Sie haben ja noch nie ein Kind gekriegt. Sie wissen über so etwas gar nicht Bescheid", und sie fühlte sich sehr gekränkt. Darum kniete sie vor dem Herrn und betete.

„Gott, lass mich bitte auch ein Kind bekommen."

Und in einer Konferenz hörte sie während meiner Predigt: „Abrahams Frau, Sara, hat ein Kind bekommen, obwohl sie alt war und ihre Regel aufgehört hatte", und sie bekam den Glauben: „Dann wird Gott auch mich ein Baby bekommen lassen." Eines Tages kam sie nach dem Gottesdienst zu mir. „Pastor, ich habe

Glauben bekommen. Bitte, legen Sie mir die Hände auf und beten Sie für mich. Ich möchte auch ein Kind bekommen. Ich glaube daran, dass Gott mir ein Kind geben wird." Darum legte ich ihr die Hände auf und betete für sie. Erstaunlicherweise wurde sie wirklich schwanger. Das Baby in ihrem Bauch wuchs, aber nun gab es ein Problem. Als der Arzt damals operierte, hätte er die Gebärmutter ganz entfernen müssen, um den Tumor vollkommen zu beseitigen. Aber weil es nicht anders ging, hatte er ein bisschen von der Gebärmutter und dementsprechend ein bisschen von dem Tumor übriggelassen. Nun wuchsen das Kind und der Tumor in ihrem Bauch. Es war eine schwierige Situation. Auch diesmal bekam sie den Glauben: „Gott hat mich schwanger werden lassen, da wird er mich auch das Kind gebären lassen. Er wird mich beschützen." Der Pastor arbeitete in Nonsan. Eines Tages kam ein Anruf.

„Pastor, ich gehe heute zur Entbindung."

Ich dachte: „Die Lebensumstände des Pastors sind nicht einfach. Ob sie überhaupt Geld haben für die Entbindung im Krankenhaus?", und ich sagte ihnen, dass sie kurz bei uns vorbeischauen sollten. Aber sie antwortete: „Pastor, wir haben es eilig, wir werden direkt zum Krankenhaus fahren." Ich stimmte zu. Ein paar Tage später kam sie mit ihrem neugeborenen Sohn. „Ihr habt doch bestimmt kein Geld gehabt, wie habt ihr die Krankenhausrechnung bezahlt?", fragte ich sie. Da erzählte sie mir, dass, als die angeheirateten Verwandten hörten, dass sie durch Gottes Gnade einen Sohn bekommen hatte, obwohl sie eigentlich kein Kind bekommen konnte, sich die ganze Familie versammelt hatte. Die Schwägerinnen, die Schwäger, die Onkel, alle waren sie gekommen und haben bestimmt: „Du übernimmst dies und das. Du bezahlst die Krankenhausgebühr. Du machst dies und jenes." Jeder brachte ihr ein großes Paket.

Meine Lieben, wenn Gott arbeitet, kann auch eine 80 Jahre alte Großmutter einen Sohn bekommen. Meinen Sie, dass Ihre Sünden nicht reingewaschen sind, obwohl Gott es gemacht hat? Wenn Sie sagen, dass Ihre Sünden noch übriggeblieben sind, ist das eine Sünde, nämlich „Gott verachten". Die Sünde, Gottes Macht zu verachten!

„Aber trotzdem, Gott kann meine Sünden nicht reinwaschen."

Das sagen Sie, weil Sie Gott verachten.

Abraham nahm anfangs das Wort Gottes nicht an, weil er seine eigenen Gedanken hatte. Aber danach nahm er das Wort an. Das ist Gerechtigkeit. Abrahams Gerechtigkeit! „Wie kann ich gerecht sein? Ich habe immer noch Sünde." Das sind nur Ihre Gedanken! Gott hat in der Bibel gesagt: „Und ihrer Sünden und ihrer Ungerechtigkeit will ich nicht mehr gedenken. Ich habe alles weggewaschen. Ich habe es weißer als weißen Schnee gewaschen." Nun können auch Sie wie Abraham sagen: „Genau, wenn Gott sagt, dass er sie reingewaschen hat, hat er sie reingewaschen! Ich kann zwar nicht sehen, ob sie reingewaschen sind, aber wenn Gott es so sagt, sind sie reingewaschen!", und diese Wahrheit mit Glauben annehmen.

Wenn Sie das Wort annehmen, kommt Jesus in Ihr Herz hinein und wird Ihnen Kraft und Macht geben, da das Wort gleich Jesus ist. Als Abrahams Frau, Sara, Gottes Wort annahm, wurde dieses Wort in Sara Kraft und Macht und ließ sie schwanger werden, ließ sie das Kind gebären und ließ diesen Sohn noch einen Sohn bekommen und noch einen Sohn bekommen, bis das heutige Israel entstand und sich das Wort erfüllte: „Und deine Nachkommen werden so zahlreich wie die Sterne am Himmel sein."

Bei Ihnen ist es das Gleiche. Unsere Sünden sind zwar zahlreich und schmutzig, aber Gott kann sie so weiß wie Schnee waschen. Und er hat sie reingewaschen. Gott wird nicht die Sünden einfach so lassen und, nur um den Schein zu wahren, sagen, dass er sie reingewaschen hätte. Denn dann wäre er ein Lügner. Aber er ist ein Gott, der so etwas niemals tun würde. Am Anfang glaubte Abraham nicht an das Wort: „Deine Nachkommen werden so zahlreich wie die Sterne am Himmel sein", aber als er in Ruhe darüber nachdachte, stimmte dieses Wort, und er glaubte daran und wurde der Stammvater des Glaubens. Gleichermaßen dachten Sie am Anfang: „Sind meine Sünden reingewaschen? Wahrscheinlich nicht. Ich glaube, die Sünden sind noch da", aber wenn Sie in Ihrem Herzen mit Glauben annehmen, dass das Blut Jesu Ihre Sünden mit Sicherheit reingewaschen hat, werden Sie Menschen des Glaubens. Da das Wort gleich Gott ist, werden Sie gerecht und heilig, und Gottes Macht arbeitet lebendig in Ihnen, wenn Sie das Wort annehmen.

Ich habe nur an ein Wort geglaubt, aber dieses Wort war Gott

Bis ich 19 Jahre alt war, habe ich immer unter der Sünde gelitten, aber eines Tages erfuhr ich die Wahrheit, nämlich dass Jesu Blut alle unsere Sünden reingewaschen hat. Ich konnte an die Tatsache glauben, dass Jesus alle meine Sünden am Kreuz vergeben hat. Ich habe einfach nur an diese Tatsache geglaubt, und Jesus, der in diesem Wort war, kam in mein Herz. Von diesem Tag an begann mein Leben sich zu verändern.

Seit der Herr in mein Herz gekommen ist,
verändert, erneuert er mich.

Jesus ist in mein Herz gekommen. „Herr, ich glaube fest an

dich! Bitte, komm in mein Herz!" - nicht auf diese Weise, sondern ich nahm das Wort einfach an. „Ah, meine Sünden wurden vergeben! Ich bin rein geworden! Amen. Ich danke dir!" Von da an war Jesus immer mit mir, wohin ich auch ging. Beim Militär, im Ausland, in Korea ... Das ist ein Geheimnis, aber einmal ging ich nach China, um an einem Ort namens Gang-Ga-Jeom eine Konferenz zu führen. Wenn man in China auch nur einmal predigt, wird man festgenommen. Dass ich in einer Dorfgemeinde eine ganze Woche lang eine Konferenz geführt habe, war so, als würde ich rufen: „Nehmt mich fest!" Nichtsdestotrotz - weil ich nach China gekommen war, wollten die Missionare in China eine Konferenz haben. „Oh, ich habe aber Angst. Ich will nicht", konnte ich ja schlecht sagen. Wir führten also die Konferenz durch.

Am Ende des Gottesdienstsaals hielt ein Bruder Wache, und wenn die chinesische Polizei käme, würde er mir ein Zeichen geben. Dann müsste ich sofort mitten in der Predigt fliehen, und ein chinesischer Bruder, der daneben in einem Anzug bereit stand, müsste so tun, als ob er predigen würde. So hatten wir das Theater geplant. Während der Predigt habe ich immer nur den Bruder angeschaut, der Wache hielt. Auch wenn er sich nur ein bisschen bewegte, sackte mein Herz zusammen. Immer wenn ich eine Stunde beendete, sagte ich: „Gott, wieder haben wir eine Stunde beenden können. Bitte, hilf uns weiter." Auf diese Weise ist eine Woche vergangen. Am letzten Tag in der letzten Stunde nach der Predigt sangen wir ein Gemeindelied und beteten. Als ich sagte: „In Jesu Namen habe ich gebetet, Amen", und die Augen öffnete, saßen mehrere hundert Menschen auf dem Boden zusammengekauert und richteten sich nicht auf. Sie weinten alle. Mein Herz war zutiefst bewegt.

Als ich in meinem Zimmer war, kam ein Pastor und bat mich: „Pastor, ich habe eine Bitte. Wenn man von hier aus eine Stunde fährt, gibt es einen Ort namens Sam-Won-Po. Dort warten viele Gemeindemitglieder auf Sie, Pastor. Können Sie dort nicht für eine Stunde predigen?“ In China kann nicht jeder einfach so kommen, nur weil eine Konferenz stattfindet. Da alles im Geheimen geschehen muss, bestimmt die Hauptgemeinde die Personenanzahl. Diese Gemeinde soundsoviele Personen, jene Gemeinde soundsoviele Personen usw. Nur diejenigen, die den heißen Konkurrenzkampf durchgestanden hatten und ausgewählt wurden, durften kommen. Diese Leute wissen nicht, wohin sie zur Konferenz gehen. Wenn sie in den Bus steigen, weiß nur ein Führer, wohin es geht. Erst nachdem sie eine Weile kreuz und quer umhergefahren sind, steigen sie aus, und da ist dann der Ort, wo die Konferenz stattfindet.

In Sam-Won-Po gab es Hunderte von Menschen, die nicht an der Konferenz hatten teilnehmen können. Sie hofften nur: „Es wäre schön, wenn Pastor Park im Vorbeifahren kurz bei uns Halt machen und uns das Wort verkünden würde“, und sie warteten. „Ja, dann lasst uns gehen.“ Es war ein kalter Morgen, als sie einen Lastwagen besorgten. In diesem Lastwagen fuhren wir nach Sam-Won-Po. Wenn man aus der Gemeinde von Gang-Ga-Jeom herausfährt, gibt es eine große Abzweigung. Gleich am Anfang dieser Abzweigung war eine Polizeistation und wenn man nach rechts fuhr, war dies der Weg nach Sam-Won-Po, und wenn man nach links fuhr, führte die Straße ins Dorf hinein. Aber der Fahrer fuhr nach links. Als wir den Fahrer fragten: „Warum fahren Sie nach links?“, antwortete er: „Es tut mir Leid, ich muss heute unbedingt meinem Bruder etwas sagen, aber ich habe es nicht erledigen können, als ich losfuhr. Da es nur fünf Minuten dauert, werde ich ihm die Nachricht übergeben und dann losfahren.“ Darum fuhren wir in das Dorf hinein und wieder heraus und dann nach Sam-Won-Po.

Als wir in Sam-Won-Po ankamen, kamen die Leute herausgerannt: „Pastor, fliehen Sie! Die Polizei verfolgt Sie!“ Darum fuhren wir, ohne einmal nach hinten zu schauen, mit dem Auto nach Maihwagu und gingen in ein Chinarestaurant, bestellten etwas zu essen und riefen an, um zu erfahren, was passiert war. An diesem Morgen hatte der Polizeichef allen chinesichen Polizisten befohlen: „Verhaftet Pastor Ock-Soo Park!.“ Wie? Alle Autos, die aus der Gemeinde kamen, sollten angehalten und durchsucht werden. Aber an diesem Tag war es sehr kalt gewesen, sodass die Scheiben zugeeist waren und man nicht in das Autoinnere hineinsehen konnte. Hinzu kam, dass der Lastwagen, in dem wir saßen, zwar von der Gemeinde kam, aber nicht nach rechts fuhr, sondern nach links. Darum dachten die Polizisten: „Das ist ein Dorfauto. Es kommt nicht von der Gemeinde, sondern es hatte da etwas zu erledigen und fährt nun wieder zurück“, und ließen den Lastwagen passieren. Als sie danach alle Autos, die von der Gemeinde kamen, anhielten, war nirgends Pastor Ock-Soo Park zu finden. Da durchfuhr es meinen Geist: „Ja, Gott hat das verhindert!“ Wenn ich es gewollt und versucht hätte, hätte ich es bestimmt nicht geschafft. Gott hat mich nicht nur ein- oder zweimal aus einer Gefahr gerettet. Es gab viele Male Situationen, wo ich hätte sterben können.

Ich habe einfach das Wort angenommen, dass Jesus meine Sünden vergeben hat, aber dieses Wort war gleich Gott. Weil dieser Gott in mir ist, bin ich gerecht. Dank Gott bin ich heilig. Ich bin mächtig. Da heutzutage viele Menschen in unsere Gemeinde kommen, verunglimpfen uns die anderen Kirchen, indem sie uns als Sekte bezeichnen und alle möglichen Lügen über uns erfinden, aber in den letzten 40 Jahren war Gott mit mir, hat mich beschützt und hat mir geholfen.

Meine Lieben, lassen Sie ab von Ihren großen Bemühungen! Wenn nur elektrischer Strom in Ihr Haus hineinfließt, funktioniert der Kühlschrank, die Waschmaschine, der Fernseher, die Glühbirnen und die Klimaanlage. Wenn es keinen Strom gibt, funktioniert gar nichts. Genauso wie der Strom all diese Arbeiten erledigt, ist es, wenn nur Jesus in Sie hineinkommt: Von diesem Moment an wird Jesus Ihnen ein heiliges Leben geben, Freude schenken, Ihr Leben beschützen und Ihre Sünden reinwaschen, sodass Sie in den Himmel gehen können. Jesus wird alles machen!

Wie müssen wir nun Jesus annehmen? Die, die es nicht wissen, beten: „Herr, ich bin ein Sünder! Herr, komm in mein Herz!“, aber auf diese Weise kann man Jesus nicht annehmen. Das Wort ist gleich Gott. Wir nehmen das Wort an. Abraham nahm das Wort an und wurde der Stammvater des Glaubens. Genauso wie Abraham anfangs das Wort nicht annahm, lehnen auch Sie anfangs das Wort mit Ihren Gedanken ab. Aber nehmen Sie es heute, in dieser Stunde an! Dann wird Gott in Ihnen lebendig und mit Macht wirken. Gott wird Sie Ihr ganzes Leben lang nicht verlassen, er wird Ihnen helfen und Sie beschützen.

9.
Josefs Tränen

9.
Josefs Tränen

Guten Abend, meine Lieben! Dies ist ein sehr fröhlicher und gesegneter Abend. Ich glaube Sie heute zum ersten Mal so fröhlich zu sehen. Die Lieder des Gracias Chors haben uns im Innern unseres Herzens den Herrn preisen lassen. Dafür bin ich sehr dankbar. Heute Abend werde ich das Wort in 1. Mose Kapitel 45 lesen. Ich lese von Vers 1 bis 15:

> **„Da konnte Josef nicht länger an sich halten vor allen, die um ihn her standen, und er rief: Lasst jedermann von mir hinausgehen! Und stand kein Mensch bei ihm, als sich Josef seinen Brüdern zu erkennen gab. Und er weinte laut, dass es die Ägypter und das Haus des Pharao hörten, und sprach zu seinen Brüdern: Ich bin Josef. Lebt mein Vater noch? Und seine Brüder konnten ihm nicht antworten, so erschraken sie vor seinem Angesicht. Er aber sprach**

zu seinen Brüdern: Tretet doch her zu mir! Und sie traten herzu. Und er sprach: Ich bin Josef, euer Bruder, den ihr nach Ägypten verkauft habt. Und nun bekümmert euch nicht und denkt nicht, dass ich darum zürne, dass ihr mich hierher verkauft habt; denn um eures Lebens willen hat mich Gott vor euch hergesandt. Denn es sind nun zwei Jahre, dass Hungersnot im Lande ist, und sind noch fünf Jahre, dass weder Pflügen noch Ernten sein wird. Aber Gott hat mich vor euch hergesandt, dass er euch übrig-lasse auf Erden und euer Leben erhalte zu einer großen Errettung. Und nun, ihr habt mich nicht hergesandt, sondern Gott; der hat mich dem Pharao zum Vater gesetzt und zum Herrn über sein ganzes Haus und zum Herrscher über ganz Ägyptenland. Eilt nun und zieht hinauf zu meinem Vater und sagt ihm: Das lässt dir Josef, dein Sohn, sagen: Gott hat mich zum Herrn über ganz Ägypten gesetzt; komm herab zu mir, säume nicht! Du sollst im Lande Goschen wohnen und nahe bei mir sein, du und deine Kinder und deine Kindeskinder, dein Kleinvieh und Großvieh und alles, was du hast. Ich will dich dort versorgen, denn es sind noch fünf Jahre Hungersnot, damit du nicht verarmst mit deinem Hause und allem, was du hast. Siehe, eure Augen sehen es und die Augen meines Bruders Benjamin, dass ich leibhaftig mit euch rede. Verkündet meinem Vater alle meine Herrlichkeit in Ägypten und alles, was ihr gesehen habt; eilt und kommt herab mit meinem Vater hierher. Und er fiel seinem Bruder Benjamin um den Hals und weinte, und Benjamin weinte auch an seinem Halse, und er küsste alle seine Brüder und weinte an ihrer Brust. Danach redeten seine Brüder mit ihm.“

Ich habe bis Vers 15 gelesen.

Macht das Strohseil dünn und fest

Ich ging zwar in die Kirche, aber ich irrte immer in der Sünde umher. Eines Tages empfing ich die große Gnade Gottes, dass ich mich erkennen konnte. Bis dahin hatte ich gedacht, dass ich klug und gut wäre und an Gott gut glauben würde, aber in Gottes Augen war ich ein sehr böser, erbärmlicher und schmutziger Mensch. Darum hörte ich auf, mir selbst zu vertrauen und verleugnete mich. Und als ich mir nicht mehr glauben konnte, fing ich seltsamerweise an, an Gott zu glauben, und das Wort Gottes kam als Glaube in mein Herz. Ich konnte glauben, dass all meine Sünden schon vergeben sind

Von da an las ich in der Bibel, und das Erstaunliche war, dass, wo auch immer ich die Bibel aufschlug, plötzlich alles meine Geschichten waren; es waren Geschichten darüber, dass meine Sünden für ewig vergeben sind. Die Bibel war auf einmal so wunderbar für mich und sie fing an, lebendig in meinem Herzen zu wirken. Seitdem arbeitet Gott in meinem Leben. Ich bin eigentlich kein Mensch, der an so einem Ort wie hier stehen kann, aber ich weiß, dass Gott mich hierher gestellt hat. Und es ist sehr erstaunlich, wie Gott mir mitten unter den vielen Menschen, die mich kritisieren oder verfolgen, immer einen Weg öffnet, mutig sein Wort zu verkünden. Wenn ich diese Geschichten erzählen würde, gäbe es kein Ende.

Als feststand, dass ich in dieser Woche hier das Wort verkünden werde, wusste ich nicht, worüber ich predigen sollte. Es gibt so viele Dinge, die ich erzählen wollte. Ich wählte einiges aus der Bibel aus und predige nun über das Thema „Die wahre Buße und der wahre Glaube“.

Wir wissen nicht, was die wahre Buße ist und tun deshalb nur Buße für die Sünden, die äußerlich zum Vorschein gekommen sind, wie Diebstahl, Ehebruch und Mord. Den eigentlichen Sündenklumpen, nämlich mein Ich, aus dem die Sünde immer weiter hervorsprießt, ließ ich ganz außer Acht und sagte nur: „Ich habe gestohlen. Ich habe Ehebruch begangen. Ich habe gelogen." Aber da immer noch Sünde aus mir herauskam, konnte ich nicht anders als immer weiter zu sündigen und Buße zu tun, zu sündigen und Buße zu tun. Eines Tages erkannte ich, dass es eine noch viel schrecklichere Sünde gibt als irgendeine andere wie z. B. Lüge oder Diebstahl. Die Sünde, dass aus mir ohne Unterlass Sünden hochkommen, die war das Problem. Aber als ich glauben konnte, dass am Kreuz dieses Problem der Sünde gelöst wurde, kam ein unermesslicher Friede in mein Herz. Seitdem habe ich vor vielen Menschen dieses Evangelium bezeugt. Und ich habe gesehen, wie viele verändert und erneuert wurden. Man kann gar nicht begreifen, wie wunderbar das ist.

Heute Abend haben wir über Josef gelesen. Das Großartige an seiner Geschichte ist, dass Gott, der unser Herz sieht, hier ganz genau aufdeckt, was darin verborgen ist.

Vor langer Zeit lebte in einem großen Haus ein reicher alter Mann. In diesem Haus gab es viele Knechte. Als es wieder einmal Winter wurde, war die Zeit der Knechtschaft abgelaufen, und es kam der Tag, an dem sie nach Hause gehen durften.

„Hey, morgen gehe ich nach Hause! Ich gehe heim und sehe meine Frau und meine Kinder wieder. Die Knechtschaft ist beendet! Oh, ich freue mich so!"

Die Knechte saßen in ihrer Kammer, dachten an ihr Zuhause und unterhielten sich gemütlich. Nach dem Abendessen kam ihr Herr zu ihnen.

„Hallo, seid ihr alle da?"

„Ja, Herr. Was führt Sie hierher? Kommen Sie herein!“

„Ihr hattet viel Mühe, während ihr hier als Knechte gelebt habt. Ich danke euch. Morgen geht ihr nun wieder nach Hause. Darum wollte ich euch eigentlich ruhen lassen, aber es gibt noch eine Arbeit, die ich ganz vergessen habe.“

„Ja, Herr. Was muss getan werden? Sagen Sie es uns. Das werden wir noch erledigen.“

Der alte Mann brachte einen Haufen Stroh und fing an, daraus ein Seil zu drehen. Nachdem er eine Weile ein Seil gedreht hatte, sagte er:

„Macht mir bitte viele von diesen dünnen, zähen, langen Seilen.“

„Ja, Herr. Wir haben verstanden.“

„Dann werde ich wieder gehen.“

Nachdem der Herr gegangen war, murrten die Knechte.

„Mann, unser Herr kann es nicht lassen, aber wirklich! Was wäre schon dabei gewesen, wenn er uns etwas Ruhe gegönnt hätte, da wir morgen sowieso gehen? Muss er uns heute auch noch Arbeit geben? Ah, dieser alte Mann!“

„Aber was sollen wir machen? Lasst uns die Strohseile drehen!“

Wenn man ein Strohseil dreht, muss man in die Hände spucken und es ganz stramm drehen, damit es dünn und fest wird, aber wenn man sie so dünn macht, kann man natürlich nicht viele in kurzer Zeit herstellen.

„Es ist unser letzter Tag, da wird er uns schon nicht ausschimpfen, wenn wir die Seile zu dick gedreht haben, oder?“

Sie nahmen eine Handvoll Stroh, rieben es zwischen den Händen und drehten ganz locker ein Seil daraus, sodass sie das Bündel Stroh im Nu verarbeitet und eine Anzahl dicke Seile hergestellt hatten. Aber unter ihnen gab es einen Knecht namens Hannes. Hannes glaubte an Gott. Diese Geschichte habe ich, als ich klein war, von unserem Sonntagsschullehrer gehört. Hannes folgte dem Wort seines Herrn, und spuckend drehte er stramme, zähe, dünne und lange Strohseile.

„Hey, Hannes. Du kriegst kein Abzeichen dafür. Lass es bleiben! Hör auf! Wir gehen morgen fort, da wird er schon nicht mit uns schimpfen. Dreh es einfach auf die schnelle Tour. Wir haben morgen einen weiten Weg vor uns. Wir brauchen den Schlaf."

„Mann, ich weiß zwar nicht, wofür unser Herr diese Strohseile braucht, aber es ist das letzte Mal, dass wir ihm gehorchen. Wenn es schon das letzte Mal ist, lasst es uns gut machen. Macht die Seile dünner!"

„Ach, mach du's doch. Mach du's!"

Die anderen Knechte rieben das Stroh nur ganz leicht und drehten es nur ein paar Mal und sagten: „Gut. Wir haben viele gemacht." Und sie legten ihren Kopf auf die Seile und schliefen, während Hannes die ganze Nacht durch ganz feine Strohseile drehte. Am nächsten Morgen kam der alte Mann.

„Habt ihr gut geschlafen?"

„Ja, Herr."

„Ihr hattet gestern viel Mühe, die Strohseile zu drehen, nicht wahr?"

„Ach, nicht besonders ..."

„Nehmt eure Strohseile und folgt mir!"

„Was macht er?"

Der Herr ging voran und die Knechte folgten ihm mit ihren selbstgedrehten Strohseilen. Er führte sie zu einer Kammer. Nur der Herr war immer in diese Kammer gegangen, andere Leute durften da nicht hinein, sodass auch die Knechte noch nie darin gewesen waren. Der Herr nahm einen Schlüssel von seiner Hüfte und öffnete „klick!" die Tür und ging hinein. Die Kammer war dunkel, aber als eine Lampe angezündet wurde, wurde es hell.

„Folgt mir!“ In der Kammer gab es noch eine Tür. Wieder öffnete er mit einem Schlüssel die Tür. Dahinter waren Berge von Messingmünzen zu sehen. „Oh! Ah!“ Die Knechte staunten mit offenem Mund.

„Aber Herr, ist das nicht alles Geld? Das sind Messingmünzen!“

„Ja, das stimmt.“

„Wir wussten nicht, dass Sie so viel Geld in Ihrem Haus haben!“

„Ihr habt auch einen Teil dazu beigetragen. Aber ich bin jetzt so alt. Wie lange werde ich noch leben? Darum habe ich mich entschlossen, euch dieses Geld zu geben. Nun bringt eure gedrehten Strohseile her. Diese Münzen haben in der Mitte ein Loch. Ihr könnt nun so viele Münzen auffädeln wie möglich.“

Daraufhin reihte Hannes viele Messingmünzen auf seine dünnen, langen, gedrehten Strohseile. Ein Seil voll, zwei Seile voll, drei Seile voll, ... Er steckte immer mehr Messingmünzen auf die Strohseile, aber sie wurden so schwer, dass er sie kaum mit den Händen tragen konnte. Der Herr sah das und sagte: „Ich glaube kaum, dass du das alles mit deinen Händen tragen kannst. Nimm einen Schubkarren und schieb es nach Hause.“ Als er die Messingmünzen auf den Schubkarren geladen hatte, war es ein großer Haufen.

„Hannes, du hast viel Mühe gehabt. Kauf dir damit ein Land und ein Feld, bekomme viele Söhne. Mach’s gut!“

„Herr, ich danke dir! Vielen, vielen Dank!“

Schnaufend schob Hannes den Schubkarren nach Hause.

Meinen Sie, dass die Messingmünzen auf die Strohseile der anderen passten? Natürlich nicht. Darum lösten sie die Seile und drehten sie neu. Aber wieviele konnten sie schon auf die Schnelle herstellen? Da sie nur wenige drehen konnten, konnten sie auch nur wenig Messingmünzen aufstecken.

„Nehmt dies mit nach Hause. Besser als nichts!"

„Ja, Herr ..."

So eine Geschichte gibt es.

Meine Lieben, die Knechte kannten das Herz ihres Herrn nicht. Wenn sie das Herz des Herrn erkannt hätten, der ihnen, weil er schon alt war, sein Geld geben wollte und ihnen deshalb auftrug, Strohseile zu drehen, damit sie später viele Messingmünzen auffädeln könnten, dann hätten sie unter Tränen die Strohseile gedreht und gedacht: „Unser Herr liebt uns und sagt uns, dass wir Strohseile drehen sollen, damit wir viele Messingmünzen auffädeln können. Ich bin ihm sehr dankbar. Wenn ich das gewusst hätte, hätte ich ihm besser gedient. Ich habe mich falsch verhalten! Es tut mir Leid!" Aber da sie dieses Herz nicht kannten, murrten sie bloß: „Also wirklich! Unser Herr kann es einfach nicht lassen. Dieser alte Geizhals! Kann er uns nicht einmal die Ruhe genießen lassen, bevor wir morgen gehen? Hat er uns nicht schon genug ausgenutzt? Müssen wir nun auch noch die Seile drehen! Lasst sie uns einfach auf die Schnelle ganz dick machen." Der Herr war sehr enttäuscht, dass die Knechte sein Herz nicht kannten. Hannes hatte als Einziger viele Messingmünzen mitgenommen. Das hat dem Herrn nicht missfallen, sondern er hat sich darüber sehr gefreut. Er hat zwar viel gespart dadurch, dass die anderen nur wenig mitnehmen konnten, aber er konnte sich darüber überhaupt nicht freuen.

Nachdem ich meine Gedanken weggeworfen und die Sündenvergebung angenommen hatte, konnte ich wunderbarerweise Gottes Herz ein bisschen in dem Wort sehen. „Ah, so ist also Gottes Herz!" Als ich diese Gemeinde gründete, gab es schon viele Kirchen in Korea: Presbyterianer, Methodisten, Lutheraner, sodass es sehr bequem gewesen wäre, wenn ich einfach mit ihnen geflossen wäre. Aber als ich der Führung Gottes durch sein Wort folgte, konnte ich nicht mit ihnen fließen. Die Kirchen waren zu verdorben und sie übten überall ihre Macht aus. In Daegu gibt es einen Ort namens Pa-dong. Dort nahm im zweiten Stock des China-Restaurants „Hwashin Banjeom“ unsere Gemeinde ihren Anfang. Wir waren zwar nur wenige, aber jeder, der in unsere Gemeinde kam, war von seinen Sünden befreit und wiedergeboren. Ich war sehr dankbar, dass Gott in meinem Leben arbeitete.

Durch die Führung Gottes fing ich an, dieses Evangelium der ganzen Welt zu verkünden. Aber die anderen Leute redeten schlecht über uns: „Das ist eine Sekte. Sie gehören zu dem Five Ozeans Kult. Sie feiern nackt Gottesdienst.“ Ich habe zwar schon einmal nackt in einem Badehaus das Evangelium verkündet, aber noch nie nackt Gottesdienst gefeiert. Wie soll ich das machen? Es wäre zu kalt ... Die Leute aber hören nicht auf gute Dinge, sondern schlechte Sachen dringen besser in ihr Ohr. Darum wurde ich viel verfolgt, habe unaussprechliches Leid erfahren und mir viel Geschimpfe anhören müssen. Es gibt auch viele Schwestern, die von ihren Männern geschlagen werden, weil sie unsere Gemeinde besuchen. Eine Schwester wurde sogar so geschlagen, dass sie sich ein Bein brach. Man kann gar nicht alles sagen. Aber trotzdem ist Gott mit uns. Darum ist es für mich eine so große Ehre, vor Ihnen stehen und über die Sündenvergebung erzählen zu dürfen. Gott freut sich auch sehr über diese Arbeit. Und wenn ich sehe, wie Gott diejenigen, die dem Wort zuhören, durch den heiligen Geist führt, bin ich sehr dankbar.

Josef ist auch nur ein Mensch. Irgendwann wird er sich rächen

Josefs Brüder redeten untereinander:

„Oje, was sollen wir nur machen? Wir haben Josef ja damals verkauft!"

„Josef sagt aber, dass er sich nicht für unsere Sünden rächen wird. Er ist schon ein bisschen anders als wir, meint ihr nicht?"

„Mann, glaubst du wirklich, dass er sich nicht rächen wird? Wir wollten ihn doch umbringen! Wir haben ihn doch in einen leeren Brunnen geworfen, um ihn zu töten. Wir haben ihn verkauft. Deshalb hat er in Ägypten als Sklave gelebt und sogar im Gefängnis gesessen. Er hat bestimmt viel gelitten und große Schwierigkeiten erlebt. Er sagt das bloß so. Wir wissen nicht, ob er sich nicht doch noch rächen wird, wenn er einmal in Wut gerät! Du, wenn du in Josefs Haus gehst, musst du dich einwandfrei benehmen. Fall Josef bloß nicht auf die Nerven! Fass die Gegenstände in seinem Haus nicht an! Lass es dir nicht einmal anmerken, wenn dir die Sachen gefallen. Halte Josef möglichst bei guter Laune!"

Auch das Herz des alten Herrn war ganz anders als das Herz der Knechte, sodass sie das Herz des Herrn überhaupt nicht erkannten. Genauso sind in den Geschichten der Bibel die Gedanken der Menschen und Gottes Gedanken immer verschieden.

Einmal sammelten unsere Geschwister Geld, um es in die Missionsländer zu schicken. Damals war unsere Gemeinde noch klein, und ich zählte selbst das Geld ab und gab es den Brüdern, um dies und jenes zu erledigen. Dabei beobachtete mich mein Sohn, der damals in der 1. Klasse war. Als ich all das Geld abgezählt und dem Bruder gegeben hatte, sagte er: „Ich versteh dich nicht, Papa."

„Was verstehst du nicht, du Bengel?"

„Ich verstehe nicht, warum du dir kein Eis kaufst, wenn du so viel Geld hast."

„Das ist der Unterschied zwischen dir und Papa!"

Der Vater ist anders als der Sohn. Was würde passieren, wenn ich wäre wie mein Sohn?

„Hey, Young-Kook! Wir haben Geld! Lass uns Eis essen gehen!"

Wenn ich eine große Kiste voll Eis kaufen, es im Kühlfach verstauen und nach dem Frühstück, nach dem Mittagessen und nach dem Abendessen Eis essen würde - was wäre ich für ein Vater!?

Meine Lieben, manchmal haben auch meine Frau und ich Meinungsverschiedenheiten.

„Schatz, du und ich, wir haben verschiedene Gedanken. Deshalb bin ich ja auch dein Mann. Wenn wir beide gleich wären, wären wir nicht Mann und Frau. Du bist meine Frau und ich bin dein Mann. Der Mann ist das Haupt, darum sind unsere Gedanken verschieden. Du brauchst mir nur zu folgen."

Von Zeit zu Zeit sind auch die Gedanken unserer Gemeindemitglieder und meine Gedanken verschieden. Ein Hirte hütete seine Schafe, als es Abend wurde. Es wurde schnell dunkler, und als sie einen Hügel erklimmen mussten, sagten die Schafe, dass sie zu müde seien und nicht mehr gehen könnten.

„Lass uns hier übernachten und morgen weitergehen!"

„Nein, das geht nicht, ihr Schafe. Wenn wir hier übernachten, kommt der Wolf, und wir sterben."

„Ich kann nicht mehr. Soll der Wolf doch kommen und mich auffressen! Wo gibt es hier schon Wölfe?"

„Nein, es geht nicht, ihr Besserwisser. Lasst uns weitergehen!"

Auch wenn man die Schafe mit der Peitsche schlägt, verstehen sie es nicht. Die Gedanken des Hirten und die der Schafe sind verschieden und ebenso die Gedanken des Pastors und die der Gemeindemitglieder. Wenn die Gedanken des Pastors und der Gemeindemitglieder gleich wären, was wäre das für ein Pastor?

Was würde geschehen, wenn die Gedanken eines Vaters und eines Sohnes gleich wären? Jeden Tag würde er mit dem Sohn Computerspiele spielen, Eis essen, sich vergnügen usw. Was ist das für ein Vater? Die Gedanken eines Pastors müssen anders als die Gedanken der Gemeindemitglieder sein. Wenn sie gleich sind, ist er ein inkompetenter Pastor. Die Gedanken des Vaters und des Sohnes dürfen nicht gleich sein. Der Vater muss vorausschauen und vorausdenken können.

Meine Lieben, wenn der Herr die gleichen Gedanken hätte wie wir, was wäre das für ein Herr? Der Herr hat andere Gedanken als wir. Wenn wir die Bibel durchforschen, um die Probleme des Glaubenslebens herauszufinden, werden wir sehen, dass alle Probleme, in jedem Kapitel und in jedem Vers der Bibel, wegen des Unterschieds zwischen unseren Gedanken und den Gedanken Gottes entstehen. Darum ist die Buße unbedingt notwendig, bevor wir Glauben bekommen. Diese Buße heißt nicht „um Vergebung bitten": „Ich habe gelogen, ich habe gestohlen, ich habe Ehebruch begangen", sondern: „Selbst wenn meine Gedanken richtig wären, würde ich sie wegwerfen, da sie anders sind als Gottes Gedanken. Und nachdem ich das Herz Gottes erfühlt habe, nehme ich es in meinem Herzen an." Das ist Glauben.

Josefs Brüder haben ihn verkauft, und er wurde nach Ägypten verschleppt und dort zu einem Sklaven gemacht. Ich weiß nicht, warum die Brüder ihren jüngeren Bruder so sehr gehasst haben, dass sie darauf aus waren, ihn zu töten. Als Josef nach Ägypten verschleppt wurde, wurde er an einem Seil hinter ein Kamel gebunden, und es war sehr heiß und er war durstig ... Wenn seine Schuhriemen sich lösten, wie konnte er sie wieder binden? Er konnte vielleicht gerade noch seine Schuhe, die ihm von den Füßen fielen, auflesen und in den Händen tragen. Aber seine Füße schwollen an, er war erschöpft und er litt sehr.

„Brüder, warum hasst ihr mich so? Warum habt ihr mich verkauft?"

Murren, Hass auf seine Brüder staute sich in Josefs Herzen. Wie muss er auch in Ägypten als Sklave gelitten haben! Aber trotzdem - durch die Gnade des Herrn wurde er im Hause von Potifar anerkannt und zum Hauptverwalter gemacht. Das Leben wurde etwas angenehmer, aber eines Tages wollte die Frau des Potifar ihn verführen; als er sie jedoch abwies, rächte die Frau sich und ließ ihn ins Gefängnis werfen.

„Brüder! Ihr habt mich verkauft, nicht wahr? Bleibt nur am Leben! Irgendwann werde ich Rache nehmen!"

In Josefs Herzen kochte es.

Eines Tages wurde Josef Premierminister. Aber auch jetzt löste sich der Hass auf seine Brüder nicht auf, wenn er an sie dachte. Er wurde Premierminister, er heiratete, und seine Frau wurde schwanger, und ihr Bauch wurde dicker. Eines Tages fragte sie ihn:

„Schatz, wenn das Kind geboren wird, wie sollen wir es nennen?"

„Ich weiß nicht, was meinst du?"

Plötzlich dachte Josef an seine Familie.

„Ob es Vater gut geht? Wie lebten meine Brüder wohl, nachdem sie mich verkauft hatten?"

Dabei fielen ihm seine Träume von früher ein. Als Josef das Korn schnitt und band, richtete sich seine Garbe auf, und die Garben seiner Brüder neigten sich vor ihr. Und die Sonne, der Mond und elf Sterne neigten sich vor ihm. Als Josef sich an diese Träume erinnerte, war er zutiefst erschüttert.

„Oh, ich bin ja Premierminister! Dieser Traum hat sich erfüllt! Dem Traum entsprechend bin ich ein Premierminister geworden! Diesem Traum gemäß werden meine Brüder kommen und sich vor mir verneigen! Sonne, Mond und Sterne, die ganze Welt wird zu mir kommen und sich verneigen! Genau, Gott wollte mich zum Premierminister machen. Aber mein Vater hat mich zu sehr geliebt. Er hätte mich niemals nach Ägypten gehen lassen. Darum hat er meine Brüder mich hassen und nach Ägypten verkaufen lassen. Meine Brüder haben mich nicht einfach gehasst, sondern das war Gottes Wille! Und ich habe das nicht gewusst und gegen meine Brüder gemurrt!"

Als Josef Gottes Willen erkannte, verschwanden aus seinem Herzen Hass und Murren gegenüber seinen Brüdern.

Seine Frau kam zu ihm und fragte ihn wieder.

„Schatz, hast du dir einen Namen für unseren Sohn ausgedacht?"

„Hm, lass ihn uns Manasse nennen. Manasse!"

„Was bedeutet Manasse?"

„Manasse bedeutet „Vergessen"."

„Warum willst du unseren Sohn „Vergessen, Manasse" nennen?"

„Ich habe nun all den Hass auf meine Brüder vergessen. Ich wusste gar nicht, warum meine Brüder mich verkauft haben und habe sie sehr gehasst, aber nun gibt es in meinem Herzen keinen Hass mehr auf sie. Ich habe kein Herz mehr, das Rache üben möchte. Ich liebe meine Brüder jetzt! Ich habe nun alles vergessen! Sein Name ist Manasse. Vergessen, Vergessen! Ja, Manasse, Vergessen!"

Josef erinnerte sich in seinem Herzen nicht mehr an die schreckliche Sünde, dass seine Brüder ihn verkauft hatten, und nannte seinen Sohn Manasse, Vergessen, weil er es hat vergessen können.

Die Hungersnot ging weiter. Nach den sieben reichen Jahren war die Hungersnot gekommen, und nun gingen Ägypten und den umliegenden Ländern die Vorräte aus. Auch in Israel herrschte

Hungersnot, und Josefs Vater Jakob und die Brüder hungerten, und als sie die Nachricht hörten, dass es in Ägypten zu essen gäbe, reisten sie dorthin, um Nahrungsmittel zu kaufen. Josef war der Premierminister. Hatte er denn nichts zu tun, so dass er persönlich Getreide verkaufte? Aber Josef verkaufte es wirklich selbst. Seine Untergebenen kamen und baten ihn immer wieder:

„Premierminister, können wir nicht diese Arbeit tun? Gehen Sie und ruhen Sie sich etwas aus!“

„Macht euch keine Sorgen! An die Ausländer werde ich die Vorräte verkaufen.“

Warum tat er das? Josef wusste, dass seine Brüder kommen würden, um Vorräte zu kaufen. Jeden Tag schaute er beim Verkauf umher.

„Gib ihnen großzügig! Woher seid ihr gekommen, um Essen zu kaufen?

„Wir sind aus Kanaan gekommen.“

„Ist die Hungersnot in Kanaan sehr groß?“

„Man kann es gar nicht mit Worten beschreiben. Es gibt nichts mehr zu essen.“

„Hm, das ist schlimm. Nehmt viele Vorräte mit!“

„Ja.“

Die Menschen kamen aus Kanaan, um Getreide zu kaufen.

„Dann werden meine Brüder auch kommen!“

Endlich - eines Tages sah er, dass seine Brüder kamen.

„Meine Brüder! Sie sind gekommen, um Vorräte zu kaufen!“

Ich kann nicht alles erzählen, was passierte. Aber nach vielen Ereignissen gab Josef sich schließlich zu erkennen.

„Brüder, ich bin Josef! Ich bin der, den ihr nach Ägypten verkauft habt! Schaut mich an!“

Die Brüder waren zu Tode erschrocken und schauten den Premierminister an: Wirklich, es war Josef!

„Wwwwas!?! Premierminister!“

„Nun sind wir tot! Wir haben Josef gehasst und wollten ihn töten, und nun stehen wir vor diesem Josef! Wenn wir sterben, wer wird unseren Kindern die Vorräte bringen?“

Aber Josef beruhigte sie:

„Bekümmert euch nicht, dass ihr mich nach Ägypten verkauft habt.“

In der Bibel gibt es so viele interessante Worte. Bitte, öffnen Sie Ihre Bibel und schauen Sie selbst in 1. Mose 45, Vers 5-8. Das sind Josefs Worte:

„Und nun bekümmert euch nicht und denkt nicht, dass ich darum zürne, dass ihr mich hierher verkauft habt; denn um eures Lebens willen hat mich Gott vor euch hergesandt. Denn es sind nun zwei Jahre, dass Hungersnot im Lande ist, und sind noch fünf Jahre, dass weder Pflügen noch Ernten sein wird. Aber Gott hat mich vor euch hergesandt, dass er euch übriglasse auf Erden und euer Leben erhalte zu einer großen Errettung. Und nun, ihr habt mich nicht hergesandt, sondern Gott; der hat mich dem Pharao zum Vater gesetzt und zum Herrn über sein ganzes Haus und zum Herrscher über ganz Ägyptenland.“

Josef sagte:

„Und nun bekümmert euch nicht und denkt nicht, dass ich darum zürne, dass ihr mich hierher verkauft habt; denn um eures Lebens willen hat mich Gott vor euch hergesandt.“

Er kannte also den Grund, warum seine Brüder ihn verkauft hatten.

„Meine Brüder haben das Herz bekommen, mich zu hassen und mich zu töten, da Gott uns in der kommenden Hungersnot bewahren wollte. Er musste mich nach Ägypten schicken, aber weil mein Vater mich zu sehr liebte, hätte er mich nicht gehen lassen; darum gab er meinen Brüdern das Herz, mich zu hassen, sodass sie mich nach Ägypten verkauften."

Als Josef wusste, dass dies Gottes Führung war und nicht seine Brüder ihn verkauft hatten, verschwanden in seinem Herzen Hass und Rache spurlos. Josef zeigt den Brüdern hier dieses Herz. Lassen Sie uns noch einmal Vers 5 lesen:

> **„Und nun bekümmert euch nicht und denkt nicht, dass ich darum zürne, dass ihr mich hierher verkauft habt; denn um eures Lebens willen hat mich Gott vor euch hergesandt."**

So genau erklärte er es ihnen und redete mehr als genug, um im Herzen der Brüder ganz klar zu machen: „Ich werde mich nicht an euch rächen. Ich werde nicht wütend sein." Das sagten nicht die Lippen Josefs, sondern sein Herz sagte das. Sein Herz! Wenn die Brüder es direkt angenommen hätten, hätten sie vielleicht nicht gesagt: „Hey, kleiner Bruder", da er ja Premierminister war, aber sie hätten folgendes sagen können:

„Kleiner Bruder, wir haben deine Worte gehört, und du hast Recht. Ich wusste damals auch nicht, warum ich dich so sehr hasste, aber Gott wollte dich hier zum Premierminister machen. Nun verstehe ich. Aber trotzdem tut es mir sehr Leid!"

„Großer Bruder, verstehst du jetzt? Mach dir keine Sorgen. Ich werde niemals Rache nehmen. Ich habe nun in meinem Herzen kein solches Verlangen mehr."

„Ja! Wir sind Brüder, Brüder!"

„Lasst uns nun glücklich zusammenleben!"

Wie schön wäre das gewesen! Wenn die Brüder seine Worte gehört und sie direkt angenommen hätten, wäre alles gut gewesen, aber sie haben ihre eigenen Gedanken gehabt. Warum? Josef hatte zwar das Herz zu vergeben, aber die Brüder dachten: „Wenn mein älterer Bruder das mit mir gemacht hätte, hätte ich es nicht vergeben können.“ Sie haben es mit ihren Gedanken gesehen. Darum waren die Brüder der Meinung: „Josef ist wirklich ein sehr guter Mensch. Aber irgendwann wird er sich doch rächen! Er ist doch auch nur ein Mensch. Wir haben uns doch so sehr gewünscht, ihn zu töten ...“ Darum, wenn die Brüder z. B. an einer Geburtstagsfeier in Josefs Haus teilgenommen hatten, stritten sie sich auf dem Heimweg.

„Mann, du musst nett zu Josef sein! Was willst du machen, wenn Josef sich über uns ärgert und uns töten möchte? Er ist auch nur ein Mensch, was willst du machen, wenn er wütend wird, wie konntest du dich nur so frech verhalten? Willst du uns alle umbringen?“

Josef hatte absolut nicht solch ein Herz, aber die Brüder stritten so untereinander.

Gott gedenkt all unserer Sünden nicht mehr

Es verging viel Zeit, und eines Tages starb Josefs Vater. Als Jakob nun gestorben war, fingen die Brüder an, sich zu sorgen.

„Josef wollte Rache nehmen, aber vor den Augen unseres Vaters konnte er das nicht tun, weil er befürchtete, dass er traurig werden würde. Nun, da Vater tot ist, wird er sich bestimmt rächen. Ach herrje!“

Aber das waren wieder bloß ihre Gedanken.

Ich möchte Sie etwas fragen: Gab es im Herzen Josefs auch nur ein klitzekleines Verlangen, Rache zu nehmen? Nein, alle Sünden der Brüder waren ohne Ausnahme vergessen und gelöscht. Darum hoffte Josef, das viele Essen mit ihnen zu teilen und zu genießen und glücklich miteinander zu leben. Aber die Brüder nahmen sein Herz nicht an, sondern folgten ihren Gedanken und versanken in der Angst: „Es kann sein, dass Josef doch Rache nimmt. Es kann sein, dass er uns tötet."

Lassen Sie uns als Letztes noch eine Bibelstelle aufschlagen. 1. Mose Kapitel 50, Vers 15-17:

„Die Brüder Josefs aber fürchteten sich, als ihr Vater gestorben war, und sprachen: Josef könnte uns gram sein und uns alle Bosheit vergelten, die wir an ihm getan haben. Darum ließen sie ihm sagen: Dein Vater befahl vor seinem Tode und sprach: So sollt ihr zu Josef sagen: Vergib doch deinen Brüdern die Missetat und ihre Sünde, dass sie so übel an dir getan haben. Nun vergib doch diese Missetat uns, den Dienern des Gottes deines Vaters! Aber Josef weinte, als sie solches zu ihm sagten."

Josef war sehr traurig.

„Ich habe doch gesagt, dass ich meinen Brüdern vergeben habe, aber sie haben meine Worte immer noch nicht angenommen! Meine Brüder fürchten mich immer noch! Sie vertrauen mir nicht! Sie glauben mir nicht, obwohl ich so ernsthaft mit ihnen gesprochen habe!"

„Brüder, warum glaubt ihr meinen Worten nicht? Brüder!"

Josef weinte.

„Brüder, habe ich euch nicht gesagt: „Ihr habt mich nicht einfach so verkauft, sondern um unser Leben zu retten hat Gott mich zum Premierminister gemacht"? Das hat Gott gemacht! Ich werde mich auf keinen Fall an euch rächen. Wie kann ich gegen Gott sein? Ich werde euch versorgen und eure Kinder alle großziehen. Darum sorgt euch bitte nicht!"

Als ich in 1. Mose gelesen habe, habe ich über dieses Wort viel nachgedacht.

„Warum hat Gott es aufgeschrieben? Warum wollte Gott uns dieses Wort hören lassen?"

Josef hatte zwar alle Sünden seiner Brüder vergeben, aber sie glaubten nicht an seine Worte. Darum waren in ihren Herzen die Sünden noch da. Diese Geschichte beschreibt die Herzen der Menschen von heute ganz genau. Als Gott seinen Sohn Jesus Christus auf die Erde sandte und ans Kreuz nagelte, wurden alle Ihre Sünden mit Jesus Christus zusammen ans Kreuz genagelt. So wurde nun in Gottes Herzen Manasse geboren. Manasse! Vergessen! All die Sünden und all die Bosheit und all die Fehler wurden in Gottes Herzen ausgelöscht, vergessen und beendet. In Gottes Herzen!

Josef hatte all die Sünden der Brüder in seinem Herzen vergeben und er erinnerte sich auch nicht mehr an sie, aber die Brüder nahmen sein Herz nicht an, sondern behielten ihre eigenen Gedanken: „Josef wird sich an uns rächen. Solange unser Vater am Leben war, konnte er zwar keine Rache nehmen, aber nun, da Vater tot ist, wird er uns vielleicht töten. Was sollen wir bloß machen?“, und sie lebten immer in Furcht und in Gewissensbissen. Josef war sehr betrübt.

„Brüder, ich habe so ernsthaft mit euch gesprochen, warum vertraut ihr mir nicht und denkt, dass ich mich rächen werde? Ich bin sehr traurig, wirklich sehr traurig!“

Und Josef weinte.

Meine Lieben, wenn wir heute nicht an Jesus glauben sondern unsere Gedanken behalten, machen wir den Herrn traurig. Er liebt uns und vergab all unsere Sünden am Kreuz. Wir Menschen haben nicht gesündigt, weil es uns an Vorsätzen oder gutem Willen gemangelt hat, sondern weil die Eigenschaft der Sünde nach dem Sündenfall von Adam und Eva in uns hineingekommen ist. Darum ist Jesus ans Kreuz genagelt worden und gestorben und hat all unsere Sünden vergeben. Nun sagt Gott zu uns: „Ich habe alle deine Sünden vergeben. Ich habe dich rein gemacht. Ich gedenke deiner Sünde nicht mehr. Ich habe sie vergessen." Aber wir Menschen folgen einfach unseren Gedanken: „Ich habe so viele Sünden, wie kann ich da ohne Sünde sein? Ich bin ein Sünder, Herr!"

Einmal bin ich nach Daegu in ein Gebetshaus gegangen. Es war der 5. April, ein Feiertag, darum waren viele Leute zum Beten gekommen. In den Bergtälern klagten und weinten die Leute: „Herr!! Vergib mir!", sodass es mir kalt den Rücken herunterlief. Ich konnte fast spüren, wie es in der Luft knisterte. Diese Leute taten das wahrscheinlich mit ihrem ehrlichen Herzen. Aber Gott sagt ihnen das Gleiche, was Josef sagte:

„Ich habe doch gesagt, dass ich vergeben habe. Ich habe doch gesagt, dass ich nicht mehr daran denke. Warum nimmst du meine Worte nicht an und behältst deine Gedanken?"

In der Bibel gibt es in jeder Ecke, in jedem Vers viele Menschen, die nicht an Gottes Herz denken, sondern einfach ihrem eigenen Herzen folgen. Wenn sie in ihren Gedanken meinen, dass sie Sünde haben, denken sie gar nicht darüber nach, wie Gott darüber denkt und bleiben einfach dabei, dass sie Sünde haben. Es gibt unzählige Menschen, die Gott dadurch traurig machen und den Tod Jesu am Kreuz zunichte machen wollen.

Meine Lieben, wenn auch Sie bis jetzt so gewesen sind, werfen Sie nun Ihre Gedanken fort! Wie auch immer Ihre Gedanken sind, vertrauen Sie nicht länger auf sich, sondern glauben Sie an Gottes Herz und nehmen Sie das Wort Jesu an.

„Bekümmert euch nicht und denkt nicht, dass ich darum zürne, dass ihr mich hierher verkauft habt. Denn um eures Lebens willen hat mich Gott vor euch hergesandt. Nicht ihr habt mich hierher geschickt, sondern Gott."

Wie schön wäre es gewesen, wenn die Brüder mit Josef, der das gesagt hat, ein Herz gehabt hätten und, egal wie ihre eigenen

Gedanken vorher waren, einträchtig mit ihm zusammen gelebt hätten!

„Ach! Josef, so ist das gewesen? Du sagst also, dass es in deinem Herzen keinen Hass auf uns gibt? Bruder, wir danken dir, vielen vielen Dank!“

Obwohl sie in einem Haus lebten, alle im selben Land, hatten die Brüder immer dieses Herz: „Es kann sein, dass Josef an uns Rache nimmt. Er kann uns töten.“ Wie muss ihn das gequält haben! Wie traurig muss er gewesen sein!

Meine Lieben, als ich diese Bibelstelle las, merkte ich, dass die Kirchgänger der koreanischen Kirchen heutzutage alle dieses törichte Herz der Brüder Josefs haben. Das macht Gott sehr traurig. Lassen Sie uns mit unserem ganzen Herzen umkehren! Lassen Sie uns unsere Gedanken so ändern, dass Gott sich freut! In den Augen der Brüder Josefs schien es so, als ob sich Josef rächen würde, aber sie hätten nicht an dieses Gefühl glauben dürfen, sondern seine Worte annehmen müssen. Genauso müssen wir, wenn wir das Gefühl haben, dass unsere Sünden noch da sind, dass sie nicht vergeben sind, unsere Gedanken ignorieren und das annehmen, was das lebendige Wort Gottes sagt!

Lassen Sie uns nun nicht mehr mit unseren Gedanken leben, sondern mit dem Herzen Gottes, mit seinem Wort. Was auch immer mein Gefühl sagt - wenn das Wort sagt, dass ich keine Sünde mehr habe, habe ich keine Sünde mehr. Wie groß auch immer meine Bosheit ist - wenn Gott sagt, dass er meiner Bosheit nicht mehr gedenkt, gedenkt er ihrer nicht mehr. Wenn wir nun nicht mehr auf uns selbst vertrauen, nicht mehr unseren Gedanken Glauben schenken, sondern nur noch an Gottes Wort glauben - das ist genau das, worüber Gott sich freut.

In Gottes Wort steht, dass meine Sünden reingewaschen sind!

Neulich haben wir ein Basistraining für die Studenten gemacht, die wir als Missionare des Good-News-Corps in die ganze Welt senden wollen. Es kamen 650 Studenten. Wir hatten an den Universitäten dafür geworben, und ungefähr 2100 Studenten bewarben sich. Dieses Jahr wollen wir 700 Studenten auswählen, trainieren und im Jahr 2006 als Missionare entsenden. Für diese Sache haben wir am 3. Oktober eine eintägige Einführung veranstaltet und vom 27. bis zum 30. Oktober vier Tage lang einen Workshop gemacht und die Studenten trainiert.

Diese Studenten haben sich in den vier Tagen ungemein verändert. Heute Nachmittag gab es hier ein Treffen dieser Studenten. Einer von ihnen, der gerade seinen Doktor macht, erzählte durch ein Theaterstück, „Realstory" genannt, seine Lebensgeschichte. Weil er hässlich und dazu nicht klug war, wurde er immer von seinem Vater ausgeschimpft, von seiner Mutter geschlagen und von seinen Klassenkameraden verachtet. Dieser Student, der so gelebt hat, nahm am Good-News-Corps teil und wurde vier Tage lang trainiert und gab dann sein Zeugnis, wie er sich geändert hat. Als ich diesen Studenten sah, sah er so wunderschön aus. Die Menschen wollen immer ihre guten Seiten zeigen und erzählen, wie klug sie sind, und ihre schlechten Seiten wollen sie verheimlichen. Aber dieser Student erzählte detailliert, wie er verachtet und geringgeschätzt wurde, also ganz genau, wie es wirklich gewesen ist.

„Wie konnte er so ehrlich sein!"

Während des Bibelseminars in Ulsan fand ein Treffen der Good-News-Corps-Studenten des Young-Nam-Bezirks in der Ulsan-KBS-Halle statt. Dort zeigte eine Studentin ebenfalls ihre

„Realstory“. Auch sie hatte an dem diesjährigen Good-News-Corps teilgenommen, das viertägige Training mitgemacht und wurde wiedergeboren und verändert. Wir haben alle geweint, als wir ihr vergangenes Leben sahen. Ich kann gar nicht sagen, wie sehr ich geweint habe.

Während des Good-News-Corps-Trainings fragen mich die Studenten oftmals:

„Pastor, können wir uns in vier Tagen ändern?“

„Nein, bis jetzt seid ihr in die Kirche gegangen, habt das Wort Gottes gehört und selbst versucht, euch zu ändern. Darum hat es nicht geklappt. Nun versucht nicht mehr, euch zu ändern, sondern leert eure Herzen aus und nehmt einmal das Wort Gottes an. Wenn das Herz Jesu in eure Herzen hineinkommt, ändert ihr euch automatisch. Ihr werdet einfach geändert.“

Gestern Abend kamen einige Leute nach der Predigt zu mir und erzählten:

„Pastor Park, ich bin zwar ein Pastor. Aber ich wurde erst hier wiedergeboren.“

„Ich bin ein Ältester, und ich habe bei diesem Bibelseminar die Rettung angenommen und die Sündenvergebung empfangen.“

Meine Lieben, das hat nicht Pastor Ock-Soo Park gemacht. Der heilige Geist Gottes hat in uns gearbeitet.

Sie sind Menschen, die bis jetzt niemandem geglaubt haben als nur Ihren Gedanken. Darum haben Sie einfach so gelebt, wie Ihnen die Gedanken kamen. Aber der Herausragendste unter den Menschen ist der, der seine Gedanken besiegen und wegwerfen kann. In Ihrem Kopf gibt es wohl solche Gedanken: „Wie kann ich keine Sünde haben? Ich habe bestimmt trotzdem noch Sünde!“ Nehmen Sie diese Gedanken nicht an! Josefs Brüder waren in ihren Gedanken versunken, aber Sie - werfen Sie Ihre Gedanken fort und denken Sie: „Ich denke zwar so, aber in Gottes Wort steht, dass meine Sünden reingewaschen sind!"

Nun, meine Lieben, welchem Weg wollen Sie folgen? Wollen Sie in die Richtung gehen, in die das ganze Christentum dieser Welt geht, oder wollen Sie in die Richtung gehen, in die Gottes Wort Sie führt? Alle Kirchen der Welt sagen: „Wir sind Sünder." Aber auch wenn das alle sagen, glaube ich daran, dass man nicht den christlichen Kirchen der Welt folgen darf, sondern auf der Seite von Gottes Wort stehen muss, um ein Mensch Gottes zu werden!

Die Geschichte von heute Abend über Josef und seine Brüder beschreibt die Beziehung zwischen Gott und uns. Als Josef sagte: „Die Sünden von euch, meinen Brüdern, wurden alle aus meinem Herzen gelöscht. Ich hasse euch nicht mehr", hätten sie diese Worte einfach annehmen können, aber die Brüder behielten ihre eigenen Gedanken: „Nein, Josef wird Rache nehmen. Warum sollte er sich nicht rächen? Wir haben eine zu große Sünde begangen. Wir haben Josef zu schlecht behandelt." Das quälte Josef sehr. Wenn auch Sie heute denken: „Ich glaube, meine Sünden sind noch da. Ich habe viele Sünden", quälen Sie den Herrn damit. Meine Lieben, heute, von dieser Stunde an, werfen Sie Ihre Gedanken fort. Die Brüder Josefs haben zwar nicht an seine Worte geglaubt, aber wir - wir wollen an Gottes Wort glauben. Amen?

Die Worte Jesu, die wir gestern gehört haben: „Mein Sohn, deine Sünden sind dir vergeben", betreffen uns. Lassen Sie uns zum Schluss noch einen Vers lesen. Römer Kapitel 8, Vers 30:

„Die er aber vorherbestimmt hat, die hat er auch berufen; die er aber berufen hat, die hat er auch gerecht gemacht; die er aber gerecht gemacht hat, die hat er auch verherrlicht."

Gott hat uns vorherbestimmt und gesagt: „Gerecht!" Warum?

Weil das Blut Jesu unsere Sünden alle reingewaschen hat, sind alle Ihre Sünden in Gottes Augen reingewaschen, wie auch immer es in Ihren Augen ist. Sind Gottes Augen richtig, oder sind Ihre Gedanken richtig? Ja, nur Gottes Augen sind richtig. Darum glauben Sie nicht Ihren Gedanken, sondern Gottes Wort!

Vers 33:

„Wer will die Auserwählten Gottes beschuldigen? Gott ist hier, der gerecht macht."

Wer will die Auserwählten Gottes beschuldigen? Wir können so dankbar sein. Als ich früher in die Kirche ging, dachte ich, dass meine Sünden mein ganzes Leben lang nicht reingewaschen werden können, da ich jeden Tag sündigte. Aber das waren nur meine Gedanken. In diesem Wort sagt Gott, dass meine Sünden reingewaschen sind und dass ich gerecht geworden bin. Ich entschloss mich, meine Gedanken wegzuwerfen und dem Wort zu glauben. Werfen auch Sie alles fort und glauben Sie an das Wort Gottes, das Sie gerecht spricht! Glauben Sie daran? Wer daran glaubt, sage laut „Amen". Amen! Hallelujah!

Wie können Sie Gott erfreuen? Gott freut sich zwar auch, wenn Sie spenden oder ihm treu ergeben sind, aber am meisten freut er sich, wenn Sie an die Tatsache glauben, dass Ihre Sünden weißer als Schnee gewaschen sind. Wer nicht an diese Tatsache glaubt, macht Gott traurig. Was auch immer jemand zu Ihnen sagt, hören Sie nicht darauf, hören Sie auch nicht auf Ihre eigenen Gedanken, sondern nehmen Sie Gottes Wort einfach direkt an.

„Gott hat mich gerecht gesprochen. Gott hat gesagt, dass er meiner Sünden nicht mehr gedenkt. Mit Jesu Blut wurden meine Sünden so weiß wie Schnee gewaschen. Ich habe zwar viele Sünden begangen, aber nun bin ich kein Sünder mehr!"

Wenn Sie nicht mehr Ihre Gedanken haben, sondern Glauben, ist Gott am glücklichsten, und Jesus freut sich am meisten und denkt: „Es war gut, dass ich am Kreuz gestorben bin. So konnten diese vielen Menschen von ihren Sünden befreit werden!" Lassen Sie uns nun den Herrn nicht mehr bekümmern. Betrüben Sie den heiligen Geist nun nicht mehr und werfen Sie alle Ihre Gedanken weg. Ich hoffe, dass Sie fest in dem Glauben an das Versprechen Gottes stehen werden.

Die „Gute Nachricht Mission“ ist eine Organisation, die das Evangelium verkündigt. Mit dem Evangelium will sie Ihnen helfen, die Vergebung der Sünden zu finden und wiedergeboren zu werden, um Sie auf diesem Weg zu einem neuen Leben zu führen. Die Arbeit unserer Mission besteht in: Veranstaltungen zum Evangelium, Veröffentlichungen von Predigtbüchern, Broschüren und einem monatlichen Magazin mit dem Titel „DIE GUTE NACHRICHT“, Vertreibung von Predigtkassetten und Videos, Konferenzen, Ausbildung und Entsendung von Missionaren.

Gute-Nachricht-Mission e.V.

www.goodnewsmission.de

Luitpoldstr. 104,
67063 **Ludwigshafen**
Tel.: 0621-6369577

Rudolf-Winkel-Str. 2, 37079 **Göttingen** Tel.: 0551-93056	Liebenwalder Str. 36, 13347 **Berlin** Tel.: 030-4508 9602
Uerdinger Str. 106, 40474 **Düsseldorf** Tel.: 0211-4576590	Delitzscher Str. 36, 04129 **Leipzig** Tel.: 0341-2463198
Caspar-Wüst-Str. 22 **CH-5020 Zürich** Tel.: +41 43 3009241	Fährenweg 1a, 93049 **Regensburg** Tel.: 0941-3077809